Josephin Warring

FREIZEITFÜHRER

REGION BREMEN / OLDENBURG

Ausflugsziele, Freizeittips,
Sehenswürdigkeiten, Freizeitsport, Kultur,
Feste, Veranstaltungen

Wartberg Verlag

Alle Angaben ohne Gewähr.

Redaktion: Josephin Warring
Umschlaggestaltung: Kempken DTP-Service, Marburg
Satz und Layout: Kempken DTP-Service, Marburg
Druck: Thiele & Schwarz, Kassel

34281 Gudensberg-Gleichen, Im Wiesental 1; Tel. 05603/93050
ISBN 3-86134-545-5

Inhalt

Übersichtskarte 4

Vorwort 5

1000 Freizeittips 6
(alphabetisch nach Ortsnamen)

Registerübersicht 175

Ortsverzeichnis 176

Stichwortverzeichnis 179
– Sehenswertes 179
– Museen 180
– Ausstellungen 181
– Freizeitangebote/Sport 182
– Natur und Landschaft 184
– Kultur 185
– Verschiedenes 185
– Veranstaltungskalender 186
– Weitere Feste und Veranstaltungen 187

Übersichtskarten 188

Fotonachweis 192

Übersichtskarte Bremen und Oldenburger Land

Vorwort

Wohin beim nächsten Sonntagsausflug? Was tun bei Regenwetter?

Der Freizeitführer möchte Ihnen bei der Planung Ihrer Ausflüge behilflich sein. Mit Unterstützung der Städte, Gemeinden und Fremdenverkehrsämter der Kreise Ammerland, Oldenburg, Osterholz und Wesermarsch sowie der kreisfreien Städte Bremen, Delmenhorst und Oldenburg haben wir in diesem Buch „1000 Freizeittips" zusammengestellt, die Ihnen in Zukunft Ihre Planungen erleichtern sollen.

Der Freizeitführer stellt die Orte mit ihren Ortsteilen in alphabetischer Reihenfolge vor. Ein umfangreiches Orts- und Stichwortregister ermöglicht das schnelle Auffinden der Ziele und gibt Ihnen Anregungen für die individuelle Planung. Auch die Übersichtskarten am Ende des Buches helfen bei der Orientierung. Ein Veranstaltungskalender, der die jährlich wiederkehrenden Termine aufzeigt, führt Sie – wenn Sie möchten – von Fest zu Fest.

Bei allen Tips haben wir uns bemüht, Ihnen die genauen Adressen, Öffnungszeiten und Telefonnummern anzugeben, um Ihnen unnötige Wege und Enttäuschungen zu ersparen. Sämtliche Informationen sind mehrfach auf ihre Richtigkeit überprüft worden. Nach Redaktionsschluß wurden die Texte den betreffenden Gemeinden noch einmal zur Korrektur vorgelegt. Sollten sich dennoch Fehler eingeschlichen haben, bitten wir Sie, uns diese mitzuteilen, damit wir sie in der nächsten Ausgabe berichtigen können. Ebenso würden wir uns über Anregungen und Ergänzungen von Ihnen freuen.

Ein besonderer Dank gilt den Fremdenverkehrsverbänden, Gemeinden und Städten, die uns ihr Bildmaterial überlassen haben.

Apen

(Landkreis Ammerland)

Die Gemeinde Apen ist die westlichste Gemeinde des Ammerlandes. Sie wird von vielen Flüßchen und Fehnkanälen durchzogen. In Apen bilden Norderbäke und Süderbäke das Aper Tief, welches über die Jümme und die Leda schließlich in die Ems mündet. Die Gemeinde liegt im tideabhängigen Bereich, so daß Ebbe und Flut sich noch mit ca. einem Meter Höhenunterschied auswirken. Die Ursprünge des Ortes Apen gehen auf die Mitte des 13. Jahrhunderts zurück. Bis Ende des 18. Jahrhunderts gab es die Burg Apen des Großherzogs zu Oldenburg. Heute ist jedoch nur noch der Burggraben vorhanden. Zur größten Ortschaft der Gemeinde hat sich die erst 1850 gegründete Fehnkolonie Augustfehn entwickelt. Den Namen erhielt der Ort vom Großherzog August. Die Endung „-fehn" bedeutet soviel wie „kultiviertes Moor". Der Bau des Augustfehn-Kanals in der Mitte des 19. Jahrhunderts erlaubte, das Lengener Moor für die Landwirtschaft nutzbar zu machen. So entstanden schließlich die traditionellen Klappbrücken, um die Überfahrt über den Augustfehn-Kanal zu ermöglichen. Information: Apen Touristik, Hauptstraße 21, Tel.: 04489/7373.

Sehenswertes

St. Nikolai-Kirche

Die St. Nikolai-Kirche wurde im 13. Jahrhundert erbaut. Besonders sehenswert ist die aus dieser Zeit stammende Wandmalerei. Der Glockenturm ist ca. 500 Jahre alt. Das Gotteshaus beherbergt eine Kanzel aus dem Jahre 1625, die aus der Werkstatt des berühmten Holzbildschnitzers Ludwig Münstermann stammt.

Schinkenräucherei

Die Schinkenräucherei F. W. Müller stammt aus dem Jahre 1748 und ist damit die älteste im Ammerland. Adresse: Hauptstraße 12, Tel.: 04489/6501.; Öffnungzeiten: Mi-Sa 9.00-13.00 Uhr, Do auch 15.00-20.00 Uhr.

Aalräucherei

Die Aalräucherei Olbert zählt zum alten Handwerk des Ammerlands. Adresse: An der Wiek 30, Tel.: 04489/5222; Öffnungszeiten: Di-Fr 9.00-18.00 Uhr, Sa 9.00-12.00 Uhr.

Historischer Bahnhof Augustfehn

Der Bahnhof wurde im Zuge der Fertigstellung der Bahnlinie Oldenburg – Leer im Jahre 1896 erbaut.

Annes Puppenbühne „Alte Tischlerei"

Annes Puppenbühne „Alte Tischlerei" ist in Augustfehn beheimatet. Die Puppenbühne präsentiert jährlich ein umfangreiches Spielprogramm, welches jung und alt immer wieder neu begeistert.

Klappbrücken

Markant für Apen sind die zahlreichen Klappbrücken, welche die Moorkolonien, die an kilometerlangen Kanälen liegen, miteinander verbinden. Die Staaßen-Brücke ist ein bautechnisches Denkmal. Sie kann für die passierenden Schiffe hochgeklappt werden.

Kapelle in Vreschen-Bokel

Die Kapelle in Vreschen-Bokel wurde um 1456 erbaut. Sie ist eine von ca. 60 kleinen, mittelalterlichen Bethäusern im Oldenburger Land, welche die Reformationszeit überdauerten. Nachdem die Kapelle im 16. Jahrhundert verfallen war, sorgte Graf Anton Günther für die Erneuerung.

Hengstforder Mühle

Die historische Mühle wird derzeit restauriert. Der Galerieholländer soll später für verschiedene Veranstaltungen genutzt werden. Gleich nebenan, im ehemaligen Müllerhaus, eröffnet ein Restaurant mit einem Hotel.

Freizeitangebote

Wandern/Radfahren

Große Naturschutz- und Moorflächen bei Holtgast und Bokelermoor laden zum Wandern und Radfahren ein. Ebenso bieten das Barßeler Tief und die Bauernschaft Tange mit unzähligen befestigten Wirtschaftswegen ideale Bedingungen zum Radeln und Wandern. Besonders zu empfehlen sind die Deutsche Fehnroute und die Ammerlandroute, deren Verknüpfungsspunkt sich in Augustfehn befindet.

Schwimmen

Der vier Hektar große Freizeitsee des Ortes Nordloh ist ein beliebter Badesee. In Hengsteforde befindet sich ein beheiztes Freibad mit einer 50-Meter-Bahn und einer 70-Meter-Wasserrutsche. Öffnungszeiten: 15. Mai bis 15. September täglich von 6.30-8.00 Uhr und von 10.00-20.00 Uhr. Tel.: 04489/1250.

Kanuverleih

In Hengsteforde, neben dem Freizeitbad, befindet sich ein Kanuanleger. Mehrere Kanus stehen in der Zeit vom 15. Mai bis 15. September zum Verleih bereit.

Boßeln

In der Gemeinde Apen wird noch überwiegend plattdeutsch gesprochen. Die Orte Klauhörn und Roggenmoor kann man als Hochburgen der Boßler bezeichnen. Boßeln ist der Heimatsport der Ammerländer. Klauhörn ist bekannt geworden durch das „Original Boßel-Diplom“. Über 7000 Diplom-Boßler haben diesen Freizeitspaß schon erlebt.

Feste und Veranstaltungen

Das vom Augustfehner Ortsverein jährlich veranstaltete Fest der 1000 Laternen ist überregional bekannt. Des weiteren gibt es einen Frühlingstreff und einen Weihnachtsmarkt in Augustfehn sowie das traditionelle Kornmähen in Aperberg.

Bad Zwischenahn

(Landkreis Ammerland)

Bad Zwischenahn ist ein staatlich anerkanntes Moorheilbad im Ammerland, direkt am Zwischenahner Meer gelegen. Das Zwischenahner Meer ist mit 526 Hektar nach dem Steinhuder Meer und dem Dümmer der drittgrößte See Niedersachsens. Nach der letzten Eiszeit entstand das Meer durch den Einsturz eines darunterliegenden Salzstocks. Die zehn Meter tiefe Einsturzwanne füllte sich mit Wasser und es entstand ein großer See. Seine tiefste Stelle mißt heute ca. sechs Meter, sein Umfang beträgt elf Kilometer. Um die Entstehung des Sees rankt sich eine volkstümliche Sage, nach der das Zwischenahner Meer „Düwelswerk" (Teufelswerk) ist: „Um die Christianisierung der nahen Stadt Oldenburg zu verhindern, beschloß der Teufel, die erste Kirche Oldenburgs zu zerstören. Dazu riß er über dem heutigen Zwischenahner Meer ein großes Stück Wald aus dem Moor, um damit die Kirche zu begraben. Auf dem Weg dorthin wurde der Teufel aber durch die Magie dreier Hähne derart entmutigt, daß er von seinem Vorhaben abließ und den herausgerissenen Wald wegwarf. So entstanden die Waldgebiete „Kleiner und Großer Wildenloh" und das Zwischenahner Meer." Bad Zwischenahn selbst hat eine lange Tradition. Bereits um das Jahr 1124 wurde mit der Errichtung des ersten Feldsteinbaues, der St. Johannes-Kirche begonnen. 1108 fand die jährliche Abgabe von Aalen aus dem Zwischenahner Meer an das Kloster Iburg ihre Erwähnung. 1857 wurde das „Kaltwasser-Bad zu Zwischenahn am Zwischenahner Meer im Oldenburgischen" eröffnet, im Jahre 1870 begann die Fährschiffahrt auf dem See und 1919 erhielt Zwischenahn die Genehmigung, sich „Bad" zu nennen. Information: Kurverwaltung Bad Zwischenahn, Auf dem Hohen Ufer 24, Tel.: 04403/590-81 und -82.

Ortsführungen

Individuelle Führungen für Gruppen und Vereine werden über die Kurverwaltung angeboten. Info-Tel.: 04403/59081-3.

Sehenswertes

St. Johannes-Kirche

Die St. Johannes-Kirche wurde im Jahre 1124 durch den Grafen Egilmar gegründet. Im Chorgewölbe ist ein Fresko aus dem Jahr 1512 mit dem Thema des Jüngsten Gerichts erhalten. Die Empore stammt von 1662. Den um 1525 datierten Flügelaltar schuf ein Schüler des Meisters von Osnabrück. Im Jahr 1649 entstand der Glockenturm. Noch heute läutet die 1489 gegossene St.-Annen-Glocke in diesem Turm, der damals „unter Mithilfe des ganzen Kirchspiels" gebaut wurde. Kirchturm wie Glockenturm sind zusammen die ältesten Wahrzeichen Bad Zwischenahns.

Aussichtsturm

Der Aussichtsturm ist eigentlich ein Wasserturm mit einer Höhe von 35 Metern. Er wurde im Jahre 1937 nach den Plänen des bekannten Architekten Paul Höger aus Hamburg erbaut. 1938 ist er von der Gemeinde in Betrieb genommen worden. Heute werden die Räume vom Verein Bad Zwischenahner Woche e.V. genutzt. Auf dem Dach befindet sich eine Aussichtsplattform. Wer die 180 Stufen erklimmt, wird mit einem herrlichen Ausblick belohnt. Lage: Dränkweg. Öffnungszeiten: April bis Oktober täglich 9.00-18.00 Uhr.

Windmühle

Die 1912 errichtete und im 2. Weltkrieg stark zerstörte Windmühle in Ekern erstrahlt wieder im alten Glanz. Im Herbst 1997 erhielt sie eine neue Klappe und Flügel. Die unter Denkmalschutz stehende Ekener Mühle ist die einzige Originalmühle Bad Zwischenahns, die als Galerieholländer errichtet worden ist. In ihrer Art ist sie einzigartig, da es sich um den ersten Bau im Oldenburger Land handelt, der im unteren Teil in Stahlbetonbauweise ausgeführt worden ist. Die Mühle ist voll funktionsfähig und befindet sich im Privatbesitz von Müllermeister H. Roßkamp. Sie liegt an der Edewechter Straße und kann jederzeit von außen besichtigt werden.

Ammerländer Heimatmuseum

Das Ammerländer Heimatmuseum aus dem Jahre 1910 umfaßt insgesamt 16 Gebäude, wie z.B. das Ammerländer Bauernhaus, den Spieker, die Windmühle usw. Das Bauernhaus unterliegt dem Verein für Heimatpflege. Info-Tel.: 04403/2071.

Öffnungszeiten des Bauernhauses: April bis September täglich 10.00-18.00 Uhr, Oktober bis März täglich 10.00-17.00 Uhr.

Öffnungszeiten des Einraumhauses und der Schmiede: April bis September 15.00-18.00 Uhr.

Öffnungszeiten des Dweersack, des Heuerhauses und der Mühle: April bis September 15.00-18.00 Uhr, zusätzlich Sa und So 10.00-12.00 Uhr.

Windmühle in Bad Zwischenahn

Museum Specken

In einer ehemaligen Schnapsbrennerei ist das Museum Specken untergebracht. Der Verein für Heimatpflege erwarb das Gebäude im Jahr 1992 und baute es in jahrelanger Arbeit zu einem Museum mit Gaststätte „Museumskroog Junker van der Specken“ um. Seit 1995 ist es an Wochenenden für Besucher geöffnet. Als Dauerausstellung sind alte Ammerländer Möbel, Ackerwagen und Kutschen zu sehen. Derzeitige Wechselausstellungen sind: „Archäologische Funde rund um das Zwischenahner Meer“, „Vom Flachs zum Leinen und Blaudruckherstellung“ sowie „Bienenkörbe“. Lage: Ortsteil Specken, Speckener Weg 34, Öffnungszeiten: Sa 14.00-17.00 Uhr, So 11.00-17.00 Uhr.

Altes Handwerk

Ammerländer Binsenstühle: Drechslerei – Tischlerei, Adresse: August-Heinrich-Straße 31, Ofen, Tel.: 0441/9699063; Öffnungszeiten: Mo-Fr 7.00-18.00 Uhr.

Ostdeutsche Heimatstube

Die Ostdeutsche Heimatstube ist eine Lehrstätte. Sie dokumentiert mit ca. 2000 Bildern, Dokumenten und Kreisbüchern der ostdeutschen Siedlungen ein Stück Heimatgeschichte. Adresse: Auf dem Winkel 8, Tel.: 04403/4130; Öffnungszeiten: Mo-Fr 15.00-18.00 Uhr.

Geburtshaus Dr. Schüßler

Der bekannte Arzt und Begründer der Biochemie, Dr. Wilhelm Heinrich Schüßler, wurde 1821 in Bad Zwischenahn geboren. Sein Geburtshaus befindet sich in der Peterstraße. Dr. Schüßler hat im 19. Jahrhundert maßgeblich dazu beigetragen, die weithin mystisch-mythisch orientierte Medizin auf eine naturwissenschaftlich-analytische Ebene zu bringen. Sein besonderes Augenmerk galt dabei den Mineralstoffen. Dankbare Patienten gründeten im Jahr 1985 den Biochemischen Verein Oldenburg.

Galerie Moderne

In der Galerie Moderne finden regelmäßig Kunstausstellungen statt. Adresse: Am Delft 37, Tel.: 04403/5429; Öffnungszeiten: Mi 15.00-18.00 Uhr, Sa und So 11.00-17.00 Uhr.

Dreibergen

Der Ort Dreibergen befindet sich am Nordufer des Zwischenahner Meeres. Es handelt sich hierbei um drei künstlich aus Erde und Lehm aufgeschüttete „Berge“ für die ehemalige Burg Elmendorf. Die historische Anlage erscheint wie ein Treppenviertel auf Hügeln.

Alte Klinkerstraßen

Die Ortschaft Aschhauserfeld beherbergt sehenswerte alte Klinkerstraßen, insbesondere die Heinrich- und Aschhauserstraße.

Sehenswerte Grünanlagen

Der Strandpark ist der „elegante Nachbar“ des Kurparks. Seine Wege führen am Zwischenahner Meer entlang und präsentieren schöne Panorama-Blicke über den See. Der Bootsanleger und kleine Stege vermitteln das Gefühl von Nostalgie. In der weiten Parkanlage ziehen prächtige Rhododendron-Formationen die Blicke auf sich. Die Freilichtbühne wird bei Veranstaltungen im Sommer mit Leben gefüllt. Im Ufergarten, der zu Füßen der St. Johannes-Kirche liegt, bezaubert ein märchenhafter Liliengarten seine Besucher. Direkt am Wasserturm liegt der Botanische Irrgarten, der zum „Lustwandeln" einlädt. Sehenswert ist auch das Gartenculturzentrum Rostrup. Hier befindet sich die weltgrößte und bedeutendste Sammlung von Rhododendren, Azaleen, Heidepflanzen und Coniferen.

Freizeitangebote

Schwimmen

Das Freibad „Badepark" bietet eine Riesenrutsche, einen Kinderplanschbereich, verschieden temperierte Schwimmbecken und vieles mehr. Öffnungszeiten: Während der Saison: Mo 12.00-19.30 Uhr, Di-Fr 6.30-19.30 Uhr, Sa und So 9.30-19.00 Uhr. Außerdem steht für kühlere Witterung das Wellenhallenbad zur Verfügung. Es befindet sich im Kurzentrum direkt am See, Tel.: 04403/61-684; Öffnungszeiten: Mo 14.00-21.00 Uhr, Di 9.00-21.00 Uhr, Mi 10.00-21.00 Uhr, Do 9.00-21.00 Uhr, Fr 10.00-21.00 Uhr, Sa 9.00-18.00 Uhr, So 8.00-18.00 Uhr. Ein weiteres Hallenbad befindet sich beim Gymnasium in der Humboldtstraße, Tel.: 04403/3473. Wer lieber im Zwischenahner Meer baden möchte, kann folgende Badestellen aufsuchen: Bad Zwischenahn, Dreibergen, Rostrup und Jagdhaus Eiden.

Bootsfahrt

Wer das Zwischenahner Meer vom Wasser aus kennenlernen möchte, kann sich ein Tret- oder Ruderboot oder auch Segeljollen mieten. Bootsanleger befinden sich in Bad Zwischenahn und in Dreibergen. Anschrift: Dreiberger Straße 10, Tel.: 0440378405 oder 8358.

Segeln/Surfen

Information: Zwischenahner Segelclub von 1893 e.V.; das Klubhaus befindet sich am Seerosenweg, Tel.: 04403/916185 oder Zwischenahner Yacht-Club Eyhausen, Tel.: 04403/4972.

Fährfahrt/Seerundfahrt

Regelmäßig verkehrt die Fähre der Reederei H. Ekkenga AG auf dem Zwischenahner Meer. Info-Tel.: 04403/3056.

Wandern/Radfahren

Rad- und Rundwege um das „Meer" und in der gesamten Umgebung laden zu Touren durch die Natur ein. Besonders zu empfehlen ist der naturkundliche Lehrpfad, der einmal um den See herum führt. Radwanderkarten sind in der Kurverwaltung und in Buchhandlungen erhältlich. Nennenswerte Grünanlagen für erholsame Spaziergänge oder Radtouren sind neben den oben bereits aufgeführten die Auwiese neben dem Ufergarten, der Naturpark Wiesengrund, der Landschaftspark Rostrup, die Seggenwiese, die Wiese Grotewisch, die Naturschutz-Idylle Stamershop, die Ahrenswiese mit einem Seerosenparadies, die Kreuzwiese und das Engelsmeer mit seinen allabendlichen Froschkonzerten.

Fahrradverleih

Wer sein Fahrrad nicht vor Ort hat, kann sich einen „Drahtesel“ bei folgenden Adressen mieten: In der Horst 3, Tel.: 04403/2301; Weißer Weg 1, Tel.: 04403/3640; Im Alten Hof 1A, Tel.: 0440373173.

Reiten

Im Freizeitpark „Neumann´s Ponyhof“ besteht die Möglichkeit, das Ponyreiten zu erlernen. Er befindet sich in Bad Zwischenahn-Dänikhorst. Info-Tel.: 04403/93520. Außerdem steht für Interessierte der Reitclub Helle e.V., Tel.: 04403/8852 zur Verfügung.

Golf

Nur wenige hundert Meter vom Zwischenahner Meer entfernt entsteht ein neuer Golfpark. Landschafts- und Naturschutzgebiete umrahmen das Golfgelände, ziehen sich sogar mitten hindurch und schaffen eine optisch reizvolle Kulisse. Information: Golfclub Am Meer e.V., Tel.: 04403/63866. Ein weiterer Golfplatz befindet sich in Rastede-Wemkendorf/Heimat Greenfee, Tel.: 04402/7240.

Angeln

Für das Angeln im Zwischenahner Meer sind die notwendigen Angelkarten nach Vorlage eines Sportfischerprüfungsscheins in der Kurverwaltung erhältlich. Info-Tel.: 04403/59081-83. Außerdem besteht die Möglichkeit, im sieben Hektar großen Forellensee beim „Kösterhof“ im Hermann-Ehlers-Weg 2, Ofen zu angeln. Info-Tel.: 0441/69404.

Kutschfahrt

Eine Kutschfahrt kann man unter Tel.: 04405/49437 (Adresse: Am Esch 11, Edewecht) oder unter Tel.: 04403/4592 (Adresse: Behntweg 11, Kayhausen) buchen.

Segelfliegen

Wer einmal durch die Lüfte segeln möchte, der ist beim Luftsportverein Oldenburg-Bad Zwischenahn an der richtigen Adresse: Segelflugplatz in Rostrup, Tel.: 0441/83812.

Spielbank

Fortuna lädt zu einem Besuch der Spielbank Bad Zwischenahn im „Jagdhaus Eiden am See“ ein. Tel.: 04403/9380-0.

Feste und Veranstaltungen

Kurkonzerte

Kurkonzerte finden in der Wandelhalle statt. Die Termine werden kurzfristig bekannt gegeben.

Kunst und Kultur

Der Verein der Kunstfreunde Bad Zwischenahn e.V. bietet ein buntes Programm mit Musik (Klassik, Jazz), bildender Kunst (Bilderausstellungen, Mal- und Aquarellkurse), Literatur (Literatur-Abende finden im Haus der Begegnung (Unter den Eichen) an jedem zweiten Donnerstag im Monat statt) und Theater. Info-Tel.: 04403/939650.
Genauere Informationen sind bei der Kurverwaltung und in der Wandelhalle erhält-

lich. Monatlich erscheint die Gästezeitschrift „Meer & Flair“ mit Veranstaltungskalender.

Berne

(Landkreis Wesermarsch)

In der südlichen Wesermarsch, eingegrenzt durch Moor und Weserstrand, liegt der Ort Berne. Wegen seiner vielen Flüsse und Brücken wird Berne auch gerne das „Venedig der Wesermarsch“ genannt. Die wechselvolle Landschaft aus Moor, Marsch, Geest und Flußlandschaft bietet ihren Bewohnern und Besuchern viel Abwechslung: idyllische Weiden und Wiesen, dörfliches Leben und die Stadtnähe zu Bremen, Oldenburg und Delmenhorst. In ihrer jetzigen Form besteht die Gemeinde seit dem 1. April 1948. Erstmals urkundlich erwähnt wurde Berne bereits im Jahre 1149 als Verwaltungssitz der Großgemeinde Stedingen. In der Vorläuferin der Berner St. Äegidius-Kirche protestierten die alten Stedinger zu Beginn des 13. Jahrhunderts gegen das feudale Regiment ihres Landesherrn, des Erzbischofs Gerhard II. von Bremen. Nach anfänglicher Gegenwehr der tapferen Bauern wurden sie von dem im Jahre 1234 heranrückenden übermächtigen Kreuzfahrerheer aus Bremen in der Schlacht bei Altenesch grausam niedergemetzelt. Hunderte von Gefallenen wurden in Massengräbern bei den Kirchen Süderbrook, Warfleth und Berne beigesetzt. Die Sieger nahmen das Land in Besitz. Nur wenige überlebende Stedinger durften auf ihren Höfen bleiben, jedoch lediglich als Knechte oder als Pächter.

Die Deiche an der Weser verlangten ständige Wartung. Wegen der fast alljährlich wiederkehrenden Überschwemmungen durch Oberwasser war man gezwungen, die Entwässerung unablässig auszubauen. Aus dem einstigen Sumpfgebiet entwickelte sich allmählich ein fruchtbares Marschenland. Information: Gemeinde Berne, Am Breitenhof 8, Tel.: 04406/9410.

Sehenswertes

Historischer Ortskern

Das Zentrum des Ortes bildet die St. Äegidius-Kirche, die genau wie das Berner Rathaus am „Breithof“, dem früheren Marktplatz, liegt. Da die St. Äegidius-Kirche im Jahre 1234 in ihrer heutigen Form wieder errichtet wurde und auch der „Breithof“ mit den angrenzenden Gebäuden eine lange Geschichte aufzuweisen hat, wird hier vom historischen Ortskern gesprochen.

St. Äegidius-Kirche

Die St. Äegidius-Kirche in Berne, ein stattlicher Sand- und Backsteinbau aus dem 11./13. Jahrhundert, ist ein Bauwerk besonderer Schönheit. Es handelt sich um eine dreischiffige westfälische Hallenkirche mit ehemals romanischem, später gotischem Chor. Das Gotteshaus besitzt einen mächtigen Turm aus Sandsteinquadern, der aus dem Jahr 1160 stammt. Im Inneren findet man einen Münstermann-Altar aus dem Jahre 1637, eine Münstermann-Kanzel aus dem Jahre 1639 sowie die größte Orgel der Wesermarsch aus den Jahren 1596 bis 1778. Regelmäßig stattfindende Orgelkonzerte („Berner Abendmusik“) verschaffen dem Besucher einen reizvollen Eindruck ihrer Klangvielfalt. Besonders sehenswert sind außerdem die kostbaren Chorfenster

St. Äegidius-Kirche in Berne

von Wilhelm Buschulte aus dem Jahr 1989. Besichtigung und Information: Tel.: 04406/ 238.

St. Marien-Kirche in Warfleth

Die aus dem 15. Jahrhundert stammende St. Marien-Kirche in Warfleth befindet sich unmittelbar am Weserdeich. Wegen der engen Verbundenheit der Bevölkerung von Warfleth mit der Schiffahrt wird das Gotteshaus auch als „Schifferkirche" bezeichnet. Sie beherbergt das Modell der Dreimastbarke „August", einem Walfänger aus dem 19. Jahrhundert. Besichtigung und Information: Tel.: 04406/295.

St. Marien-Kirche in Neuenhuntorf

Die St. Marien-Kirche in Neuenhuntorf wurde im Jahre 1489 in relativ einfacher Bauweise erstellt und der Gottesmutter Maria und dem Apostel Paulus geweiht. Hier kann man auch die Spuren des Grafen Anton Günther von Münnich verfolgen, der in Neuenhuntorf im Jahre 1678 ein Gut errichten ließ. Besichtigung und Information: Tel.: 04406/272.

Zinnfigurenausstellung

Die Zinnfigurenausstellung in Berne präsentiert eine Sammlung von Flachzinn-, Rund- und Massefiguren. Tel.: 04406/1360; Öffnungszeiten: Mo-Fr 8.30-12.30 Uhr, Mo und Di 14.00-16.00 Uhr, Do 14.00-18.00 Uhr.

Storchenpflegestation Wesermarsch

Früher wurde die Hauptverbindung zwischen Bremen und Berne wegen der vielen Storchennester „Storchenstraße" genannt. Zur Pflege und zum Erhalt des Storchenbestandes wird in Glüsing am Storchenweg seit 1991 ehrenamtlich eine Storchenpflegestation betrieben. Seit der Zeit hat sich der Bestand der Weißstörche im Landkreis Wesermarsch wieder erholt. Von der Straße „Berner Deich" im Ortsteil Glüsing kann die Pflegestation hervorragend eingesehen werden. Besuchergruppen können nach vorheriger Anmeldung die Station besichtigen. Tel.: U. Hilfers, 04406/1888.

Bohlenwege – Straßen der Vor- und Frühgeschichte

Die Wesermarsch war bis zum Mittelalter von weitflächigen Mooren bedeckt. Mehrere Bohlenwege, die in den letzten zwei Jahrhunderten bei landwirtschaftlichen Arbeiten oder beim Torfstich entdeckt wurden, belegen, daß die lebensgefährlichen Hochmoore bereits in prähistorischer Zeit von Menschen genutzt wurden. Die Bohlenwege überbrückten die Moore und schufen so eine Verbindung zwischen der höher gelegenen Geest und den schiffbaren Flüssen. Als besonders aufsehenerregender Befund gelten zwei menschenförmige Holzfiguren, die im Bereich eines Bohlenweges im Jahre 1965 gefunden wurden. Da Bohlenwege an ihrem Fundort nicht konserviert werden können, beschloß der Landkreis Wesermarsch, die beiden wichtigsten im Kreisgebiet gelegenen vorgeschichtlichen Wege von 713 v.Chr. (Bohlenweg XII (Ip) – „Hünenbrücke") und 129 v.Chr. (Bohlenweg XLII (Ip) im Witte Moor) im Originalmaßstab nachzubauen. Als Standort bot sich der Randbereich des Naturschutzgebietes Holler Moor/Witte Moor an, da der Landschaftscharakter des ehemaligen Moores hier noch nachempfunden werden kann. Die Rekonstruktion konnte genau auf der Trasse des Bohlenweges XLII (Ip) von 129 v.Chr. erfolgen, da ein Teilbereich dieses Weges hier bereits im Jahre 1965 ausgegraben worden war. Die Bohlenweg-Rekonstruktion ist von dem Ausflugslokal „Tö´n Drögen Schinken" im Reiherholz (Gemeinde Hude) über einen ausgeschilderten Rundwanderweg zu erreichen.

Schwarzer Leuchtturm

Die Weser-Halbinsel „Warflether Sand" steht heute wegen ihrer eindrucksvollen Röhrrichtgebiete und Trockengebüsche unter Landschaftsschutz. Nahe dem „Warflether Sand" befindet sich der unter Denkmalschutz stehende „Schwarze Leuchtturm", der mittlerweile durch neue Richtfeuer abgelöst wurde.

Brücke Dreisielen

Der Fluß Ollen mündet in Dreisielen in die Alte Hunte. Früher war im Mündungsbereich ein Sielbauwerk vorhanden. Heute sind von den ehemals drei nur noch zwei Sielbauanlagen erhalten. Um die Ollen schiffbar zu machen, wurde das dritte Siel entfernt, die beiden entstehenden Ufer wurden mit einer Brücke verbunden. Die jetzige Brücke wurde als Notbrücke nach dem Krieg erbaut, nachdem die alte Brücke gesprengt worden war.

Freizeitangebote

Wandern/Radfahren

Zahlreiche Rad- und Wanderwege rund um Berne zeigen dem interessierten Wanderer die Schönheit der Landschaft. Um die Vielfalt der Kulturlandschaft Marsch vollkommen zu entdecken und auch abgelegene Sehenswürdigkeiten zu finden, werden im Rathaus der Gemeinde Berne verschiedene Radwandervorschläge und auch Ortspläne angeboten. Besonders zu empfehlen sind der Weser- und der Hunte-Radweg, die Deutsche Sielroute und die Berner Zehn-Routen-Rad- und Wanderwege.

Schwimmen/Wassersport

Für Strand- und Wasserfans bietet sich der schöne weiße Weserstrand im Landschaftsschutzgebiet Warflether Sand und beim Ortsteil Juliusplate an.

Leuchtturm am Weserstrand in Berne

Fährfahrt

Der Fähranleger Berne/Juliusplate – Bremen/Farge ist der Ausgangspunkt für eine Fahrt mit der Schnellastfähre Berne- Farge GmbH. Hier werden die Fahrgäste im Tag- und Nachtverkehr über die Weser befördert. Eine weitere Fähre verkehrt zwischen den Fährstellen Motzen und Blumenthal. Es handelt sich hier um die kürzeste Verbindung der A 27 (B 74) und der A 1-Anschlußstelle Wildeshausen-Nord. Auch diese Fähre befördert ihre Gäste im Tag- und Nachtbetrieb. Auskunft: Tel.: 0421/602933 Mo-Fr 8.00-13.00 Uhr.

Feste und Veranstaltungen

Kulturelles

Besonders empfehlenswert sind die „Berner Abendmusiken", die Besucher aus der gesamten Wesermarsch und dem Oldenburger Land begeistern. Es handelt sich hierbei um wechselnde Konzerte von Orgel- und Cembalowerken, Kammermusik und geistliche Konzerte, die einmal im Monat stattfinden.

Festivitäten

Folgende Festivitäten finden regelmäßig statt:
Schützenfest Huntebrück am letzten Wochenende im Mai, Info-Tel.: 04406/6807, B. Wilken.
Schützenfest Weserdeich am ersten Wochenende im August, Info-Tel.: 04406/1270, E. Seyen.
Berner Markt am zweiten Wochenende im September, Info-Tel.: 04406/6599, M. Tholen.

Brake

(Landkreis Wesermarsch, Kreisstadt)

Die Seehafenstadt Brake liegt an der linken Seite der Unterweser zwischen Bremen und Bremerhaven. Eine Deichbruchstelle (durch eine große Sturmflut verursacht), die nicht geschlossen werden konnte, bezeichnet man als „Brake". So entstand der Name der Stadt. Wegen der Versandung der Weser konnten Großsegler, voll beladen, Bremen nicht mehr erreichen. Deshalb stimmte der Oldenburger Herzog Peter Friedrich Ludwig der Errichtung der ersten Duckdalben in Brake zu. Duckdalben sind lange, starke Baumpfähle, die ins ufernahe Fahrwasser der Weser gerammt wurden. Um 1800 war Brake bereits ein bedeutender Umschlagplatz für die unterschiedlichsten Waren und Güter. Hier war auch die 1. deutsche Kriegsflotte unter Admiral Brommy beheimatet. Heute besteht der Braker Hafen aus einer zwei Kilometer langen Flußkaje und dem vier Hektar großen Binnenhafen. Hauptumschlagsgüter sind Getreide, Futtermittel, Holz und Stahl. Der Hafen gewinnt weiter an Bedeutung und wird ständig ausgebaut. Information: Tourist-Information Brake, Breite Straße 9, 26919 Brake-Unterweser, Tel./Fax: 04401/19433 oder Info-Pavillon an der Stadtkaje, Tel./Fax: 04401/2574.

Stadtführungen

Eine Stadtrundfahrt oder ein Stadtrundgang kann bei der Tourist-Information gebucht werden.
Für Gruppen gibt es spezielle Angebote wie z.B. eine Stadt-, Weser- und Hafenrundfahrt mit Führung, eine lustige Weserwassertaufe, ein Piratenfest mit Lagerfeuer am Sandstrand auf der Insel Harriersand und vieles mehr.

Sehenswertes

Stadtkaje

Die großzügig gestaltete Uferpromenade (Stadtkaje) lädt ein zum Verweilen und ermöglicht eine sehr schöne Aussicht auf die Hafenanlagen, den Schiffsverkehr und die gegenüberliegende, elf Kilometer lange Weserinsel Harriersand (Naherholungsgebiet der Stadt Brake). Hier legen auch die Passagierschiffe von und nach Bremen/Bremerhaven und die Personenfähre zur Insel Harriersand an.

Telegraph und Schiffahrtsmuseum

Unmittelbar an der Stadtkaje liegt das im Jahre 1846 für den Schiffsmeldedienst erbaute Wahrzeichen der Stadt: der Telegraph. Dieses Haus wurde als optische Telegraphenstation, zum Empfang und zur Weitergabe von Schiffsnachrichten von

Das Telegraphengebäude in Brake

Bremerhaven nach Bremen und umgekehrt errichtet und betrieben. Diese Art der Nachrichtenübertragung wurde nach kurzer Nutzung wieder eingestellt und durch elektromagnetische Telegraphie ersetzt. Vor einigen Jahren wurde das Hebelwerk im ursprünglichen Zustand voll funktionsfähig wiederhergestellt. Das Gebäude wird als Schiffahrtsmuseum der oldenburgischen Weserhäfen genutzt. Hier befindet sich der erste Teil der auch international anerkannten Sammlung. Der zweite Teil wird in einem alten Kaufmanns- und Reederhaus (erbaut im Jahre 1808) in der Fußgängerzone gezeigt. Die Dauerausstellung zeigt die Entwicklung der regionalen Schiffahrtsgeschichte. Darüber hinaus werden Werft- und Schiffsmodelle, Schiffsportraits, nautisches Gerät, Schiffsausrüstungsgegenstände, überwiegend aus den Segelschiffszeiten, und vieles mehr präsentiert. Öffnungszeiten: 1. November bis 31. März Di-So 10-12 Uhr und 14-17 Uhr; Tel.: 04401/4383 und 6791.

Baudenkmäler

Der markante, in den Jahren 1927/28 errichtete Wasserturm in Brake-Kirchhammelwarden ist heute ein historisches Baudenkmal. Es kann nur von außen besichtigt werden. Das älteste erhalten gebliebene Haus, das Fischerhaus, erbaut im Jahre 1731, ist der Sitz des Braker Heimatbundes, der es für seine Veranstaltungen nutzt und pflegt. Dieses Baudenkmal befindet sich in der Mitteldeichstraße, im Bereich der Fußgängerzone.

Kirchen

Die älteste Kirche ist die St. Bartholomäus-Kirche in Brake-Golzwarden, erbaut im Jahre 1263, mit einer Orgel von Arp Schnittger; Auskunft: Tel. 04401/81004. Sehenswert sind auch die evangelische Kirche an der Kirchstraße und die katholische Marienkirche mit einem sieben Tonnen schweren Anker, Weltkugel und Kreuz auf dem 43 Meter hohen Kirchturm; Information: Tel. 04401/4125. In Brake-Kirchhammelwarden ist die ebenfalls sehenswerte evangelische Friedenskirche, erbaut Mitte des 18. Jahrhunderts, zu besichtigen. Auf dem Friedhof dieser Kirche sind die berühmtesten Persönlichkeiten Brakes beerdigt: Rudolph Brommy, Admiral der 1. deutschen Kriegsschiffsflotte, und Georg von der Vring, Maler und Dichter, Ehrenbürger der Stadt Brake. Das Geburtshaus von Georg von der Vring befindet sich in der Fußgängerzone, Schulstraße 14.

Freizeitangebote

Fährfahrt

Die Weserinsel Harriersand ist von Brake aus mit der Personenfähre „Guntsiel“ zu erreichen. Die Abfahrten erfolgen in der Saison (März bis Oktober) am Anleger an der Stadtkaje. Auskunft: Tel. 04401/12-37. Die Fähren „Golzwarden“ und „Wesermarsch“ verkehren im Wechsel zwischen Brake und Sandstedt. Auskunft: Tel.: 04731/864-0.

Hafenrundfahrt

Bei einer Hafenrundfahrt kann man die Arbeit im Hafen hautnah erleben und den Fischern beim Einholen ihrer Netze zusehen. Nähere Informationen über Termine und Abfahrtsorte erteilt die Tourist-Information.

Schwimmen

Die elf Kilometer lange Weserinsel Harriersand, die zur Großgemeinde Schwanewede gehört, ist mit ihrem Sand- und Badestrand das Naherholungsgebiet Brakes. Aber auch ein Hallen- und Freibad in Brake laden zum Schwimmen ein.

Wandern/Radfahren

Ein vorbildliches Radverkehrssystem mit gut beschilderten Wegen ist in Norddeutschland bis heute flächendeckend auf 4000 Quadratkilometern errichtet worden. Besonders reizvoll ist eine Radtour auf der „Deutschen Sielroute“. Dieser 200 Kilometer lange Rundkurs erschließt dem Radfahrer die Vielfalt der Landschaft des Landkreises Wesermarsch. Oft führt die Route die vielen Siele und Deiche mit ihren historischen Bauwerken entlang. Der Verlauf der Route ist durch ein auffälliges Symbol gekennzeichnet, dargestellt auf einem Zusatzschild.

Kulturelles

Weit über die Grenzen der Stadt und der Wesermarsch hinaus bringt die „Niederdeutsche Bühne Brake“ einiges vom maritimen Flair der Region zu den Gästen „´rüber“. Neben den vielen humorvollen Stücken und Sketchen des Ensembles in plattdeutscher Sprache ist die Aufführung der lustigen Weserwassertaufe zu empfehlen.

Feste und Veranstaltungen

Einer der Höhepunkte im Jahr ist das Stadt- und Kajenfest. Dabei gehen an der Kaje und in der Innenstadt vielfältige Aktionen über die Bühne. Besonders interessant wird es, wenn im Hafen ein Schiff der Marine festmacht und es heißt: „Open ship“. Bei der Schiffsbesichtigung erfährt man, wie der Kapitän mit seinen Offizieren und der Mannschaft an Bord lebt, wie die technische Ausstattung aussieht und wie die Ausbildung abläuft. Wer gern das Tanzbein schwingt, sollte eine Mondscheinfahrt oder Riverboatparty auf der Weser nicht versäumen. Diese „Tanz- und Vergnügunsveranstaltung“ auf einem Weserkahn findet in der Saison regelmäßig statt. Die aktuellen Termine können bei der Tourist-Information erfragt werden.

Bremen

(Kreisfreie Stadt)

Die Freie Hansestadt Bremen ist das pulsierende Herz Nordwestdeutschlands. Aber sie ist mehr als eine moderne Großstadt, mehr als das Zentrum einer ganzen Region. Sie ist eine Stadt mit ganz besonderem Charme, eine Stadt, in der die Geschichte lebt und die Zukunft gestaltet wird. Bremen ist eine der ältesten Republiken Europas. Im Jahre 787 trat die Stadt als Bischofssitz ins Licht der Geschichte, 965 wurde ihr von Kaiser Otto I. das Marktrecht verliehen. 1035 erteilte Konrad II. dem Erzbischof Bezelin ein Privileg zur Abhaltung von zwei Jahrmärkten. Aus einem davon entstand der heute noch stattfindende Bremer Freimarkt. Die Stadt erlebte ihre erste Blütezeit im Jahre 1072 durch die Eröffnung von Handelswegen bis nach Finnland, Island und Grönland – Bremen wurde zum „Rom des Nordens". Mit der „Barbarossa-Urkunde", einer Urkunde Kaiser Friedrichs I., wurden im Jahre 1186 die Anfänge des Stadtrechts gesichert. Wer Jahr und Tag in der Stadt wohnte, galt als „frei" und war keinem Landesherren außerhalb Bremens mehr untertan.

Seit dem 13. Jahrhundert kämpfte Bremen um den freien Zugang zur See, sicherte die Weser und setzte seine Unabhängigkeit gegenüber den eigenen Bischöfen und fremden Fürsten durch. 1358 wurde Bremen Mitglied der Hanse. Wegen seiner Bedeutung als Wirtschaftsmetropole des Nordwestens erreichte Bremen eine Stellung, die der „Freier Städte" gleichkam. Erst während des 30jährigen Krieges erhob Kaiser Ferdinand III. mit dem Linzer Diplom (1646) die Stadt in den Stand der Reichsunmittelbarkeit. Im Jahre 1776 begann für Bremen der transatlantische Handel mit Westindien, Ostasien und Nordamerika. Ausschlaggebend war die Unabhängigkeitserklärung der Vereinigten Staaten von Amerika. 1806 kam es zur Auflösung des deutschen Kaiserreiches. Bremen nennt sich seither Freie Hansestadt. Sie wurde 1871 zum Bundesstaat des neuen Deutschen Reiches. 1888 nahm man den „Freihafen", heute Europahafen, in Betrieb. Wenig später wurde ein Überseehafen angelegt (1901). Während der „Goldenen 20er Jahre" erbaute Ludwig Roselius die Böttcherstraße, die heute die „heimliche" Hauptstraße Bremens ist. Einen schweren Schicksalsschlag erlitt Bremen im 2. Weltkrieg. 62% der Stadt und 90% des Hafengebietes wurden im Bombenhagel zerstört. Vor mehr als 150 Jahren erwarb Bremen vom Königreich Hannover Land an der Wesermündung und baute dort einen neuen Hafen: die Keimzelle der heutigen Seestadt Bremerhaven. Er sicherte den freien Zugang zur See. Heute bilden die beiden Städte Bremen und Bremerhaven einen Staat, den sogenannten Zwei-Städte-Staat. Unter den übrigen Ländern der Bundesrepublik gibt es keine vergleichbare Konstruktion. Man unterscheidet zwischen drei Gebietskörperschaften: dem Land Bremen, offizielle Bezeichnung „Freie Hansestadt Bremen", sowie den beiden Stadtgemeinden Bremen und Bremerhaven. Die Freie Hansestadt Bremen, 404 Quadratkilometer groß, ist das kleinste deutsche Bundesland mit 682.833 Einwohnern: die Stadt Bremen zählt 551.201, die Seestadt Bremerhaven 131.632 Einwohner. Ein großer Teil der Stadtfläche liegt nur knapp zwei Meter über dem Meeresspiegel. Weite Gebiete würden bei Fluthochwasser überschwemmt werden, wenn 170 Kilome-

Luftaufnahme des historischen Stadtkerns von Bremen. Im Vordergrund die Teerhof-Insel mit dem Neuen Museum Weserburg.

ter lange Deiche nicht den nötigen Schutz gäben. Information:
Tourist-Information am Hauptbahnhof und an der Liebfrauenkirche, Service-Hotline: 01805/101030. Postanschrift: Bremer Tourist Zentrale GmbH, Postfach 100747, 28007 Bremen.

Stadtführungen

Stadtführungen durch die historische Innenstadt finden täglich um 14.00 Uhr ab der Tourist-Information am Hauptbahnhof statt. Sie dauern ca. zwei Stunden und laden ein, Bremens Besonderheiten zu entdecken, z.B. das Schnoorviertel, die Böttcherstraße und die Bauwerke rund um den Marktplatz. Weiter besteht die Möglichkeit, an einer Stadtrundfahrt teilzunehmen. Diese beginnt täglich um 10.30 Uhr am Bremer Hauptbahnhof, ZOB. Hier erfährt man vieles über die Geschichte und die Entwicklung der Stadt sowie über die Lebens- und Wohnsituation ihrer Bewohner. Wer Bremens maritime Seite kennenlernen möchte, hat Gelegenheit zu einer Fahrt mit einer Hafenbarkasse auf der Lesum. Ferner kann man an Bord des Schulschiffes „Deutschland“ gehen und sich den Dreimaster aus nächster Nähe ansehen. Ein kurzer Spaziergang den Hafen entlang läßt die Geschichte Vegesacks als ehemaliger Standort einer Wal-

Historischer Marktplatz in Bremen mit Rathaus und dem fast 1200jährigen St. Petri Dom

fang- und Heringsfangflotte lebendig werden. Anschließend, nach Kaffee und Kuchen mit Weserblick, besteht die Möglichkeit, in der Werft Bremer Bootsbau Vegesack den Arbeiten am Nachbau der Hansekogge zuzusehen und die Dimensionen des ehemaligen U-Boot-Bunkers „Valentin" kennenzulernen. Zeiten: vom 2. Mai bis 26. September jeweils sonntags um 13.30 Uhr ab ZOB Bremen Hauptbahnhof; Dauer: ca. 4 Stunden (Buchung: bis eine Woche vor dem Termin). Wer Bremen unter speziellen Aspekten erkunden möchte, dem stehen besondere Führungen zur Verfügung. Um auf individuelle Interessen einzugehen, werden z.B. folgende Führungen angeboten: Besichtigung des Rathauses, ein Streifzug durch die Stadt mit dem Schwerpunkt baulicher Denkmäler aus der Blütezeit der Hanse, eine Führung unter dem Motto „Bremen ist sagenhaft“ mit Märchen und Anekdoten, eine Ratskellerführung sowie ein Spaziergang durch das Schnoorviertel oder eine Führung durch das Haus der Bürgerschaft (modernes Parlamentsgebäude). Nähere Informationen sind erhältlich bei der Tourist-Information bzw. der Bremer Tourist-Zentrale unter den oben genannten Adressen. Reisen Sie in einer Gruppe, gibt es spezielle Angebote, um Bremen aus den verschiedensten Perspektiven kennenzulernen. Im Folgenden ist eine Auswahl an Möglichkeiten aufgelistet: Es werden Stadtrundfahrten im eigenen Bus, Stadtführungen durch die historische Innenstadt, Rathausbesichtigungen im Rahmen einer Innenstadtführung, eine Stadtmusikantenrallye sowie eine Stadtrundfahrt mit der Straßenbahn angeboten. Nähere Informationen sind unter obigen Adressen erhältlich.

Sehenswertes

Der Marktplatz

Der Marktplatz ist seit Jahrhunderten das Herz der Hansestadt. Er ist einer der schönsten Plätze Deutschlands. In seiner Mitte liegt das Hanseatenkreuz, das Ehrenzeichen für die hanseatischen Teilnehmer an den Freiheitskriegen. Wenn man sich hier um die eigene Achse dreht, rücken folgende Sehenswürdigkeiten ins Blickfeld: Zunächst einmal der steinerne Roland aus dem Jahre 1404, der die städtische Freiheit symbolisiert; hinter ihm steht das Rathaus aus dem Jahre 1405 mit seiner prachtvollen Fassade im Stil der Weser-Renaissance. Unter dem Rathaus befindet sich der Ratskeller, ein weltberühmtes Gewölbe, in dem mehr als 600 Weine aus allen deutschen Anbaugebieten lagern. Seine Weintradition reicht zurück bis in das Jahr 1404. Rechts vom Rathaus befindet sich der St. Petri-Dom. Auf der Ostseite liegt das moderne Gebäude der Bürgerschaft. Das Haus der Bürgerschaft ist Sitz des Landesparlaments. Im Jahr 1966 eingeweiht, repräsentiert das moderne Parlamentsgebäude den Baustil unseres Jahrhunderts und fügt sich harmonisch in das historische Marktplatzbild ein. Die Südseite dominiert der über 450 Jahre alte Schütting, der seit mehr als vier Jahrhunderten im stolzen Besitz bremischer Kaufleute ist. Von der Blütezeit des Handels zeugt noch heute die Stadtwaage, die ein architektonisches Glanzlicht ihrer Zeit darstellt.

Der Bremer Roland

Der fünfeinhalb Meter große steinerne Riese wurde im Jahre 1404 errichtet, nachdem ein hölzerner Vorgänger 1366 von Söldnern des Erzbischofs zerstört worden war. Schon damals galt diese Statue als Symbol der Freiheit und Unabhängigkeit der Stadt. Roland trägt einen Wappenschild mit dem doppelköpfigen kaiserlichen Reichsadler und der Umschrift:

Vryheit do ik yu openbar
de karl und mennich vorst vorwar
desser stede ghegheven hat,
des dankt gode is min radt.

Hochdeutsch heißt das sinngemäß: „Freiheit offenbare ich euch, die Karl und mancher Fürst fürwahr dieser Stadt gegeben haben. Dafür Gott zu danken ist mein Rat“. Mit der „Freiheit“ ist die Reichsfreiheit der Stadt, mit „Karl“ ist Karl der Große und mit

Der „Bremer Roland" – als Symbol der Stadtfreiheit wacht er seit Jahrhunderten über die Geschicke der Stadt

Die „Bremer Stadtmusikanten" vor der Kulisse des Marktplatzes (Bronzeplastik von Gerhard Marcks)

„mancher Fürst" sind die Fürsten zur Zeit des 9. bis 14. Jahrhunderts gemeint. Zu dieser Zeit erhielt Bremen zahlreiche königliche, fürstliche und fürstbischöfliche Privilegien und Rechte. Der Bremer Roland ist nach der Mode der Ritter um 1400 gekleidet. Ein lautespielender Engel in der Schließe seines Dupfings erinnert an die damals ausklingende Zeit der minnesingenden Ritter, im besonderen an die über den Welfenhof bekanntgewordene Rolandsage. Der Ritter war die Idealgestalt jener Zeit, der „Gentleman" des deutschen Mittelalters, der sich den ritterlichen Tugenden entsprechend zu verhalten hatte.

Die Bremer Stadtmusikanten

Die Stadt Bremen hat mehr zu bieten als die zu Stein gewordenen Zeugen einer historischen Entwicklung. Auch sagenumwobene und märchenhafte Ereignisse lassen sich in der vielseitigen Stadt erkunden. So ist beispielsweise den Bremer Stadtmusikanten an der Westseite des Rathauses ein Denkmal gesetzt worden. Wer sich für das Märchen interessiert, kann eine der Freilichtaufführungen auf dem Liebfrauenkirchhof besuchen.

Das Glockenspiel in der Böttcherstraße

Glockenspiel

Das Glockenspiel aus Meißener Porzellan erklingt von Mai bis Dezember stündlich zwischen 12.00 und 18.00 Uhr (nicht bei Frost), vom 1. Januar bis 30. April erklingt es um 12.00, 15.00 und 18.00 Uhr. Während der Spieldauer werden im drehbaren Turm zehn holzgeschnitzte Tafeln mit Darstellungen der Ozeanüberquerer gezeigt. Das Glockenspiel befindet sich in der Böttchergasse.

Der Schnoor

Wie Perlen auf einer Schnur sind die kleinen Häuser aus dem 15. und 16. Jahrhundert in Bremens ältestem Viertel dicht aneinandergereiht. In verwinkelten Gassen und an winzigen Plätzen arbeiten Künstler, Goldschmiede und Galeristen. Es herrscht eine faszinierende Atmosphäre. Kleine Cafés und Restaurants verwöhnen auch den anspruchsvollsten Gaumen. Hier befinden sich u.a. das Theater am Schnoor, das Travestie-Theater Madame Lothár, das Hochzeitshaus, das wahrscheinlich kleinste Hotel der Welt, ein Spielzeugmuseum, ein Weihnachtsladen sowie das Institut für Niederdeutsche Sprache.

Zuerst waren es Fischer, Handwerker, Schiffer und einige Franziskanermönche, dann Kaufleute und Ratsherren, später dann die kleinen Leute und heute sind es Menschen aus aller Welt, die den Schnoor bevölkern. In den kleinen verwinkelten Gassen schmiegen sich schmale Häuser ganz eng aneinander. Der Schnoor ist eine romantische kleine Welt für sich, und doch ganz nahe der pulsierenden Stadt.

Bremens ältestes Stadtviertel: der Schnoor

Bremens „heimliche Hauptstraße": die Böttcherstraße

Die Böttcherstraße

Die Böttcherstraße ist kleine Gasse und großes Kunstwerk zugleich. Sie genießt weltweiten Ruhm. In dieser 110 Meter langen Fußgängerpassage fertigten früher die Böttcher ihre Fässer. Sie führt vom Marktplatz hinunter zur Weser. Die „heimliche Hauptstraße" Bremens gilt als sehenswertes Architektur-Ensemble: traditionelle Backsteinarchitektur und moderne expressive Baukunst schaffen reizvolle Kontraste. Erbaut wurde sie in den Jahren 1923 bis 1931 auf Betreiben des Bremer Kaufmanns (und Erfinders des koffeinfreien Kaffees) Ludwig Roselius. Die ausführenden Architekten waren Alfred Runge und Eduard Scotland sowie der Bildhauer Bernhard Hoetger. Hoetgers vergoldetes Relief „Der Lichtbringer" schmückt das Eingangstor zur Marktseite hin. Neben kleinen Läden, Werkstätten und der Bremer Spielbank sind das Paula-Modersohn-Becker Museum, das Roselius-Haus sowie das Glockenspiel besonders sehenswert.

Hafen Vegesack

Weil die stadtbremischen Häfen zu versanden drohten, errichtete man im Jahre 1619 ein gutes Stück weserabwärts, in Vegesack, neue Anlegeplätze. Innerhalb von vier Jahren entstand dort der erste künstliche Hafen Deutschlands. Bis heute steht Vegesack ganz im Zeichen seiner maritimen Tradition. Besonders die Wal- und Heringsfänger haben ihre Spuren hinterlassen. Mächtige meterhohe Walkiefer aus Bronze sind zum Wahrzeichen geworden. Im Alten Hafen ankern schmucke Yachten und alte Logger. Um tiefer in die Vergangenheit von Bremen-Nord einzutauchen, empfiehlt sich ein Besuch im Heimatmuseum Schloß Schönebeck.

St. Petri-Dom

Der St. Petri-Dom hat eine über 1200jährige Geschichte. Sein typisch frühgotisches Gepräge erhielt der Dom in der ersten Hälfte des 13. Jahrhunderts. Besonders bemerkenswert sind seine ältesten Teile, die West- und die Ostkrypta, sowie seine bedeutsamen Orgeln. Der Dom wurde mit Steinen aus der alten Stadtmauer errichtet. Seine Türme gewähren mit 98 Meter Höhe einen überwältigenden Blick über die Stadt. Im Untergeschoß befinden sich das Dom-Museum und der Bleikeller. Wer einen Ausblick über Bremen genießen möchte, hat die Gelegenheit, den Turm zu besteigen. Turmbesteigungen sind möglich von Ostersamstag bis zum 1. November. Dom und Turm sind während kirchlicher Amtshandlungen und großer Konzertproben am Karfreitag, 1. Mai, 3. Oktober, 24., 25. und 31. Dezember geschlossen.
Information: St. Petri-Domgemeinde, Sandstraße 10-12, Tel.: 0421/365040

Rund um den Liebfrauenkirchhof ist werktags Blumenmarkt

Öffnungszeiten: Mo-Fr 10.00-17.00 Uhr, Sa 10.00-14.00 Uhr, So und feiertags 14.00-17.00 Uhr. Führungen finden jeden 2., 3., 4. Mi. um 15.00 Uhr und nach Vereinbarung statt.

Unser-Lieben-Frauen-Kirche

Die Unser-Lieben-Frauen-Kirche ist die älteste Pfarrkirche. Sie stammt aus dem 11. Jahrhundert. Zu früherer Zeit wurde sie „St. Veit“ genannt. Im 13. Jahrhundert erfolgte der Neubau als westfälische Hallenkirche. Seither trägt sie den Namen „Unser Lieben Frauen“. Bis ins 19. Jahrhundert war sie Ratskirche. Sehenswert sind die Krypta mit bemerkenswerten Wandgemälden aus dem 14. Jahrhundert sowie farbige Glasbilder des zeitgenössischen französischen Malers Alfred Manessier, geschaffen in der Glaswerkstatt Lorin/Chartres.

Reiterfigur im Übersee-Museum

Auskunft: Unser-Lieben-Frauen-Kirche, Kirchhof 27, Tel.: 0421/330310; Öffnungszeiten: 1. Oktober bis 31. März: Mo-Fr 10.30-12.30 Uhr, 14.00-16.30 Uhr, Sa 10.30-12.30 Uhr, So 12.00-13.00 Uhr; 1. April bis 30. September: Mo-Fr 10.00-12.30 Uhr, 14.00-16.30 Uhr, Sa. 10.00-12.30 Uhr, So 12.00-13.00 Uhr. Führungen: Freitags 11.00 Uhr und nach Vereinbarung.

St. Martini-Kirche

Die St. Martini-Kirche galt früher als Kirche der Kaufmannschaft. Im Jahre 1229 wurde sie erstmals als selbständige Pfarrgemeinde urkundlich erwähnt. Auskunft: Martinikirchhof 3, Tel.: 0421/324835; Besichtigung: April-September: Mo-Sa 10.30-12.30 Uhr; Oktober-März Di 15.00-17.00 Uhr, Do 10.00-12.00 Uhr. Martini-Glockenspiel jeweils 9.15, 12.15, 15.15 und 18.15 Uhr.

Propsteikirche St. Johann

Die Propsteikirche St. Johann wurde im 14. Jahrhundert von den „Grauen Mönchen", den Franziskanern, als eine ihrer Klosterkirchen errichtet. Die Kirche liegt am Rande des Schnoorviertels und ist ein Beleg gotischer Backsteinkunst. Einen Kirchturm hat das Gotteshaus nie besessen, da ein solcher gegen das Armutsgelübde der Bettelmönche verstoßen hätte. Immerhin ist der Dachreiter aber 22 Meter hoch und birgt drei Glocken, deren Tonfolge mit den benachbarten Kirchen abgestimmt ist. Auskunft: Hohe Straße 3, Tel.: 0421/3694-115; Geöffnet von 8.30-19.00 Uhr.

Der Fallturm

Das Bremer Zentrum für angewandte Raumfahrttechnologie und Mikrogravitation verfügt mit dem Fallturm über eine in Europa einzigartige Forschungseinrichtung, die Experimente unter den Bedingungen der Schwerelosigkeit ermöglicht.

Übersee-Museum

Das Übersee-Museum gehört zu den international führenden Museen für Natur-, Völker- und Handelskunde. Mit seinen 9000 qm Ausstellungsfläche ist es Deutschlands größtes integriertes Museum für außereuropäische Länder und vereint „die ganze Welt unter einem Dach". Es stellt die Evolution der Natur sowie die Vielfalt der Kulturen in aller Welt dar. Ferner zeigt es die Zusammenhänge von Ökologie und Ökonomie sowie die Entwicklung von Gesellschaften und Kulturen. Adresse: Bahnhofsplatz 13, Tel.: 0421/361-9176; Öffnungszeiten: Di-So 10.00-18.00 Uhr.

Zum Focke-Museum gehört auch das hier abgebildete historische Landgut Haus Riensberg

Der 146 m hohe Bremer Fallturm

Bremer Landesmuseum (Focke-Museum)

Das Bremer Landesmuseum liegt inmitten einer großzügigen Parklandschaft. Das moderne Haupthaus mit seiner umfassenden Ausstellung zur Geschichte Bremens ist umgeben von vier historischen Häusern mit unterschiedlichen Spezialsammlungen. Das Landesmuseum sammelt, betreut und präsentiert die geschichtlichen Zeugnisse Bremens aus der Vor- und Frühgeschichte sowie aus Kunst und Kultur seit dem frühen Mittelalter. Es erzählt die Bremer Stadtgeschichte und spannt einen farbigen Bogen bis zu aktuellen Visionen bremischer Zukunft. Adresse: Schwachhauser Heerstraße 240, Tel.: 0421/361-3575; Öffnungszeiten: Di 14.00-22.00 Uhr, Mi-So 10.00-18.00 Uhr.

Mühle Oberneuland

Die Mühle Oberneuland beherbergt die Dauerausstellung „Korn und Brot im alten Bremen“. Adresse: Mühlenweg 34, Tel.: 0421/259214; Öffnungszeiten: Di-Fr 9.00-12.00 Uhr, So 15.00-18.00 Uhr.

Kunsthalle

Die Kunsthalle ist Bremens ältestes Museum. Es zählt zu den führenden Stiftermuseen. Seine private Sammlung bildender Kunst gehört zu den bedeutendsten in Deutschland. Nach aufwendiger und behutsamer Neugestaltung präsentiert sich die Kunsthalle jetzt unverändert in klassischer Eleganz und gleichzeitig richtungsweisender Modernität. Sie spannt in ihrer Gemälde- und Skulpturensammlung mit Werken von Delacroix, Liebermann, Corinth, Modersohn-Becker und Beckmann einen Bogen vom 15. Jahrhundert bis in die Gegenwart. Glanzpunkte des Kupferstichkabinetts (es ist mit seinen rund 220.000 Blatt eines der größten in Europa) sind deutsche und französische Zeichnungen sowie Druckgrafik des 19. Jahrhunderts. Hinzu gesellen sich druckgraphische Werke von Dürer, Goya, Menzel und Picasso. Adresse: Am Wall 207, Tel.: 0421/329080; Öffnungszeiten: Di 10.00-21.00 Uhr, Mi-So 10.00-17.00 Uhr.

Gerhard-Marcks-Haus

Das Gerhard-Marcks-Haus ist *das* Bildhauermuseum des Nordens. Hier hat sich ein Museumskonzept entwickelt, das in spannenden Ausstellungen ein breites Spektrum der Bildhauerkunst des 20. Jahrhunderts vorstellt. Die drei lichtdurchfluteten Hauptausstellungsräume im Erweiterungsbau verleihen dem Haus eine elegante Note. Das Museum betreut den Nachlaß des Bildhauers Gerhard Marcks und zeigt in historischen Räumen ausgewählte Arbeiten des Künstlers, die stets in Bezug zu den Wechselausstellungen stehen. Das Museumsatelier bietet ein breites Angebot an Kursen für „angehende Künstler“.
Adresse: Am Wall 208 (Alte Ostertorwache), Tel.: 0421/327200; Öffnungszeiten: Di-So 10.00-18.00 Uhr, öffentliche Führung: Do 17.00 Uhr.

Paula-Modersohn-Becker-Museum

Das Paula-Modersohn-Becker-Museum wurde von dem Bildhauer Bernhard Hoetger (1874-1949) für das Werk der Künstlerin Paula Modersohn-Becker (1876-1907) konzipiert. Es ist ein eindrucksvolles Zeugnis von Hoetgers expressionistischer Schaffensfreude. Es stellt mit Werken von Paula Modersohn-Becker und Bernhard Hoetger die Kunst zu Beginn der Moderne dar. Regelmäßig finden wechselnde Sonderausstellungen statt. Das Museum befindet sich im Roselius-Haus, welches den Namen des Mannes trägt, dem die Stadt Bremen ein einzigartiges Gesamtkunstwerk, die Böttcherstraße, verdankt: es ist der Kaffeekaufmann Ludwig Roselius. Das Haus beherbergt Roselius` Sammlung spätmittelalterlicher Kunst und Wohnkultur. Adresse: Böttcherstraße 6-10, Tel.: 0421/33650-66 und 77; Öffnungszeiten: Di-So 11.00-18.00 Uhr, öffentliche Führungen: So 11.30 Uhr.

Neues Museum Weserburg

Das Neue Museum Weserburg ist das einzige Sammlermuseum internationaler, zeitgenössischer Kunst Deutschlands. Als Ge-

An der Kopfseite der Wohnanlage Teerhof befindet sich Deutschlands größtes Museum für zeitgenössiche Kunst, das Neue Museum Weserburg

bäude dienen die ehemaligen Speicher einer Kaffeerösterei, welche sich auf dem mitten in der Weser gelegenen Teerhof befinden. Es vereint auf 6000 qm Ausstellungsfläche elf Sammlungen deutscher und internationaler Kunst aus den vergangenen 30 Jahren. Ferner präsentiert es eine beachtliche Sammlung von Künstlerbüchern. Das Angebot wird noch ergänzt durch Sonderausstellungen, Video- und Filmvorführungen, Performances sowie museumspädagogische Aktionen. Adresse: Teerhof 20, Tel.: 0421/ 598390; Öffnungszeiten: Di-Fr 10.00-18.00 Uhr, Sa und So 11.00-18.00 Uhr.

Dom-Museum und Bleikeller

Das Dom-Museum präsentiert in historischen Räumen die Baugeschichte des Doms und berichtet aus der Geschichte des Erzbistums Bremen. Es bewahrt Kostbarkeiten von internationalem Rang, z.B. Relikte aus Gräbern Bremer Erzbischöfe, Teile von seidenen Pontifikalgewändern, Mitren, Bischofsstäbe und -ringe aus dem 11. bis 15. Jahrhundert. Adresse: Sandstraße 10-12, Tel.: 0421/365040; Öffnungszeiten: Mo-Fr 10.00-17.00 Uhr, (November bis April 11.00-16.00 Uhr), Sa 10.00-13.00 Uhr, So und feiertags 14.00-17.00 Uhr. Im Bleikeller werden in Särgen beigesetzte Mumien aus dem 17. und 18. Jahrhundert gezeigt. Das Dom-Museum und der Bleikeller sind während kirchlicher Amtshandlungen und großer Konzertproben, am Karfreitag, 1. Mai, 3. Oktober, 24., 25. und 31. Dezember geschlossen. Der Bleikeller ist zugänglich vom Glockenhof neben dem St. Petri-Dom. Er ist geöffnet von Ostersonntag bis zum 1. November.

Wilhelm-Wagenfeld-Haus

Das Wilhelm-Wagenfeld-Haus trägt den Namen des international bekannten Pioniers des deutschen Industriedesign. Dieses Museum ist das einzige Ausstellungshaus in Norddeutschland, das ausschließlich dem Thema Design gewidmet ist. Es stützt sich auf die Sammlung der Wilhelm-Wagenfeld-Stiftung. Das Design-Zentrum-Bremen zeigt hier aktuelle Entwicklungen und Tendenzen im Bereich Industrie-, Graphik-, Verpackungs- und Modedesign. Adresse: Am Wall 209, Tel.: 0421/3399933.

Bremer Rundfunkmuseum

Das im norddeutschen Raum einzigartige Bremer Rundfunkmuseum ging aus Privatsammlungen radiobegeisterter CB-Funker hervor. Es bietet einen ebenso informativen wie repräsentativen Querschnitt durch die gesamte Geschichte der Funk-, Rundfunk- und Unterhaltungselektronik. Adresse: Findorffstraße 85, Tel.: 0421/357406 und 353797; Öffnungszeiten: Mo, Di, Do, Fr 9.30-17.00 Uhr.

Schulgeschichtliche Sammlung

Die Schulgeschichtliche Sammlung zählt zu den größten Deutschlands. Ein Schwerpunkt dieser Ausstellung liegt auf der Bremer Schulgeschichte seit Mitte des 19. Jahrhunderts. Unterricht im Klassenzimmer aus der Kaiserzeit sowie ein Schulfrühstück mit Muckefuck und Schmalzbroten lassen historischen Schulalltag aufleben. Ferner werden Lehr- und Lernmittel aus der Zeit um 1900 gezeigt. Außerdem besteht die Möglichkeit zur Forschungsarbeit im Foto- und Schriftgutarchiv sowie in der fachwissenschaftlichen Präsenzbibliothek. Adresse: Auf der Hohwisch 61-63, Tel.: 0421/ 3613030; Öffnungszeiten: Di-Fr 11.00-16.00 Uhr, So 11.00-16.00 Uhr, öffentliche Führung: So 11.30 Uhr.

Krankenhaus-Museum

Das Krankenhaus-Museum spiegelt den Alltag einer typischen deutschen Anstalt von der Jahrhundertwende bis zum Ende des 2. Weltkriegs anschaulich und allgemeinverständlich wider. Es verdeutlicht mit seiner Ausstellung zur Psychiatrie- und Krankenpflegegeschichte, daß das „Verrücktsein" nicht nur als medizinisches, sondern auch als gesellschaftliches Phänomen zu begreifen ist. Lage: Auf dem Gelände des ZKH Bremen-Ost, Züricher Straße 40, Tel.: 0421/408-1757 und -2781; Öffnungszeiten: Mi-So 15.00-18.00 Uhr.

Spielzeugmuseum im Schnoor

In zwei Stockwerken wird über einem kleinen Laden eine Sammlung von altem Spielzeug ausgestellt. Es ist eine freundliche Erinnerung an Dinge, die einmal geliebt und oft genug dann doch weggeworfen und vergessen wurden. Adresse: Schnoor 24, Tel.: 0421/320382; Öffnungszeiten: Mo-Fr 11.00-18.30 Uhr, Sa 11.00-18.00 Uhr.

Tischlerei-Museum

Das Tischlerei-Museum ist Deutschlands erstes Museum dieser Art und dokumentiert ein Stück deutsche und bremische Handwerksgeschichte. Es vereint eine Vielzahl historischer Hand- und Maschinenwerkzeuge, darunter ein einzigartiges Ensemble von liebevoll restaurierten und größtenteils funk-

Der Architekturstil „Bremer Haus" prägt auf besondere Weise das Stadtbild Bremens

Im Stadtviertel Schnoor – altes Ambiente, modern gestaltet

Gemütliche Kneipen und Cafés im Schnoor (oben); Himmelssaal im Haus Atlantis (unten)

Erholung in der Wümme-Niederung (oben); der norddeutsche Volkssport Nr. 1: Boßeln (unten)

tionsfähigen Holzbearbeitungsmaschinen aus der Zeit der Jahrhundertwende. Adresse: Köpkenstraße 18-20, Tel.: 0421/171703; Öffnungszeiten: Mo-Fr 8.00-13.00 Uhr.

Heimatmuseum Schloß Schönebeck

Das Schloß Schönebeck wurde im 17. Jahrhundert in der Wiesenlandschaft des Auetals als Herrensitz errichtet und ist seit 1972 ein Museum mit besonderem Flair. Es entführt seine Gäste in die Zeit der Segel- und Dampfschiffahrt, der Heringslogger und Walfänger, berichtet von den Reisen des Afrikaforschers Gerhard Rohlfs (1831-1896) und von den Anfängen der Seenotrettung. Es zeigt Schiffbau, Schiffahrt, Walfang, Seenotrettungswesen und Heringsfischerei, aber auch Fayence- und Steinguterzeugnisse aus Bremen-Nord, bürgerliche Wohnkultur, Frühgeschichte, Geologie und Spielzeug. Adresse: Im Dorfe 3-5, Tel.: 0421/623432; Öffnungszeiten: Di, Mi, Sa 15.00-17.00 Uhr, So 10.00-12.30 und 15.00-17.00 Uhr.

Segelschulschiff Deutschland

Das einzig erhalten gebliebene Vollschiff der deutschen Segelschiffahrt liegt in der Lesummündung im Bremer Stadtteil Vegesack. Unweit des ältesten künstlichen Binnenhafens Nordeuropas bietet der „Weiße Schwan der Unterweser" einen Einblick in die maritime Geschichte. Mit seinen 86 m Länge und den über 58 m hohen Masten ist der Rahsegler schon von weitem zu sehen. Neben Schiffsbesichtigungen besteht die Möglichkeit, Räumlichkeiten an Bord zu mieten. Auskunft: Deutscher Schulschiff-Verein, Friedrich-Klippert-Straße 1; Tel.: 0421/6587373; Öffnungszeiten: Mai-September: Di-Fr 10.00-12.30 Uhr und 14.00-17.30 Uhr, Sa und So 10.00-18.00 Uhr; Oktober-April: Mi 14.00-17.30 Uhr, Do, Fr 10.00-12.30 Uhr und 14.00-17.30 Uhr, Sa und So 10.00-18.00 Uhr.

Stiftung Overbeck

Die Stiftung Overbeck befindet sich in Bremens ältestem erhaltenen Speichergebäude (Packhaus), im KITO, dem vielfältigen Kulturzentrum im Herzen Vegesacks. Sie zeigt neben wechselnden Präsentationen aus dem Werk des Künstlerehepaares Fritz Overbeck und Hermine Overbeck-Rothe jährlich mehrere Sonderausstellungen.

Das Segelschulschiff „Deutschland" der Deutschen Handelsmarine ist das maritime Wahrzeichen von Bremens nördlichstem Stadtteil

Schwerpunkte liegen auf der Landschaftsmalerei und der Arbeit von Künstlerinnen. Adresse: Alte Hafenstraße 30 (im KITO), Tel.: 0421/663665, Öffnungszeiten: Di-Do, Sa, So 11.00-18.00 Uhr.

Der Bürgerpark/Stadtwald

Bürger schufen den Stadtwald vor über 130 Jahren und pflegten ihn seitdem vorbildlich. Er erhielt im Jahr 1991 den „Deutschen Denkmalschutzpreis". Der Bürgerpark beginnt kurz hinter dem Hauptbahnhof und ist mit seinen lichten Wäldchen, weiten Wiesen, langen Wasserzügen und kleinen Seen ein Paradies für Erholungssuchende und Freizeitsportler. Für zusätzliche Informationen und Vorträge über den Bürgerpark/Stadtwald steht das Info- und Schulungszentrum des Bürgerparkvereins zur Verfügung, Tel.: 0421/ 342070.

Rhododendronpark und Botanischer Garten

Der Rhododendronpark ist ein gartengestalterisches Kleinod. Er beherbergt die größte Sammlung von Rhododendronarten und -sorten in Europa. Hauptblütezeit ist Ende April bis Anfang Juni, mit Höhepunkt Mitte Mai. Zu dieser Zeit ist der Park die farbenprächtigste Attraktion Bremens. In einem Teil der Gesamtanlage ist der Botanische Garten untergebracht, der die Vielfalt der heimischen Flora ebenso zeigt wie den Pflanzenreichtum der Erde.
Öffnungszeiten: Freiland: täglich von 7.30 bis Sonnenuntergang; Sortimentsgarten: April bis September täglich von 7.30 bis Sonnenuntergang; Rhododendron-Gewächshäuser: Mo-Fr, So 10.00-16.00 Uhr, Sa 12.00-16.00 Uhr; Azaleen-Museum: 20. März bis 30. April wie Gewächshäuser.

Eine Prachtentfaltung, ein betörender Duft ohnegleichen: der Rhododendronpark zur Blüte im Mai

Wallanlagen

Die Wallanlagen sind der grüne Gürtel der City, eine einzigartige städtebauliche und gartenarchitektonische Leistung. Entstanden ist diese Grünanlage nach der Entfestigung der Wälle und Verteidigungsgräben, die Anfang des vorigen Jahrhunderts ihren militärischen Sinn verloren hatten. Nur wenige Kilometer lang und ca. 200m breit erstreckt sich der grüne Gürtel zwischen dem Wall am Osterdeich bis zum Ende der Stephansbrücke. Die Wallanlagen stecken voller Überraschungen. Zahlreiche Kunstwerke und zuweilen Ausstellungen moderner Bildhauerarbeiten sind zu sehen. Man wird verzaubert von einer Landschaft mit kleinen Hügeln und Tälern, mit Wäldchen und Parkwiesen, mit Wasserzügen und Seen sowie der letzten von zahlreichen Holländerwindmühlen, die hier früher einmal standen.

Knoops Park

Knoops Park ist eine öffentliche Parkanlage, die aus zahlreichen großen Privatgärten am Hohen Ufer entstand. Der Park wird durch die Lesum begrenzt, an der sich ein abwechslungsreicher Wanderweg entlangzieht. Am nördlichen Rand des Parks befindet sich Deutschlands erster Blindengarten.

Ökologiestation/Umweltbildungsstätte

In zwei Häusern sowie in einer Umgebung aus Wald, Garten, Wiesen und Teichen wird Umweltbildung in verschiedensten Formen geboten. Man kann an Führungen teilnehmen oder das Gelände auf dem Naturerlebnispfad selbst erkunden. Adresse: Am Güthpol 9, Tel.: 0421/669709-51.

Knoops Park – einst von Textilkaufmann Baron Knoop angelegte herrliche Parkanlage

Sudhaus der Brauerei Beck & Co.

Besucherzentrum Brauerei Beck & Co

Angeboten werden Führungen durch die Brauerei mit Besuch der historischen Ausstellung, dem Sudhaus und dem Pferdestall. Man erhält alle Informationen rund ums Bierbrauen. Natürlich können die Qualitätsbiere der Brauerei Beck & Co anschließend verkostet werden. Führungen finden stündlich statt: Di-Sa 10.00-17.00 Uhr, So 10.00-15.00 Uhr, 1. Mai, Himmelfahrt, Pfingsten, 3. Oktober 10.00-17.00 Uhr, Dauer des Rundgangs mit Verkostung: 2 Stunden. Am Deich 18-19, Tel.: 0421/50945555.

Freizeitangebote

Theater am Goetheplatz

Das Theater am Goetheplatz ist Spielstätte für Oper, Operette und Musical. Ferner sind Schauspiel- sowie Tanztheater während der

Spielzeit mit 2 bis 3 Produktionen auf der großen Bühne zu sehen. Zahlreiche Gastspiele arrondieren den Spielplan. Führungen durch das Haus sind auf Anfrage möglich: Tel. 0421/3653-340. Adresse: Goetheplatz 1-3, Tel.: 0421/ 3653-0.

Schauspielhaus

Das Schauspielhaus liegt direkt hinter dem Theater am Goetheplatz. Dieses Haus mit einer optimalen Größe für eine Sprechbühne ist Spielstätte für Schauspiel und Tanztheater. Es finden auch Gastspiele und Matineen statt. Adresse: Ostertorsteinweg 57a, Tel.: 0421/3653-0.

Concordia

Mit dieser Raumbühne wurde die Möglichkeit geschaffen, Spielfläche und Zuschauerraum entsprechend den jeweiligen Regie-Konzepten zu gestalten. Das Concordia dient als Spielstätte für Tanztheater, Schauspiel, musikalische Vorstellungen und Gastspiele. Adresse: Schwachhauser Heerstraße 1, Tel.: 0421/3653-0.

MOKS im Brauhaus

Dem Bremer Theater angeschlossen ist das MOKS-Theater. Dieses Ensemble spielt ausschließlich für jugendliche Theaterbesucher, d.h. für alle junggebliebenen Menschen. Neben den Vorstellungen für Schulen an Vormittagen spielt das MOKS auch abends. Bleicherstraße 28 (Brauhaus), Tel. Sekretariat: 0421/3616181 (8-14 Uhr) oder 0421/3653392.

Brauhauskeller

Der Brauhauskeller liegt direkt hinter dem Schauspielhaus und ist die ideale Spielstät-

Die Bremer Shakespeare-Company

te für kleine Produktionen des Schauspiels. Lesungen und Gastspiele bereichern den Spielplan. Adresse: Bleicherstraße 28 (Brauhaus), Tel.: 0421/3653-0.

Waldau-Theater

Auf dem Spielplan des zu den größten norddeutschen Volkstheatern gehörenden Waldau-Theaters stehen neben Stücken niederdeutscher Autoren Komödien und Schauspiele der Weltliteratur und beliebte Boulevardstücke sowie Stargastspiele. Im „Theater im Keller" (tik) wird jeweils am „Blauen Montag" ein Kleinkunstprogramm mit leichter Unterhaltung und Gesang geboten. Zu einer Institution in Norddeutschland ist das weihnachtliche Kindertheater in hochdeutscher Sprache mit jährlich über 65.000 Zuschauern geworden. Adresse: Waller Heerstraße 165, Tel.: 0421/ 383031

Bremer Shakespeare-Company

Die Bremer Shakespeare-Company ist ein Repertoire-Theater, in dessen Mittelpunkt der Hausautor Shakespeare steht. Durch ihre eigene, unverwechselbare Spielweise ist sie ein Unikat in der deutschen Theaterlandschaft. Neben den Vorstellungen im Theater am Leibnizplatz gastiert die Bremer Shakespeare-Company im gesamten Bundesgebiet und im europäischen Ausland. Auskunft: Theater am Leibnizplatz, Tel.: 0421/500333 (Di-Sa 15.00-18.00 Uhr).

Theater im Schnoor (Packhaus)

Ein altes Packhaus bekam ein neues Gewand und wurde zum Theater – zum Theater im Schnoor. Die Besonderheit des Äußeren setzt sich im Spielplanangebot fort: Schauspiel, Kabarett, Kleinkunst, Chansons und Musik werden geboten. Ein Puppen- und Marionettentheater im selben Haus erfreut nicht nur die jüngsten Theaterbesucher. Adresse: Wüstestätte 11, Tel.: 0421/326054.

Schnürschuh-Theater

Das ansprechend renovierte und geschichtsträchtige Theater Haus Schnürschuh am Buntentorsteinweg bietet mit 99 Sitzplätzen ein gemütliches Ambiente für die Besucher, denen eine bunte Mixtur aus eigenen Schauspielproduktionen und Gastspielen aller Sparten geboten wird. Für Kinder und Jugendliche finden Veranstaltungen am Vormittag und am Sonntagnachmittag statt. Adresse: Buntentorsteinweg 145, Tel.: 0421/555410.

Junges Theater

Das Junge Theater bietet als Off-Theatergruppe im Bremer Steintor-Viertel einen täglichen Spielplan mit einer „wilden Mischung": Zeitgenössische Schauspiel- und Musiktheater-Produktionen des festen Ensembles wechseln mit hochkarätigen Gastspielen der deutschen Chanson- und Kleinkunstszene und Querschnitten durch die Produktionen Bremer Freier Theaterfestivals mit internationaler Beteiligung ab. Adresse: Friesenstraße 16, Tel.: 0421/ 700141.

Theater Satyricon

Neben anspruchsvollem Kindertheater werden Abendvorstellungen der verschiedensten Art angeboten: „Die Zauberflöte" als

Schattenspiel, das irre Comic-Drama „Alles geklaut", das poetische „Vom Ende der Welt" in der Tradition des jiddischen Theaters und als neueste Produktion „König Ubu", ein phantastisch schrilles Traumspektakel. Adresse: Schildstraße 21, Tel.: 0421/74007.

Die Glocke

Mit den Konzertreihen des Philharmonischen Staatsorchesters und der Deutschen Kammerphilharmonie Bremen ist die Glocke der Mittelpunkt der klassischen Konzertszene Nordwestdeutschlands. Ein unverwechselbares Ambiente und eine exzellente Akustik haben ihr hohes internationales Renomee eingetragen. Seit dem Umbau und Wiedereröffnung 1997 hat sie noch mehr zu bieten: mehr Komfort, mehr Service, mehr Möglichkeiten der Begegnung mit der Musik. Kartenverkauf: Tourist-Information am Hauptbahnhof und Liebfrauenkirchhof. Adresse: Domsheide 6-8, Tel.: 0421/3366-99.

Musik im Bremer Dom

Die jährlichen Höhepunkte der „Musik im Bremer Dom" sind die sog. „Nächte". In diesen über fünf Stunden dauernden Konzerten erklingt jeweils eine ganze Palette von Werken eines großen Komponisten an verschiedenen Plätzen innerhalb der Kirche. Eine tragende Rolle kommt dabei dem Bremer Domchor zu. Seit 60 Jahren werden donnerstags um 19.00 Uhr Chor-, Orgel- und Kammer-Konzerte gegeben, von denen sich besonders die „Musik im Advent bei Kerzenlicht" in den Krypten des Domes großer Beliebtheit erfreut. Nähere Informationen sind erhältlich unter der Tel. 0421/3650447.

Kultur in Bremen-Vegesack – im ältesten Packhaus Bremens, dem KITO

Hafenrundfahrten und Flußfahrten ab Martini-Anleger – Ausgangspunkt für die in den Sommermonaten fast täglich startenden Schiffsausflüge nach Vegesack, Bremerhaven und Verden

KITO

Das KITO ist das Kultur- und Veranstaltungszentrum in Bremen-Vegesack. Der Veranstaltungsraum (ca. 200 Plätze) befindet sich in einem liebevoll restaurierten, ca. 350 Jahre alten Packhaus und hat eine einzigartige Atmosphäre. Geboten werden Konzerte (Jazz, Folk, Blues, Klassik), Theater (Kabarett, Comedy, Studiotheater) sowie Vorträge/Diskussionen zu wichtigen Themen aus Kultur, Wissenschaft und Politik. Anschrift: Alte Hafenstraße 30, Tel.: 0421/654848.

Travestie-Theater Madame Lothár

Im Schnoorviertel lädt das Travestie-Theater Madame Lothár zu einer Reise in komische, alltägliche, verrucht-verückte Augenblicke ein. Kurzum: Cabaret-Kunst von der vergnüglichen Sorte. Öffnungszeiten: Mittwochs bis samstags und vor Feiertagen, Einlaß ab 20.00 Uhr. Adresse: Kolpingstraße 9, Tel.: 0421/3379191.

Waldbühne

Spielort ist ein origineller Holz-Pavillon aus der Gründerzeit. Er liegt im Bremer Bürgerpark am größten Biergarten der Hansestadt (1000 Plätze). Es handelt sich hierbei um eine Innen- und Freilichtbühne für Dixie- und Oldie-Live Musik. Von Ostern bis Oktober findet jeden Sonntag ein Jazz-Frühschoppen statt. Info-Tel.: 0421/ 2449353.

Olbers-Planetarium

Jeden zweiten Freitag im Monat ist die Sternstunde und jeden letzten Freitag der aktuelle Sternenhimmel zu sehen. Im Winterhalbjahr werden mittwochs Abendvorträge angeboten. Jeden ersten Mittwoch im Monat werden Märchen unter dem Sternenhimmel vorgelesen und einmal im Monat werden Musik- und Literaturveranstaltungen geboten. Ganzjährig: Jeden Donnerstag um 16.00 Uhr läuft das Kinderprogramm. Adresse: Werderstraße 73, Tel.: 0421/ 706882.

Hafenrundfahrt

„Leinen los" heißt es an der aus dem 13. Jahrhundert stammenden Kaufmannskirche St.Martini, dem Abfahrtspunkt der Hafenrundfahrt. Die Fahrt führt weserabwärts entlang der Uferpromenade Schlachte. Mit Blick auf Deiche, Häfen und Großbetriebe erhält man Informationen über Ladekrane, zollfreien Handel, Stückgut- und Containerverkehr.
Von April bis Oktober täglich um 11.45, 13.30 und 15.15 Uhr; November bis März auf Anfrage. Dauer ca. 75 Minuten.

Flußfahrten

Sonntags um 10.30 Uhr werden Frühstücksfahrten nach Vegesack zum „Schulschiff Deutschland" angeboten. Regelmäßig finden kulinarische Reisen mit themenbezogenen Buffets, Piratenfahrten für Kinder, Kulturreisen und Fahrten in Orte der Umgebung statt. (Auch Charterfahrten sind möglich.) Abfahrt: Martini-Anleger.
Informationen: Hal över, Gesellschaft für Innovative Stadttouristik mbH, Sielpfad 3, 28203 Bremen, Tel. 0421/74859.

Weserfahrten

Mit der „Weißen Flotte" geht es vom Martini-Anleger weserabwärts bis nach Vegesack, Brake oder Bremerhaven. Die Schönheiten rechts und links des Flusses sowie der Service an Bord versprechen Genuß und Entspannung. Der Aufenthalt in Bremerhaven ermöglicht einen Besuch im Deutschen Schiffahrtsmuseum oder im „Zoo am Meer". Zeiten: von Mai bis Oktober täglich (außer Mo und Fr) nach besonderem Fahrplan. Infos sind erhältlich bei der Bremer Tourist-Zentrale.

Schiffsfahrten nach Worpswede

Ein beliebter sommerlicher Ausflug ist die Fahrt mit dem Schiff ab Bremen-Vegesack oder Bremen-Burg auf der Lesum und Hamme nach Worpswede. In den Flußniederungen der Hamme finden viele Vogelarten ihren Lebensraum. Die Feuchtgebiete sind ein Dorado für Naturliebhaber. Angeboten wird die Fahrt von Mitte Mai bis Ende September mittwochs und sonntags (vom 15.7. bis 26.8. auch donnerstags) um 9.15 Uhr ab Vegesack. Information: Perso-

Kohl- und Pinkelfahrt – Ausflüge in die bremische Umgebung, in deren Mittelpunkt die feuchtfröhliche Einnahme des bremischen Nationalgerichts "Kohl und Pinkel" steht

nenschiffahrt R.Haferkamp, Theodor-Storm-Straße 5, 26931 Elsfleth, Tel.: 04404/3514.

Helgoland-Fahrten

Mit der MS Helgoland geht es ab Bremen-Vegesack zur gleichnamigen Nordseeinsel. Zunächst bietet sich eine interessante Fahrt, an Werften und Hafenanlagen vorbei, nach Bremerhaven; dann Weiterfahrt in frischer Nordseeluft an Deck oder verwöhnt von der Gastronomie an Bord bis nach Helgoland. Dort hat man die Möglichkeit zum zollfreien Einkauf. 16.5., 30.5., 13.6., 27.6., 4.7., 18.7., 1.8., 15.8., 29.8., 12.9. und 26.9. jeweils um 7.00 Uhr ab Vegesack, weitere Informationen und Fahrkarten sind erhältlich über die Bremer Tourist-Zentrale.

Kutschfahrten und Kremserwagenfahrten

Es werden für jeden Anlaß Gesellschaftsfahrten durch die Bremer Innenstadt, den Bürgerpark, das schöne Blockland, nach Wasserhorst, ins St. Jürgener Land und ins romantische Teufelsmoor, durch die Bremer Schweiz oder zu einem anderen Ziel angeboten. 5 Kremserwagen sowie 15 stilvolle Kutschen stehen zur Verfügung. Startplatz der Kremserwagenfahrt durch den Bürgerpark ist der Marcusbrunnen beim Park Hotel. Die Fahrten finden je nach Witterung von Mai-September Mi 15.00 Uhr, So 15.00 und 16.00 Uhr statt. Information und Buchung: Alfred Hedeler, Aumunder Heide 10, Tel.: 0421/621144 oder 0172/9160065.

Schiffscharter

Egal ob eine Tagesfahrt oder ein längerer Törn mit Übernachtung an Bord geplant wird, den Besuchern stehen alle Möglichkeiten offen. Chartern kann man z.B. die „Nordstern“ mit Gaffelketch, einen ganz aus Holz gebauten Fischkutter, oder einen Heringslogger aus dem Baujahr 1895. Ferner kann man das „Nasse Land“ zwischen Bremen und dem Teufelsmoor mit einem Torfkahn erkunden oder mit einer Hafenbarkasse oder einem Ausflugsdampfer die Weser, Wümme und Lesum entlang „schippern“. Infos: bei der Bremer Tourist-Zentrale.

Kohl- und Pinkelfahrt

Von Januar bis März kann man fast jeden Freitag und Samstag um 18.00 Uhr an Bord gehen und mit Musik, Tanz und Stimmung eine originelle Kohl- und Pinkelfahrt erleben. Um 18.15 Uhr heißt es „Leinen los“ am Martinianleger zu einer 5-stündigen Vergnügungsfahrt auf der Weser. Gleich nach dem Ablegen wird das traditionelle Bremer Gericht „Kohl und Pinkel“ serviert (zum Sattessen). Infos: bei der Bremer Tourist-Zentrale.

Weser-Bord-Party

Jeden Samstag von Ende April bis Anfang November wird zu einer Vergnügungsfahrt auf der Weser eingeladen. Um 19.45 Uhr kann man an Bord gehen, kurz danach werden die Anker gelichtet. Als Auftakt wird ein eiskalter Klarer serviert, anschließend wartet ein zünftiges Buffet auf seine hungrigen Gäste. Ein Discjockey sorgt für Stimmung. Rückkehr: 00.30 Uhr. Infos: bei der Bremer Tourist-Zentrale.

Radwandern auf dem Deich – auch aus dem Stadtzentrum gelangt man schnell ins Grüne

Radfahren

Es lohnt sich, Bremen einmal per Fahrrad zu entdecken. Zahlreiche Radwege erschließen dem Radler die Stadt. Neben Mieträdern und bewachtem Parken bietet die Fahrrad-Station Radwanderkarten, Bücher, Ersatzteile sowie einen Reparaturservice. Adressen: Fahrrad-Station Bremen, Bahnhofsplatz Westseite, Tel.: 0421/302114, Mo, Mi-Fr 10.00-17.00 Uhr, sowie Sa, So 10.00-12.00 Uhr (nur von Juni bis September); Vegesacker Fahrradladen, Gerhard-Rohlfs-Straße 45, Tel.: 0421/664636, Öffnungszeiten wie der Einzelhandel. Wer mit dem eigenen Fahrrad nach Bremen kommt, kann es in den videoüberwachten Innenstadtparkhäusern Mitte, Am Brill, Langenstraße und im Fahrradparkhaus Hauptbahnhof/Nordausgang abstellen.

Schwimmen

Europas größte Saunen- und Thermenlandschaft „Oase im Weserpark“ präsentiert sich direkt am Bremer Kreuz. Die „Sauna-Oase“ bietet in einem einmaligen antiken und südländischen Ambiente insgesamt 15 verschiedene Schwitzbäder an. Orientalische Badeformen werden genauso geboten wie römische Saunen oder Dampfbäder. Im großzügigen Außenbereich lädt u.a. das weltgrößte Saunablockhaus zum Verweilen ein. Adresse: Hans-Bredow- Straße 1, Tel.: 0421/4274717, Öffnungszeiten: 10.00-24.00 Uhr, Fr und Sa bis 2.00 Uhr.

Rundflug

Wenn Sie Interesse haben, sich Bremen einmal aus der Vogelperspektive anzusehen, egal ob aus einem Heißluftballon oder aus einem Helikopter, können Sie sich an die Bremer Touristik-Zentrale wenden.

Glücksspiel

Mitten in der Böttcherstraße erwartet Fortuna in der Bremer Spielbank alle, die bei Roulette und Black Jack Spielvergnügen suchen. Automatenspiele befinden sich in der Dependance der Spielbank in der Nähe des Hauptbahnhofs (12.00-24.00 Uhr). Adresse: Böttcherstraße, Tel.: 0421/329000, Öffnungszeiten: täglich ab 15.00 bis 3.00 Uhr.

Feste und Veranstaltungen

Musical „Jekyll & Hyde“

Glanzvolle Premiere am 19. Februar 1999. Der Vorhang hebt sich für eine einzigartige Inszenierung. Außerdem erwarten den Besucher ein großzügiges Foyer mit Theatershop, ein Café, mehrere Bars sowie ein stilvolles Theater-Restaurant. Richtweg 7-13, Tel: 0421/3337-7., Tel. Kartenbestellung: 0180-5544321 Mo-Fr 8.30-20.00 Uhr, Sa 9.30-14.00 Uhr.

Märchenspiel

Das Märchenspiel „Komm mit nach Bremen“ (open air) lädt groß und klein zu einem Besuch ein. Höchstpersönlich erzählen die Bremer Stadtmusikanten ihre Geschichte. Wann? Vom 2. Mai bis 3. Oktober 1999 jeden Sonntag zweimal, um 12.00 und um 13.30 Uhr. Wo? Unter freiem Himmel, vor historischer Kulisse mitten in der Bremer Altstadt, neben der Liebfrauenkirche. Die Bremer Touristk-Zentrale lädt ein, sich von den Stadtmusikanten verzaubern zu lassen.

Eiswette

Die Bremer sind ein wettfreudiges Volk. Den Beweis liefern seit 1829 die Herren der Eiswett-Gesellschaft jedes Jahr im Januar. Im Vorjahr werden von zwei Wettparteien Tips abgegeben, ob die Weser im Januar zugefroren oder eisfrei sein wird. An jedem 6. Januar (dem Dreikönigstag) um 12.00 Uhr trifft eine Gruppe ehrwürdiger Herren, gekleidet nach der Mode des Jahres 1829 und unter Leitung eines Zeremoniemeisters, am Punkendeich ein. Begleitet wird dieses „Präsidium“ von einem Wunderarzt, einem „notarius publicus“ und den Heiligen Drei Königen aus dem Morgenland. Hauptperson ist der „Wettschneider“, der nur 99 Pfund wiegen darf (man mogelt heute ein bißchen mit dem Gewicht). Er soll mit einem Bügeleisen voll glühender Kohle und einer Flasche „Eiswette“-Korn in den Händen probieren, ob er die Weser trockenen Fußes überqueren kann. Da das heute kaum mehr möglich ist, bedient er sich dazu des Bootes der Gesellschaft zur Rettung Schiffbrüchiger. Heute wird mit Los ermittelt, welche Wettpartei richtig liegt. Das diesem öffentlichen Geschehen folgende feierliche Essen wird in einem großen Restaurant abgehalten. Bei dieser Veranstaltung wird für die Deutsche Gesellschaft zur Rettung Schiffbrüchiger gespendet. Ort: Osterdeichwiesen/Weserdeich Bremen.

Schaffermahlzeit

Mit den Worten: *„Schaffen, schaffen unnen un bawen; unnen un bawen schaffen!"* wird alljährlich am zweiten Freitag im Februar in der Oberen Rathaushalle die Schaffermahlzeit eingeläutet. Das älteste Brudermahl der Welt, das bis zum Jahre 1545 zurückverfolgt werden kann, ist ein Abschiedsessen der Schiffer und Kaufleute nach langen Wintermonaten daheim, aber auch eine Zusammenkunft zum Wohle der Stiftung „Arme Seefahrt". Fünf Stunden dauert das Essen, immer wieder unterbrochen durch Tischreden. Die Gäste kommen aus Wirtschaft, Schiffahrt und Politik. Bremer sind, bis auf die „Schaffer" und den Bürgermeister, nicht darunter, ebenso keine Frau. Das alte Brudermahl soll aus Tradition auch weiterhin eine reine „Herrenveranstaltung" bleiben. Es gibt noch eine Beson-

Kajenmarkt an der Schlachte – Kajenmarkt, das bedeutet Kunst, Kitsch und jede Menge Fisch. Zur gleichen Zeit herrscht großes Gedränge auf dem Flohmarkt „eine Etage tiefer" am Weserufer.

Breminale – Ein Kulturfest, das alle Generationen anspricht und von Akteuren und Besuchern gemeinsam geprägt wird.

derheit: jeder Gast darf nur einmal im Leben an einer Schaffermahlzeit teilnehmen.

Internationales Bremer Sechs-Tage-Rennen

Das Sechs-Tage-Rennen ist das weltgrößte Hallenradrennen mit Sport, Show und Spannung. Es findet alljährlich im Januar in der Stadthalle Bremen statt.

Galopprennen

In der Rennsaison (März bis November) werden ein- bis zweimal im Monat Galopprennen über Distanzen zwischen 1200 und 4200 Meter gelaufen. Die Rennpreise belaufen sich bis auf 150.000 DM je Rennen. Bei jeder Veranstaltung werden ca. 8 Rennen ausgetragen. Eine überdachte Tribüne und Restaurationsbetriebe sorgen für einen angenehmen Aufenthalt. Vahrer Straße 219, Tel.: 0421/463307.

Osterwiese

Die Osterwiese ist ein Volksfest auf der Bürgerweide Bremen. Es findet regelmäßig in den Osterferien statt.

Kajenmarkt

Der Bremer Kajenmarkt ist Treffpunkt für jung und alt, Einheimische und Besucher der Stadt. Er findet an jedem Samstag im Sommerhalbjahr (Mai-September) statt.

Das Programm geht über Essen und Trinken, Live-Musik, improvisierte Veranstaltungen bis zu Marktschreiern, die ihre Ware feil bieten. Ort: Unterhalb der Altstadt an der Weserpromenade/Schlachte.
Parallel dazu findet am Weserufer ein Flohmarkt statt.

„Breminale"

Alljährlich im Juni verwandelt sich der am rechten Ufer gelegene Osterdeich in ein wahres Kultur-Mekka. Die „Breminale" mit einem bunten Angebot aus Musik, Kunst, Spaß und Spiel zieht regelmäßig kleine und große Menschen in Scharen an.

Vegesacker Hafenfest

Das Vegesacker Hafenfest bietet maritime Tradition und Unterhaltung am und im Hafen von Bremen-Vegesack. Das Fest findet alljährlich am ersten Juni-Wochenende statt.

Alter Hafen in Bremen-Vegesack – maritime Kulisse für das traditionelle Vegesacker Hafenfest

Internationaler Bremer Sommer auf dem Marktplatz

Internationaler Bremer Sommer

Handwerkliches und Kulinarisches, Musik und Folkore aus aller Welt, buntes Treiben in der Bremer Altstadt. Ort: Liebfrauenkirchhof in Bremen. Zeit: Alljährlich Mitte August.

Bremer Freimarkt

Der Bremer Freimarkt ist das größte traditionelle Volksfest Norddeutschlands und findet von Mitte bis Ende Oktober auf der Bürgerweide und auf dem Marktplatz in Bremen statt. Sein Ursprung geht bis ins Jahr 1035 zurück. Konrad II. erteilte dem Erzbischof Bezelin das Privileg zur Abhaltung von zwei Jahrmärkten. Aus einem der beiden entstand der Bremer Freimarkt.

Bremer Weihnachtsmarkt

Der Bremer Weihnachtsmarkt gilt als einer der schönsten Deutschlands. Er bietet Weihnachtsglanz vor historischer Kulisse auf dem Marktplatz, vor dem Dom und auf dem Liebfrauenkirchhof.
Für detailliertere Informationen steht der Veranstaltungskalender der BTZ zur Verfügung, erhältlich unter der Bremen Service-Hotline: 01805/101030.

Ausflugsziele

Bremerhaven: Die Seestadt Bremerhaven liegt 65 km weserabwärts von Bremen. Mit seinem Schiffahrtsmuseum und der großen Windjammerparade ist es ein beliebtes Ausflugsziel für jung und alt.

Worpswede: Worpswede entwickelte sich von einem Bauerndorf zu einer Künstlerkolonie. Besonders sehenswert sind der alte Dorfkern, die Zionskirche mit Wandmalereien von Paula Modersohn-Becker sowie zahlreiche Kunstausstellungen.

Teufelsmoor: Das Teufelsmoor ist ein Naturschutzgebiet, welches teils abgetorft und überwachsen, teils in Nutzung und teils erfolgreich wiedervernässt ist. Die Hochmoorlandschaft ist Lebensraum von hochspezialisierten Pflanzengemeinschaften, die wegen ihrer Bedrohung unter Naturschutz stehen.

Cloppenburg: Cloppenburg hat ein interessantes Museumsdorf zu bieten.

Das Zwischenahner Meer: Dieser große Binnensee lädt zu zahlreichen Freizeitaktivitäten sowie zu erholsamer Entspannung ein. Näheres ist unter „Bad Zwischenahn“ aufgeführt.

Verden: Die Stadt Verden an der Aller hat einen bezaubernden Märchenpark.

Lüneburger Heide

Unter dem Motto „Bremen, Bremerhaven und umzu, zwei Städte – ein Land“ werden zahlreiche Pauschalprogramme und Kurzreisen angeboten. Information: Verkehrsverein der Freien Hansestadt Bremen e.V., Findorffstraße 105, 28215 Bremen, Postfach 100747. Service-Hotline: 01805/ 101030.

Butjadingen

(Landkreis Leer)

Butjadingen ist die nördlichste und größte Gemeinde des Landkreises Wesermarsch. Sie umfaßt die beiden staatlich anerkannten Nordseebäder Burhave und Tossens, den Küstenbadeort Eckwarden und den malerischen Fischkutterhafen Fedderwardersiel. Die grüne Halbinsel wird auch als „Dreiwasserland“ bezeichnet, da sie zwischen Nordsee, Wesermündung und Jadebusen liegt. Information: Butjadingen Kur- und Touristik-GmbH, Strandallee, 26969 Butjadingen, Tel.: 04733/92930, Fax: 04733/ 929399; eMail: butjadingen@t-online.de

Sehenswertes

Kutterhafen Fedderwardersiel

Im Rhythmus der Gezeiten laufen hier täglich zehn Krabbenkutter zum Garnelen- und Fischfang aus. Frisch gepulte Krabben – eine Spezialität, die kein Gast versäumen sollte. Der 175 Jahre alte Hafen lädt ein zum Verweilen, zum Deichspaziergang oder zu einem zünftigen Frühschoppen während eines Hafenkonzertes mit dem Shantychor im Nordseehaus.

Kirchen

Die St. Petri-Kirche in Burhave ist ein in den Jahren 1878 bis 80 nach Plänen von Franz Xaver Lütz errichteter dreischiffiger Bau mit polygonalem Chor und Westturm. Bemerkenswert ist die geschlossene Farbverglasung im Chor und im Langhaus aus der Erbauungszeit. Der Schlüssel ist im

Pfarrhaus erhältlich, Tel.: 04733/382. Sehenswert ist außerdem die St. Lamberti-Kirche in Eckwarden, eine Backsteinkirche aus dem 13. Jahrhundert. Im Inneren befinden sich wichtige Werke von Ludwig Münstermann (Altarretabel, Taufstein und Epitaph der Familie des Vogtes Meents). Öffnungszeiten: 1. Mai bis Ewigkeitssonntag täglich 8.00-17.00 Uhr, Führungen sind nach Vereinbarung möglich, Tel.: 04736/233. Die St. Laurentius-Kirche in Langwarden ist ein romanischer Tuffsteinbau aus dem 12. Jahrhundert. Sie beheimatet eine Barockorgel aus dem Jahre 1650/51. Der eindrucksvolle Innenraum weist neben der um 1500 entstandenen Sakramtensnischenrahmung eine reiche nachreformatorische Ausstattung auf. Für Gruppen können Termine für Führungen vereinbart werden, Tel.: 04733/1002. In Stollhamm befindet sich die St. Nikolai-Kirche, ein interessanter Kirchenbau aus dem 19. Jahrhundert mit vollständig erhaltener, ursprünglicher Innenausstattung. Auf dem Friedhof sind mehrere Grabkeller und bemerkenswerte Grabstellen aus dem 17./18. Jahrhundert zu sehen. Auskunft: Tel.: 04735/380. Die St. Bartholomäus-Kirche in Tossens ist eine Wurtenkirche aus dem 14. Jahrhundert. Altarretabel, Schalldeckel über der Kanzel und Taufe stammen aus der Werkstatt Ludwig Münstermanns. Besichtigung und Information: Tel. 04736/358.

Nennenswert ist auch die St. Marcellinus- und St. Petrus-Kirche in Waddens. Sie wurde im Jahre 1695 als einschiffige Backsteinkirche errichtet. Im Inneren findet man eine bemalte Flachdecke und qualitätvolle Arbeiten des 19. Jahrhunderts (Altar, Kanzel und Orgel). Öffnungszeiten: April bis Oktober, sonst nach Vereinbarung, Tel.: 04733/8317.

Friesenhügel

Auf dem sogenannten Friesenhügel im Wurtendorf Langwarden stand im Mittelalter die Pfarrkirche. Noch heute deutet das Pfarrhaus mit dem angebauten „Steinhaus“ darauf hin. Nach dem Eroberungszug des oldenburgischen Grafenhauses gegen Butjadingen im Jahre 1514, sollen hier die gefallenen Friesen beerdigt worden sein.

Wurtendorf Sillens

Das Wurtendorf Sillens wurde um Christi Geburt als künstlicher Wohnhügel angelegt. Wurten sind von Menschenhand aufgeschüttete Erdhügel, die die Menschen vor der Zeit des Deichbaus vor Sturmfluten schützten. Archäologische Ausgrabungen gaben Aufschluß über den Aufbau einer Wurt. Die Ausgrabungsergebnisse befinden sich im Restaurant „Zum Rauchfang“, Tel.: 04733/717. Öffnungszeiten: außer dienstags, täglich 10.00-14.00 Uhr und 17.00-20.00 Uhr.

Gemischtwarenladen

Im Jahre 1912 eröffnete R. Bahlmann seinen Handel mit Textilien, Kram- und Kolonialwaren in Langwarden. Seitdem hat sich kaum etwas verändert. Der Kunde sitzt am Tresen und liest seine Bestellung vor. Die jetzige Inhaberin wiegt die Waren wie in „guter, alter Zeit“ ab und berechnet den Preis. Öffnungszeiten: Mo-Sa 8.30-12.30 Uhr und 14.30-18.00 Uhr, Mittwochnachmittag ist geschlossen.

Nationalparkhaus Museum Butjadingen

Hier befinden sich ein Meerwasseraquarium, ein Gezeitenmodell sowie naturgetreue Anschauungsmodelle Butjadinger Lebensräume. Das Museum ist der ideale Schulungsort für pädagogische Angebote. Öffnungszeiten: Di-So 10.00-18.00 Uhr, auf Anmeldung finden auch Führungen statt; Tel. 04733/8517.

Galerie am Wehlhamm

Die Galerie am Wehlhamm in Ruhwarden präsentiert wechselnde Kunstausstellungen. Das Programm beinhaltet Malerei, Graphik und Kunsthandwerk sowie musikalische und literarische Veranstaltungen. Öffnungszeiten: Mi, Do und So 15.00-18.00 Uhr; Adresse: Sonnenstraße, Ruhwarden, Tel.: 04736/598.

Freizeitangebote

Spielen

Die „Spielscheune" im Nordseebad Burhave ist ein Paradies für Kinder. Auf 1600 Quadratmetern Fläche erleben kleine und große Kinder phantastische Abenteuer. Geboten werden eine Luftkissenburg, ein Ballpool, eine Riesenrutsche, ein Sprungkissen, ein Kletterberg, ein Trampolin, ein Jet-Scooter, Billard, Kicker und vieles mehr. Adresse: Spielscheune Burhave, Strandallee, Burhave, Tel.: 04733/17222.

Wandern/Radfahren

Neben der „Deutschen Sielroute", einem 200 Kilometer langen Rundkurs entlang die Siele und Deiche, erwarten den Besucher über 250 Kilometer beschilderte Wege, die das Marschenland durchziehen. Rastplätze laden zum Verweilen ein, und wem es zuviel wird, der wartet auf den „Fahrradbus" und läßt sich samt Fahrrad zum Ziel bringen. Fahrplanauskunft für den „Fahrradbus": Tel.: 04731/8640. Interessant für Radfahrer sind auch die Fähr- und Schiffsverbindungen an der Weser und über den Jadebusen. Fahrplansauskunft für die Fähren: Tel.: 04733/92930.

Schiffstouren

Ein Erlebnis ist sicherlich eine Mini-Kreuzfahrt zur Insel Helgoland (Tel. Reederei Warrings: 04464/94950). Ausflugsfahrten zu den Seehundbänken, Leuchttürmen oder eine Hafenrundfahrt in Bremerhaven sowie die große Nationalpark-Tour bietet Kapitän Hüttenmeister mit seinem Schiff MS Wega II ab Hafen Fedderwardersiel an (Tel.: 04733/513).

Schwimmen

Neben den drei Strandbädern im Nordseebad Burhave, Nordseebad Tossens und Küstenbadeort Eckwarderhörne bietet Butjadingen tollen Badespaß unter Dach: Im Seewasser-Hallenbad Tossens oder im Nordsee-Tropen-Parc Tossens, ein 4000 Quadratmeter großes tropisches Badeparadies auf vier Ebenen. Information: Tel.: 04736/92930, Tropen-Parc Tossens unter Tel.: 04736/9280.

Inline-Skaten

Inline-Skater kommen in Butjadingen voll auf ihre Kosten. Zahlreiche betonierte oder geteerte Wege garantieren Skatervergnügen pur. Fernab vom Autoverkehr können auch Anfänger auf ebener Strecke gefahrlos skaten.

Kultur

Das Gut Tossens ist ein Ort für Kleinkunstveranstaltungen, Konzerte, Theater und Lesungen sowie anspruchsvolle, aktuelle Ausstellungen avantgardistischer und progressiver Exponate höchsten Niveaus. Es ist täglich geöffnet. Tel. 04736/9292-0.

Feste und Veranstaltungen

Jedes Jahr zur gleichen Zeit zeichnen Drachen und andere fliegende Meisterwerke den Himmel über Burhave. Wohl kaum ein Schauspiel ist lebendiger und fröhlicher als das Drachenfest. Hier zeigen kleine und große Künstler Phantasie am Himmel.
Im Veranstaltungskalender „Was, Wann, Wo“ sind alle Attraktionen verzeichnet, wie z.B. Kutschfahrten, Reiterhöfe, Bustouren, Wattwanderungen, kulturelle Führungen, Schiffsfahrten usw.

Delmenhorst

(kreisfreie Stadt)

Wo heute im Herzen der Stadt gepflegte Grünanlagen zu Entspannung und Erholung einladen, nahm einst die Geschichte Delmenhorsts ihren Anfang. Im Jahre 1247 gab Graf Otto von Oldenburg den Startschuß für den Bau einer gräflichen Wasserburg „de horst“ in der Delme-Niederung. Daher auch der Name Delmenhorst. Bereits im Jahr 1371 erhielt Delmenhorst die Stadtrechte. Otto II. erbte später die Herrschaft Delmenhorst und baute nicht nur Schloß und Stadt zu einer Residenz um, sondern begründete eine eigene Delmenhorster Grafenlinie. Im Laufe der über 300jährigen Burggeschichte überlebte Delmenhorst viele Machtkämpfe und fremde Herren auf seiner Burg, von der letztlich nur noch spärliche Teile des Fundamentes übriggeblieben sind. Inzwischen hat sich die Grafenresidenz früherer Jahrhunderte zu einem attraktiven und modernen Mittelzentrum entwickelt mit heute rund 80.000 Einwohnern. Charakteristisch für das heutige Stadtbild ist die bis in das Jahr 1870 zurückreichende Industriegeschichte. Die Jute-Spinnerei, die Delmenhorster Linoleumwerke sowie die Norddeutsche Wollkämmerei und Kammgarnspinnerei („Nordwolle“) sind große Namen dieser Zeit. Ihre Produkte wurden in der ersten Hälfte unseres Jahrhunderts zu zukunftsweisenden Markenzeichen und ließen die kleine Stadt zur größten Industriestadt im Oldenburger Land heranwachsen. Information: Verkehrsverein Delmenhorst e.V., Tourist-Information, Delmegarten 5, Tel.: 04221/120479.

Stadtführungen

Wer die schönen Ecken der Delmenhorster Innenstadt kennenlernen möchte, hat die Möglichkeit, eine Rundfahrt oder Gruppenführung unter kundiger Begleitung zu buchen. Wer lieber auf eigene Faust unterwegs ist, kann bei der Tourist-Information das Faltblatt „Stadtrundgang“ erhalten. Termine für öffentliche Führungen können auf Anfrage vereinbart werden.

Sehenswertes

Auf dem Gelände einer ehemaligen Wollkämmerei und Kammgarnspinnerei („Nordwolle“) können Sie heute eines der eindrucksvollsten Industriedenkmäler Europas besichtigen und gleichzeitig einen Blick ins nächste Jahrtausend riskieren. Mit dem Projekt „Nordwolle“ ist die Stadt Delmenhorst als erster offizieller Außenstandort der Weltausstellung EXPO 2000 registriert worden. Führungen können bei der Tourist-Information vereinbart werden.

Stadtmuseum Delmenhorst

Das Stadtmuseum knüpft in einigen Teilen an die frühere Existenz des Delmenhorster „Heimatmuseums“ an und ist außerdem sowohl inhaltlich als auch personell mit dem „Fabrikmuseum“ verbunden. Zusammen mit der „Museumsmühle Hasbergen“ bilden die Nordwolle-Museen die Kulturinstitution der „Museen der Stadt Delmenhorst“. Das Stadtmuseum Delmenhorst will ein „regionales Museum als Mikrokosmos“ sein und zu einem „Gedächtnis der Region“ (Udo Gößwald, 1988) werden. So verstanden will es Geschichte aus sieben Jahrhunderten – vom hohen Mittelalter bis zur zeitgenössischen Moderne – bewahren und im Hinblick auf das nächste Jahrtausend angemessen vermitteln. Adresse: Stadtmuseum Delmenhorst, Am Turbinenhaus 10, Tel.: 04221/992479 oder 991145. Öffnungszeiten: Di-So 10.00-17.00 Uhr.

Fabrikmuseum Nordwolle: Turbinenhaus

Fabrikmuseum Nordwolle Delmenhorst

Das Fabrikmuseum besteht aus dem Turbinenhaus und einem angrenzenden Shedriegel mit früheren Werkstatträumen. Die Sanierung des historischen Baukörpers wurde Anfang des Jahres 1994 abgeschlossen. Das Fabrikmuseum dokumentiert anhand der Geschichte der Nordwolle einen zentralen Aspekt der Delmenhorster Industriegeschichte. Im Mittelpunkt stehen die Arbeit und das Leben in einer Fabrikanlage, die als „Stadt in der Stadt" bezeichnet wurde. Zahlreiche, aufwendige Modelle und Inszenierungen lassen die Vergangenheit anschaulich werden und bestimmen die Attraktivität dieses Museums. Regelmäßig jeden ersten Sonntag im Monat von 11.00-12.30 Uhr finden öffentliche Führungen durch das Fabrikmuseum statt. Adresse: Fabrikmuseum Nordwolle Delmenhorst, Am Turbinenhaus 10, Tel.: 04221/ 992477. Öffnungszeiten: Di-So 10.00-17.00 Uhr.

Wasserturm

42 Meter hoch ist der Delmenhorster Wasserturm, das Wahrzeichen der Stadt. Wer die 200 Stufen bis zur Aussichtsplattform hinaufsteigt, wird mit einem Blick über die grüne Stadt bis hin zu den bremischen Häfen belohnt. Die Öffnungszeiten sind beim Verkehrsverein Delmenhorst zu erfragen.

Städtische Galerie Haus Coburg

Es ist längst kein Geheimnis mehr, daß die ehemalige Arztvilla – ein Stoffregen-Bau aus der Gründerzeit – ein Zuhause der überwiegend modernen Kunst geworden ist.

Delmenhorster Wasserturm

Geboten werden wechselnde Ausstellungen von überregionaler Bedeutung. Öffnungszeiten: Mo-Fr 15.00-19.00 Uhr, Sa und So 11.00-17.00 Uhr; Gruppenführungen sind auf Anfrage möglich, Tel.: 04221/14132.

Gräfliches Gartenhaus

Das aus dem Jahre 1564 stammende Gräfliche Gartenhaus stand ursprünglich auf dem Gut Weyhausen an der Ochtum. Im Jahre 1723 wurde es nach barockem Zeitgeschmack umgestaltet. Im Jahr 1956 stürzte das baufällig gewordene Gartenhaus ein, wonach die Teile im Jahr 1979 am Eingang der Burginsel wieder aufgebaut wurden. Heute gilt das Gräfliche Gartenhaus als historisches Schmuckstück der Stadt.

Delmenhorster Rathaus

Burginsel

Die Burginsel liegt auf Fundamenten der im Jahre 1247 erbauten Wasserburg. Zunächst war sie lediglich von der Innengraft umgeben, da die Außengraft erst im Jahre 1553 angelegt wurde. Zu dieser Zeit gestaltete man die Burg zu einem repräsentativen Renaissance-Schloß um. Im Jahre 1711 begann man mit dem Abbruch der verpfändeten Schloß- und Festungsanlage. Der Blaue Turm, ein runder Hauptturm links hinter dem Herrenhaus, Wahrzeichen der Burg, stand in verkürzter Form bis 1787. Er ist im Delmenhorster Stadtwappen verewigt worden. Heute sind nur noch Teile der Grundmauern zu sehen. Auf der Rasenfläche zeigen die bei einer archäologischen Grabung im Jahr 1976 gefundenen Teile der Festungsmauern den Standort der gräflichen Anlage. Ziegelsteine kennzeichnen den Ort, wo einst der Blaue Turm stand.

Rathaus

Das Rathaus wurde in den Jahren 1912 bis 1914 vom Bremer Architekten Heinz Stoffregen im Jugendstil erbaut. Besonders sehenswert ist die Fassade des Gebäudes. Sie zeigt Arbeiten des Bildhauers Ernst Wachthold sowie Atlanten und eine Stoffregen-Büste an der Schauseite zum Rathausplatz. Mit der Rathausanlage entstand das eigentliche Zentrum der Stadt Delmenhorst. Im Innenraum sollte man sich den großen Ratssaal mit verzierten Glasfenstern und roter Holzvertäfelung ansehen. Vor dem Ratssaal hängen zwei Gemälde von Arthur Fitger:

„Aschenbrödel“ und „Der getreue Eckehard“. Die in den Rathausfluren befindlichen Bänke und die Möblierung des Trauzimmers stammen ebenfalls von Stoffregen.

Evangelische Stadtkirche mit Grafengruft

Bei der evangelischen Stadtkirche handelt es sich um einen Bau aus dem vorindustriellen Delmenhorst. Die ältesten Mauern stammen aus dem 17. Jahrhundert. Im Jahre 1789 wurde das Kirchenschiff erneuert, wobei Ziegel aus dem Huder Kloster im Turm vermauert wurden. Im Jahre 1908 wurde der Turm aufgestockt. Die Grafengruft wurde in den Jahren 1614 bis 1619 angelegt. Noch heute bergen die Zinksärge die sterblichen Überreste des Delmenhorster Grafen Anton II., seiner Frau Sibylla Elisabeth, ihrer Tochter Sibylla Maria und ihres Sohnes Christian IX, dem letzten Delmenhorster Grafen. Die Öffnungszeiten der Kirche und der Gruft erfahren Sie auf Anfrage, Tel.: 04221/120479.

Hasberger Wassermühle

Die Hasberger Wassermühle ist eine voll eingerichtete, mahlfähige Mühle mit Handmühlen, einer Scheffelsammlung sowie Dokumenten zum Thema „Mühle und Müllerhandwerk“ und zur Geschichte Hasbergens. Der Oldenburgische Wappenstein an der Außenmauer mit der Jahreszahl 1547 erinnert daran, daß in jenem Jahr die Grafschaft Delmenhorst, die seit 1482 von Münster besetzt war, vom Oldenburger Grafen Anton I. zurückerobert wurde. Adresse: Hasberger Dorfstraße 1, Tel.: 04221/41803; Öffnungszeiten: 15. Mai bis 15. September, Sa 14.00-16.00 Uhr, So 10.00-12.00 Uhr und 14.00-18.00 Uhr.

Hasberger Dorfkirche

Von der alten Kirche aus dem Jahre 1380 ist nur der Turm erhalten geblieben. Das Kirchenschiff stammt aus dem Jahr 1732. Der damals befestigte Kirchhof dient heute als Wehrkirchhof.

Zu den Sehenswürdigkeiten der Stadt zählen außerdem die alte Wassermühle aus dem Jahre 1880 (heute eines der schönsten Weinlokale der Region, gelegen am Eingang zur Burginsel), die Städtischen Krankenanstalten aus der Zeit von 1927/28, die Markthalle (ein Stoffregen-Bau aus dem Jahre 1919/20) sowie die Stadtschule am Kirchplatz, die aus dem Jahre 1846 stammt und damit ältestes öffentliches Gebäude der Stadt ist. Einen Besuch lohnen auch die Einhorn-Apotheke aus dem Jahre 1883 (Umbau im Jahre 1906 im Stil der Neugotik), das Arbeitsamt, welches im sog. Dreiecks-Expressionismus im Jahre 1927 erbaut wurde, die im neugotischen Stil erbaute katholische St. Marien-Kirche mit ihrem 72 Meter hohen Turm aus dem Jahre 1903 sowie das Haus Horstmann. Letzteres ist ein Beispiel für die repräsentativen Geschäftsbauten der Jahrhundertwende. Es wurde 1906 vom Bremerhavener Architekten August Bertram konzipiert. In den Jahrzehnten 1900 bis 1920 bemühten sich Architekten und Planer, aus Delmenhorst eine „Idealstadt“ zu machen und der Stadt ein neues Profil zu geben. Bauliche Zeugnisse dafür sind zahlreiche Bürgerhäuser aus dieser Zeit.

Freizeitangebote

Wandern/Radfahren

Abseits von Geschäftigkeit und Urbanität führen herrliche Wander- und Radwege durch reizvolle Geestlandschaften bis hinein in die Marschen. Angebunden an den Naturpark Wildeshauser Geest und die Erholungsgebiete der nahen Küste bieten sich dem Besucher von hier aus eine Vielzahl von Möglichkeiten, den Nordwesten kennenzulernen. Ausführliches Kartenmaterial ist beim Verkehrsverein Delmenhorst erhältlich.

Fahrradverleih

Adresse: Zweiradhaus Tönjes, Cramerstraße 26, Tel.: 04221/17686.

Schwimmen

Zum „Hineinhüpfen bei jedem Wetter“ lädt die Bade- und Freizeitinsel „Delfina“ ein. Sie bietet ein Erlebnisbecken, eine Wasserfontaine, eine 78 Meter lange Wasserrutsche, einen Wildwasserbach und einen Hot-Whirl-Pool. Öffnungszeiten: Mo-Fr 10.00-21.00 Uhr, Sa und So 8.00-19.00 Uhr. Weitere Auskünfte: Tel.: 04221/18079.

Ruder-/Tretbootfahrten

Die „Graft“ ist der geschichtsträchtige Garten der Stadt. Mit dem Start zum Bau der gräflichen Wasserburg begann hier im Jahre 1247 die Geschichte der Stadt. Heute laden Ruder- und Tretboote zu einer romantischen Bootsfahrt auf der Außengraft ein.

Schwimmvergnügen auf der Bade- und Freizeitinsel „Delfina“

Öffnungszeiten: Mai bis September, Mo-Fr 14.00-20.00 Uhr; Sa und So 11.00-20.00 Uhr.

„Kartoffelabitur"

Das „Kartoffelabitur" bietet die Gelegenheit, auf vergnügliche Weise die Stadt und ihre Facetten kennenzulernen. In ländlicher Umgebung legt man die Prüfung zum „Kartoffelabitur" ab, nach dessen erfolgreichem Abschluß einem der Titel „Doktor Del" verliehen wird. Die Dauer der Veranstaltung beträgt ca. zwei Stunden. Information und Buchung: Verkehrsverein, Tel.: 04221/ 120479.

Feste und Veranstaltungen

Zweimal im Jahr schummeln sich die Delmenhorster mit ihrem traditionellen Kramermarkt für mehrere Tage eine vergnügte Jahreszeit hinzu. Überhaupt feiern die Delmenhorster gern, und Gäste sind immer willkommen. Zu den Höhepunkten des geselligen Lebens zählen der große Hökermarkt in der Innenstadt im Frühjahr, das Kartoffelfest im Oktober, die Stadtfeste „Del-Show", der Weihnachtsmarkt und das Lichterfest im Rathaus.

Dötlingen

(Landkreis Oldenburg)

Dötlingen liegt im Erholungsgebiet „Naturpark Wildeshauser Geest". Der Ort wurde erstmals im Jahre 1203, damals noch unter dem Namen Thutelingen, urkundlich erwähnt. Vor dem 1. Weltkrieg wurde Dötlingen Malerkolonie. Georg Bernhard Müller vom Siel, August Kaufhold und auch der eigenwillige Otto Pankok ließen sich hier neben vielen anderen Malern und „Maljüngern" von der Atmosphäre der Gegend inspirieren. Imposante Wälder, fruchtbare Auen sowie weitläufige Flachmoore und Heideflächen sind typisch für diese Region. Das Dorf Dötlingen hebt sich zudem durch seine Hanglage zur Hunte und die zusammenhängenden Wälder von allen anderen Orten des Landkreises ab. Information: Gemeinde Dötlingen, Hauptstraße 26, Neerstedt, Tel.: 04432/950-0.

Ortsführungen

Zu einer sachkundigen Führung durch die Gemeinde und ihre Ortsteile sind Besucher und Einheimische jederzeit herzlich eingeladen.
Information: H. Wichmann, Am Steingrab 7, Tel.: 04433/ 538 oder D. Orth, Am Badbergsand 14, Tel.: 04433/471.

Sehenswertes

Dötlingen ist ein Dorf wie aus dem Bilderbuch: das Giebelgebälk der Fachwerkhäuser, die wuchtige, spätromanische Dorfkirche, der Tabkenhof und die über 1000jährige Dorfeiche sind eindrucksvolle Sehenswürdigkeiten, die man nicht versäumen sollte. Ungewöhnlich für Norddeutschland ist sicherlich, daß es hier Erhebungen gibt, die den Namen „Berg" tragen. Immerhin, vom 33 Meter hohen Gierenberg aus können Sie von Wildeshausen bis nach Großenkneten sehen. Am Fuße des Gierenbergs liegt das Feuchtgebiet Inloopswiese, und ca. einen Kilometer weiter finden Sie die Gerichtsstätte zu Aschenbeck. Lohnenswert ist auch ein Besuch der Grabkammern aus der Jungsteinzeit „Glaner Braut und Bräutigam“, die von aufrecht stehenden Findlingen eingerahmt sind. In Brettorf finden Sie ein für Binnengewässer einmaliges Vogelbrutgebiet, das Lachmöwenschlatt. Bei einem Abstecher in den Stühe-Forst sollten Sie nicht versäumen, sich in Klattenhof die Geschichte vom „Hasen-Ahlers“ erzählen zu lassen. Das „Hasen-Ahlers“-Denkmal aus Feldsteinen wurde 1932 von Einwohnern der Bauernschaft Klattenhof zur Erinnerung an den legendären Einsiedler aus dem Stühe, der als Wildschütze weit über die Grenzen seiner Heimat hinaus bekannt geworden ist, errichtet. Jeder Hase, der ihm vor die Flinte kam, wurde erlegt. So kam Ahlers zu seinem Beinamen, der den zwei Meter großen Mann bald überall im Umkreis bekannt machte.

Freizeitangebote

Angeln

Petrijünger können sich unter folgenden Adressen über Angelmöglichkeiten und -plätze informieren: Altonaer Fischteiche: Hotel Gut Altona, Wildeshauser Straße 34, Altona, Tel.: 04431/9500; Angeln an der Hunte: Angelkarten sind erhältlich bei H. Köhler, Dorfring 17, Tel.: 04433/371; Angelseen: H. Aschenbeck, Zum Sande, Tel.: 04433/333; Forellenzucht: Büsing, Rahmannsweg 3, Hockensberg, Tel.: 04431/ 1516 und 73159.

Reiten/Radfahren/Wandern

Auf insgesamt 100 Kilometer langen romantischen Wegen können Sie Dötlingen zu Fuß, mit dem Fahrrad oder auch hoch zu Roß kennenlernen. Innerhalb der Gemeinde gibt es zwölf Rundwanderwege, wie z.B. den Jade-Wanderweg, den Meerweg, den Hunteweg, den Aueweg und den Geestweg. Wer sich für den Reitsport interessiert, sollte sich an folgende Adressen wenden: Waldreitschule Aschenbeck, Zum Sande, Tel.: 04433/333; Reit- und Fahrgemeischaft Brettorf, Uhlhorner Straße 17, Brettorf; Reitverein „Ritt-Rum“, Rittrumer Straße 6, Ostrittrum.

Fahrradverleih

Adressen: R. Frerichs, Wildeshauser Straße 8, Aschenstedt, Tel.: 04433/500; Schützenhof Dötlingen, Rittrumer Kirchweg 6, Tel.: 04433/362; Fam. Ehlers, Lindenstraße 2, Wehe, Tel.: 04482/662.

Schwimmen

Schwimmen kann man im Frei- und Hallenbad in Wildeshausen, Krandelstraße 4, Tel.: 04431/4368 oder im Freizeitzentrum Hatten, Kreyenweg 7, Hatten, Tel.: 04482/ 678. Allen Hartgesottenen sei gesagt: das Baden in der Hunte ist grundsätzlich erlaubt.

Kanufahrten

Auf der Hunte kann man herrlich paddeln und lange Kanufahrten unternehmen. Wer sich für diese Sportart interessiert, kann sich unter folgender Adresse informieren: Paddelclub Dötlingen, Kortenheide, Dötlingen, oder Yeti-Sport & Reisen, Oldenburg, Tel. 0441/85685 oder Floßfahrten, Rückenwind Reisen GmbH, Oldenburg, Tel. 0441/8855-96/97.

Tier- und Freizeitpark

In Ostrittrum haben Sie die Möglichkeit, einen Tier- und Freizeitpark zu erkunden. Er liegt im legendären Märchenwald und ist außerdem Standort des Heimatmuseums. Information: Tel. 04487/7166.

Kutschfahrten

Wer das malerische Dötlingen bei einer Kutschfahrt genießen möchte, kann sich an folgende Adressen wenden: Schützenhof Dötlingen, Rittrumer Kirchweg 6, Tel.: 04433/362; Hof Aschenbeck, Zum Sande 3, Tel.: 04433/333; Gut Altona, Wildeshauser Straße 34, Altona, Tel.: 04431/9500.

Ballonfahrten/Rundflüge

Besonders reizvoll ist es, die Landschaft einmal aus der Vogelperspektive zu erkunden. Dies läßt sich mit einem Heißluftballon oder einem Flugzeug machen. Information: Ballonfahrten: Flugplatz Ganderkesee, Tel.: 04222/4531; Fliegen: Flugdienst Albatros, Wulfsweg, Kirchhatten, Tel.: 04481/461.

Weber-Handwerk

In einer Original-Webstube können Sie die Kunst des Webens erlernen. Anschrift: Webstube Wichmann, Traher Weg 13, Tel.: 04433/519 oder bei B. Becker, Huntloser Straße 14, Geveshausen, Tel.: 04432/567.

Modellflug

Bastler und Tüftler treffen sich auf dem Modellflugplatz in Neerstedt. Hier kann man als Zuschauer die Kreationen der Modellflieger bewundern oder auch das eigene Flugzeug in die Lüfte steigen lassen. Anschrift: Modellflugclub Dötlingen, Tel.: 04221/22822 oder Boots-Modellbauanlage, Altona.

Kulturelles

Wer sich für die plattdeutsche Sprache interessiert, sollte die Neerstedter Bühne am Denkmalsweg 4 (Tel.: 04432/1604) besuchen. Hier werden von Oktober bis März Stücke in plattdeutscher Sprache aufgeführt. Im Sommer stehen Konzerte von Chören und Musikgruppen auf dem Programm. Kunstinteressierte werden sicherlich in den Galerien in Dötlingen auf ihre Kosten kommen. So zeigt beispielsweise das Püttenhus in regelmäßigen Abständen Handwerkliches wie Töpfer-, Webe- oder Schmuckarbeiten und bietet den Rahmen für Vorlesungen. Auch im Rathaus von Neerstedt können Ausstellungen besucht werden. Anschriften der Galerien und Ausstellungen: Die Galerie Kunst- und Handwerk, Rittrumer Kirchweg 4, Tel.: 04433/1241 oder 12902; Galerie „In den Bergen“, In den Bergen 7a, Aschenstedt, Tel.: 04433/1635; Püttenhus Dötlingen, Heideweg; Galerie Hexenhus, Butzenbarg 2, Tel.: 04433/1606; Rathaus der Gemeinde Dötlingen, Hauptstraße 26, Neerstedt, Tel.: 04432/950-0.

Feste und Veranstaltungen

Es gibt eine Reihe traditioneller Feste, vom Frühjahr bis zum Herbst. Haben Sie zum Sommerausklang schon einmal ein Schnitterfest miterlebt, oder sind Sie auf einem Erntewagen mitgefahren? Die Gemeinde Dötlingen lädt Sie zum Entzünden des Osterfeuers, zum Setzen des Maibaumes oder zur Proklamation einer der vielen Schützenkönige herzlich ein.

Moorgebiet bei Edewecht

Edewecht
(Landkreis Ammerland)

Erstmals urkundlich erwähnt wurde Edewecht im Jahre 1150 mit dem Eintrag „decimam adewacht“ (= der Zehnte zu Edewecht). Der Name Edewecht bedeutet „Auniederung“. Edewecht gehört zu den ältesten Ortschaften des Ammerlandes und ist in seinem Siedlungskern das längste Reihendorf alter Art auf der nordwestdeutschen Geest. In den Jahren 1474, 1476 und 1538 brannte Edewecht in den „Münsterschen Fehden“ und im Jahr 1624 durch ein Großfeuer nieder. Um 1730 begannen wagemutige Männer auf kleinen Helgen an der Vehne mit dem Bau von Segelschiffen. Edewechts Schiffbau erlebte nach 1800 eine große Blütezeit. Mehrere auf Edewechts Helgen gebaute Schiffe durchkreuzten die Weltmeere. Nach 1750 wurde die dörfliche Siedlung erstmals stark erweitert durch Bebauung der „gemeinen Mark“. Von 1827 bis 1844 entstand in Jeddeloh unter der Bezeichnung „Jeddeloher Wiesen“ die erste Moorkolonie der Gemeinde.

Ab 1900 leitete eine staatlich gelenkte Hochmoorerschließung eine weitere bedeutsame Siedlungsepoche in der Gemeinde ein. So entstanden ab 1910 im Südedewechter Moor zwei junge Hochmoorkolonien: Süddorf und Husbäke. Nach dem 1. Weltkrieg kam es zur Gründung verschiedener Torfwerke, Torfstreufabriken und Moorgutgesellschaften, die den wirtschaftlichen Aufschwung der Gemeinde stark förderten. Im Jahre 1925 erfolgte der

„Käpt'n-Kuper"-Skulptur

Ausbau des vormaligen Hunte-Ems-Kanals zum Küstenkanal, der 1935 als Großschifffahrtsweg freigegeben wurde. Im Jahre 1934 kam es zur Eingemeindung der Bezirke Friedrichsfehn, Harkebrügger Mark und Hansa. Nach dem 2. Weltkrieg, in dem große Teile der Gemeinde zerstört wurden, fanden hier 2000 Vertriebene eine neue Heimat.
Information: Tourist-Information, 26188 Edewecht, Rathausstraße 7, Tel.: 04405/ 916-222.

Sehenswertes

St. Nikolai-Kirche

Die St. Nikolai-Kirche ist unter den alt-ammerschen Gotteshäusern das jüngste. Es entstand wahrscheinlich in der Zeit zwischen 1368 und 1393. Sein Wahrzeichen ist ein separat stehender Glockenturm aus Holz. Besonders sehenswert sind auch die wertvollen Altararbeiten.

Skulptur

„Käpt´n Kuper" ist eine Bronze-Skulptur, die an die alten Edewechter Seefahrer, an den Schiffsbau an der Vehne und an viele Reisen auf den Weltmeeren erinnert. Um das Jahr 1880 machte Kapitän Gerd Tönjes-Deye mit seinem in Edewecht gebauten Dreimaster „Lina" eine abenteuerliche Weltmeerfahrt über rund 30.000 Seemeilen um die Südspitze Afrikas nach Adelaide, Australien, und wieder zurück. Lage: Ecke Rathausplatz/Hauptstraße.

Sehenswerte Hofanlagen

Der Bergfried des Heinje-Hofes wurde früher als Speicher und Verteidigungsanlage genutzt und ist heute eines der schönsten Baudenkmäler mit der wahrscheinlich größten Traueredeltanne Deutschlands. Sehenswert ist auch der Oellien-Hof, ein typisch Ammerländisches Anwesen.

Windmühlen

Das Edewechter Wahrzeichen sind die Windmühlen. Zwei dieser reizvollen Bauwerke bewegen noch heute ihre Flügel im Wind, und riesige Zahnräder erzählen von vergangenen Zeiten. Es handelt sich um die Gallerie-Holländer-Windmühle Kruse in Westerscheps und die Erd-Holländer-Wind-

Bergfried Heinje-Hof

Typisches Ammerländer Bauernhaus

mühle in Osterscheps. Wer sich für altes Handwerk interessiert, kann die Mühle in Westerscheps besuchen. Adresse: Windmühle Gasthof „Zur Mühle“, Westerschepser Straße 18, Tel.: 04405/8714.

Heimatmuseum

Das idyllisch am Flußlauf der Aue gelegene Heimatmuseum „Tollhus up'n Wurnbarg“ (ehemaliges Zollhaus an der Heerstraße Ammerland-Münsterland seit 1428) in Westerscheps lohnt einen Besuch. Hier gibt es Interessantes aus der Ammerländischen Geschichte zu sehen, wie z.B. Wagenremise, Backofen, Bleicherhütte, große Scheune, altertümliche Gegenstände, landwirtschaftliche Geräte und Maschinen. In vielen Veranstaltungen werden darüber hinaus bäuerliche Kultur und Lebensweise vermittelt. Ansprechpartner ist der Heimatverein „Vergnögde Goodheit“, Wittenberger Straße 14, Wittenberge, Tel.: 04405/6995 oder 6970.

Freizeitangebote

Wandern/Radfahren

Abseits vom Verkehrslärm bietet sich in der Parklandschaft Gelegenheit, auf dem gut ausgebauten Wegenetz vorbei an Wiesen, Feldern, Moor und Wald zu radeln oder zu wandern. Ein beliebter Rad- und Wanderweg ist die ehemalige Kleinbahntrasse, die direkt zum Zwischenahner Meer führt sowie die „Deutsche Fehnroute“. Das Fremdenverkehrsamt Edewecht bietet ausgearbeitete Tourenvorschläge und spezielle Karten an. Info-Tel.: 04405/916-222. Im Staatsforst Wildenloh befindet sich ein Trimmpfad.

Angeln

Petrijünger finden an den vielen Teichen und Flußläufen immer ein Plätzchen, wo sie ihrem Hobby nachgehen können. Zu nennen sind hier beispielsweise der Küstenkanal, Aue und Godensholter Tief, Vehne, Fischteich in Dänikenhorst (Hochtanger Weg) und der Fischteich in Edewecht-Osterscheps (Auf den Linden).

Schwimmen

Freibad (beheizt): Zum Stadion 4, Edewecht, Tel.: 04405/5458; Öffnungszeiten in den Sommermonaten: Mo-Fr 6.30-20.00 Uhr, Sa 6.30-19.00 Uhr, So 8.00-19.00 Uhr. Hallenbad: Zum Stadion 4, Edewecht, Tel.: 04405/5458; Öffnungszeiten in den Wintermonaten: Mo 14.30-17.30 Uhr, Di 20.30-21.30 Uhr, Mi 14.30-17.00 und 20.30-21.30 Uhr, Do 15.30-21.30 Uhr, Fr 14.30-17.30 Uhr, Sa 14.30-18.00 Uhr, So 9.00-12.00 Uhr.

Kutschfahrten

Unter dem Motto „Auf den Spuren der Moorgeister“ kann man mit dem Planwagen auf Entdeckungsreise gehen. Information: Fremdenverkehrsverein Edewecht e.V., Tel.: 04405/916-222.

Feste und Veranstaltungen

Erntefest

Das Einbringen der Erntekrone wird traditionell gefeiert. Das große Ammerländische Erntefest („De grode ammersche Arntefier“) zieht jedes Jahr Akteure und Publikum in seinen Bann.

Hökermarkt in der Delmenhorster Innenstadt

Deich mit „Öko-Rasenmähern" bei Elsfleth (oben); Hunte-Floßfahrten bei Großenkneten (unten)

Windmühle von 1871 in Harpstedt (noch in Betrieb)

Bindemaschinen im Druckereimuseum Hatten (oben); Tollhus up'n Wurnbarg bei Edewecht (unten)

Elsfleth

(Landkreis Wesermarsch)

Elsfleth gehört zu den ältesten Orten an der Unterweser. Der Name läßt sich nach Urkunden und Chroniken bis in das Jahr 1220 zurückverfolgen. Die Zeit der Gründung ist unbekannt. Daß es sich aber um eine sehr alte Siedlung handelt, geht daraus hervor, daß hier schon um 860 von Bischof Ansgarius von Bremen die erste Kirche gegründet worden sein soll. Im Jahre 1350 geriet Elsfleth unter die Herrschaft der Oldenburger Grafen. Einen bedeutenden Aufschwung erlangte der Ort durch die Erhebung des Weserzolls, die von Graf Anton Günther von Oldenburg im Jahre 1624 auf Elsfleth übertragen wurde. Am 1. Mai 1856 wurde Elsfleth zur Stadt erhoben. Die günstige Lage am Zusammenfluß der Weser und der Hunte sowie die Nähe zur Nordsee begründeten die Verbundenheit Elsfleths mit der Schifffahrt und dem Schiffbau. Die Stadt wurde neben Brake zum wichtigsten Hafen des Landes Oldenburg. Einen wirtschaftlichen Niedergang erlebte Elsfleth durch die aufkommende Dampfschiffahrt, da man nicht rechtzeitig vom Holzschiffbau auf den Eisenschiffbau umstellte. Hinzu kam, daß die erste Weserkorrektion um 1890 die Stadt vom Hauptstrom der Weser abtrennte. Heute geben ein Schiffbauunternehmen, ein Verpackungsmittelwerk, eine Schilderfabrik, ein Briefmarkengroßhandel, zahlreiche Reedereien sowie mittlere und kleinere Betriebe des Handels und des Handwerks der Wirtschaft Elsfleths ihr Gepräge. In den großflächigen ländlichen Gebieten der Stadt bestimmen eine beträchtliche Anzahl landwirtschaftlicher Betriebe die wirtschaftliche Struktur der Stadt. Information:

Gemütliche Fußgängerzone in Elsfleth

Stadt Elsfleth, Tourist-Information, Rathausplatz 1, Tel.: 04404/504-16 oder 504-40.

Stadtführungen

Das Touristikbüro Elsfleth bietet verschiedene Führungen, z.B. eine historische Stadtführung oder eine Führung durch das Luftspeicher-Gasturbinenkraftwerk in Huntdorf, an.

Sehenswertes

St. Nicolai-Kirche

Die hakenförmige Kirche aus dem 14. Jahrhundert unterscheidet sich in zweifacher Weise vom üblichen Bild einer Kirche. Erstens läßt die Doppelreihe der Holzrahmenfenster an zwei Stockwerke eines Wohngebäudes denken. Vor allem jedoch erscheint die als Winkelhakenbau errichtete Anlage ungewöhnlich. Diese sogenannte Hakenform gibt es nur noch ein weiteres Mal in Deutschland. Eine weitere Besonderheit ist die Kirchenorgel. Sie ist die einzige Orgel der Wesermarsch, die aus der ersten Hälfte des 19. Jahrhunderts erhalten blieb. Auskunft: Tel. 04485/369. Das Touristikbüro Elsfleth lädt interessierte Besucher zu einer Besichtigung der historischen Kirche ein.

St. Anna-Kirche

Die Kirche St. Anna in Bardenfleth ist die einzige Ständer-Fachwerkkirche im Oldenburger Land. Sie wurde im Jahre 1620 auf einer sturmflutsicheren Wurt erbaut. 1980 bis 1982 mußte das Gotteshaus von Grund auf renoviert werden. Heute finden hier von Zeit zu Zeit Konzerte mit barocker und klassischer Musik statt. Anmeldung: Tel. 04485/369. Das Touristikbüro Elsfleth bietet Besichtigungen der Kirche an.

Marschenhofsiedlung Mooriem

Die Marschenhofsiedlung Mooriem ist eine typische Moorrandreihensiedlung, bei der die Bauernhöfe, wie Perlen einer Kette aneinandergereiht, auf dem Moorrand liegen. Viele der im traditionellen Baustil des niederdeutschen Hallenhauses mit Fachwerk und Reithdach errichteten Häuser stehen unter Denkmalschutz.

Huntesperrwerk

Das Huntesperrwerk ist eine Anlage des Küstenschutzes. Es schützt die niedrigen Ländereien vor Sturmfluten. Bei normalen Tiden bleibt das Sperrwerk geöffnet. Erst wenn Fluten auftreten, die 0,9 Meter über Mitteltidehochwasser und höher auflaufen, werden die Tore geschlossen. Auskunft: 04404/3388. Das Touristikbüro der Stadt Elsfleth bietet geführte Besichtigungen an.

Huntebrücke

Die Huntebrücke ist der Kreuzungspunkt der Bundesstraße 212 mit der Hunte. Die 54 Meter lange Hubbrücke aus dem Jahr 1953 wird für größere Schiffe bis 20,50 Meter gehoben. So können auch Seeschiffe den Hafen der Stadt Oldenburg anlaufen.

Denkmal „Herzog von Braunschweig-Oels“

Der in deutschen Landen als „Freiheitsheld“ gefeierte Herzog Friedrich Wilhelm von Braunschweig-Oels konnte im Jahre 1809 den Truppen Napoleons entkommen und von Elsfleth aus nach England fliehen. Fünfzig Jahre später wurde der Grundstein zu dem Denkmal gelegt, das noch heute als Wahrzeichen der Stadt gilt.

Rathaus

Das heutige Rathaus Elsfleths wurde nach der Einführung des Weserzolls im Jahre 1624 als Zollamt errichtet. Es handelt sich um einen zweigeschossigen Putzbau mit Walmdach und Seitenflügeln klassizistischer Formgebung. Im Jahre 1820 bezog ein Amtshauptmann mit seiner Familie das Gebäude. Es wurde für die Zwecke des Amtes und als Wohnung genutzt. Seit 1933 ist hier die Stadtverwaltung untergebracht. Adresse: Rathausplatz 1.

Segelinternatsschiff „Großherzogin Elisabeth"

Das Segelschiff ist ein im Jahre 1909 gebauter 3-Mast-Gaffelschoner, der zunächst auf allen Weltmeeren segelte. Im Jahr 1983 wurde das Schiff vom Landkreis gekauft und auf den Namen „Großherzogin Elisabeth" umbenannt. Das Schiff dient heute als Internat für die seemännischen Berufsschüler Elsfleths. Auskunft: Tel.: 04404/1525. Das Touristikbüro der Stadt Elsfleth bietet geführte Besichtigungen des Schiffes an.

Freizeitangebote

Segeln/Surfen

Direkt am Huntesperrwerk liegt der Sportboothafen des „Segelclubs Weserstrand"

Sportboothafen am Huntesperrwerk

(Information: Herr Kuhland, Mühlenstraße 13, Tel.: 04404/92840). Es handelt sich um den einzigen tidefreien Sportboothafen an der Weser. Auf einer Wasserfläche von über 160 Hektar finden ca. 120 Schiffe einen Liegeplatz. Auch Surfer haben hier die Gelegenheit, ihrem Sport nachzugehen.

Wandern

Wandern kann man fast überall rund um Elsfleth. Ein interessanter Naturlehrpfad von ca. 2,5 Kilometern Länge im Naturschutzgebiet „Gellener Torfmöörte" gibt vielfältige Informationen zu Flora und Fauna. Das ca. 120 Hektar große Naturschutzgebiet ist ein Niedermoor mit Resthochmoorflächen. Es liegt zwischen zwei

Weser-Sandstrand bei Elsfleth

Hochmoorgebieten. Wer sich besonders für die Vogelwelt interessiert, sollte sich einmal an den Rand des Naturschutzgebietes „Moorhauser Polder" begeben. Das ca. 99 Hektar große Naturschutzgebiet ist eine als Hochwasserrückhaltebecken dienende Polderfläche, welche oft viele Wochen lang unter Wasser steht. Das Gebiet eignet sich zur Beobachtung von Watt- und Wasservögeln, da es von den umgebenden Deichen gut eingesehen werden kann. Das Betreten des Gebietes ist nicht gestattet. Auch das ca. 155 Hektar große Naturschutzgebiet „Rockenmoor Fuchsberg" ist Lebensraum für gefährdete Brutvögel. Eine Wanderung auf dem Deich ermöglicht Einblicke in dieses menschenleere Vogelparadies.

Radfahren

Für Radfahrer sind die Stadt Elsfleth und ihre Umgebung besonders attraktiv. Neben den vielen betonierten Wirtschaftswegen gibt es überall gut ausgebaute Rad- und Wanderwege. Besonderer Beliebtheit erfreuen sich ausgearbeitete Tourenvorschläge der Tourist-Information, wie z.B. der Hunte- und der Weserradweg sowie die „Deutsche Sielroute". Sie führt auf einem ca. 200 Kilometer langen Rundkurs durch die Wesermarsch, vorbei an Sielen und zahlreichen Sehenswürdigkeiten des Landkreises. Den Weser- und Huntedeich entlang führt eine wunderschöne Fahrradstrecke, die mit einer Länge von 24 Kilometern bequem in etwa zwei Stunden zu „erfahren" ist.

Reiten

Rund um Elsfleth wird der Reitsport gepflegt. Selbst für die kleinsten Turniereinsteiger sind vielfältige Möglichkeiten vorhanden. Eine Reithalle befindet sich beispielsweise in der Eckflether Straße (Reithalle des Mooriemer Reitclubs); Information: H. Thümler, Norderfeld 22, Brake, Tel.: 04401/71528.

Schwimmen

Das Hallenbad Elsfleth in der Wurpstraße 10 garantiert wetterunabhängigen Badespaß. Öffnungszeiten: Mo 16.00-18.00 Uhr, Di-Fr 6.00-7.45 Uhr, 15.00-21.00 Uhr, Sa 14.00-17.00 Uhr, So 8.00-12.00 Uhr; Tel.: 04404/2107. In den Sommermonaten lädt das Strandbad in Oberhammelwarden zu einem Besuch ein.

Feste und Veranstaltungen

Ob Hafen- oder Stadtfest, Laternenumzug oder Schützenfest, in Elsfleth weiß man Feste zu feiern. Das Angebot der Veranstaltungen in und um Elsfleth ist bunt. Vom deftigen Paukenschlag zum klassischen Cello, vom Plakatgemälde zum indianischen Schmuck – für jeden Geschmack ist etwas dabei. Für Liebhaber und Sammler sind die Flohmärkte oder die Oldtimerausstellungen immer wieder interessant. Informationen zu aktuellen Terminen erhält man von der Tourist-Information oder durch einen Blick in den Veranstaltungskalender.

Ganderkesee

(Landkreis Oldenburg)

Die Gemeinde Ganderkesee befindet sich in der Nähe von Bremen und Oldenburg im Erholungsgebiet Wildeshauser Geest. Die abwechslungsreiche Landschaft, bestehend aus Marsch, Geest, Wald und Moor, ist Anziehungspunkt für Naherholungssuchende und Kurzurlauber.

Mehr als 5000 Jahre alte Bodenfunde lassen darauf schließen, daß das Ganderkeseer Gebiet bereits seit diesem Zeitraum besiedelt ist. Erstmalig und zeitgleich mit Bremen, noch vor Oldenburg, wurde der Ort im Jahre 860 (damals hieß er noch „Gandrikesarde“) urkundlich erwähnt. Im Jahre 1052 gründete Erzbischof Adalbert von Bremen die erste Kirche zwischen Weser und Hunte. Bei dieser Kirche handelt es sich um die noch heute erhaltene und im Mittelpunkt des Ortes stehende Gaukirche „St. Cyprian und Cornelius“. Information: Fremdenverkehrsabteilung im Alten Rathaus, Rathausstr. 24, Tel.: 04222/44-412.

Ortsführungen

Ortsführungen kann man nach individuellen Wünschen verabreden. Anmeldungen nimmt die Fremdenverkehrsabteilung entgegen.

Sehenswertes

Gaukirche „St. Cyprian und Cornelius“

Diese Kirche aus dem Jahre 1052 war den beiden Heiligen Cyprian und Cornelius, zwei Märtyrerbischöfen aus dem 3. Jahrhundert, geweiht. Ihre Baugeschichte reicht bis in die erste christliche Generation zurück. Grabungen ergaben, daß hier früher eine Holzkapelle stand, die wiederum auf den Grundmauern eines ausgebrannten germanischen Gehöfts erbaut wurde. Etwa um 1050 entstand die erste Steinkirche, ein schlichter turmloser Saalbau. Hundert Jahre später erhielt diese Kirche den heutigen Turm und eine kleine Apsis. Die darauf folgende romanische Basilika war mit Kalkfresken ausgemalt und besaß schon fast die Ausmaße der heutigen Kirche. Diese ist dann zwischen 1400 und 1450 als gotische Hallenkirche nach westfälischem Vorbild so umgebaut worden, wie sie noch heute zu bewundern ist. Im Jahre 1543 wurde sie unter Bischof Franz von Waldeck evangelisch. Bis über die Grenzen der Gemeinde berühmt geworden ist die Gaukirche durch die herrlich verzierte Orgel, die im Jahre 1699 von dem berühmten Orgelbauer Arp Schnitger mit ca. 1000 Pfeifen erstellt wurde.

Die Wallfahrtskirche St. Katharinen

Die aus Backsteinen gemauerte Kirche aus dem 13. Jahrhundert ist besonders wegen ihrer schönen Bauform einen Besuch wert. Sie befindet sich im Ortsteil Schönemoor.

Hügelgrab, Hünengräber und Großsteingräber

Sagenumwobene Geschichte läßt sich beim Hügelgrab am Flugplatz, bei den Hünengräbern in Stenum und den Großsteingräbern in Steinkimmen erleben. Über 5000 Jahre alte Bodenfunde geben Aufschluß über die Vergangenheit. Für historisch Interessierte ist außerdem der Heidenwall in Dehlthun aus mittelalterlicher Zeit einen Besuch wert.

Naturwald „Urwald Hasbruch“

Die seit 150 Jahren nicht mehr bewirtschafteten „Urwaldflächen“ sind Reste des alten Huntewaldes, geprägt durch mächtige, alte und zum Teil absterbende oder tote Baumriesen, z.B. Eichen, Buchen und Hainbuchen. Allgemein gelten diese naturnahen

Galerie-Holländerwindmühlen

Wälder, die über die Jahrhunderte erhalten blieben, als „historisch alte Wälder“. Sie sind im nordeuropäischen Flachland eine Rarität. Der Hasbruch ist mit rund 630 Hektar der größte „historisch alte Wald“ des niedersächsischen Flachlandes. Zur Flora und Fauna zählen zahlreiche Arten, die auf der „Roten Liste“ als im Bundesgebiet gefährdet eingestuft sind.
Niedersächsisches Forstamt Hasbruch, Am Forsthaus 5, 27798 Hude, Tel.: 04408/346.

Mühlen

Nicht versäumen sollten Sie einen Besuch der alten Wassermühle in Elmeloh sowie der Galerie-Holländer-Windmühlen in Habbrügge und Schierbrok.

Alter Speicher mit Grillhütte in Bürstel

Freizeitangebote

Schwimmen

Schwimmen kann man im Badesee in Hohenböken, im Freibad oder überdacht im Hallenbad. Freibad: Heideweg 2, Tel.: 04222/6815, Öffnungszeiten: Mo-Fr 6.00-20.00 Uhr, Sa u. So 7.00-20.00 Uhr; Hallenbad: Am Steinacker 12 a, Tel.: 04222/ 8650, Öffnungszeiten: Mo-Di 6.00-7.30 Uhr, Mi 6.00-7.30 Uhr u. 15.30-22.00 Uhr, Do-Fr 6.00-7.30 Uhr u. 15.30-21.00 Uhr, Sa 7.00-9.30 Uhr u. 13.00-18.00 Uhr, So 8.00-14.00 Uhr.

Wandern/Radfahren

Zahlreiche gut ausgeschilderte Wege ermöglichen herrliche Ausflüge, egal ob man mit dem Fahrrad oder zu Fuß unterwegs ist. Besonders zu empfehlen ist der „Forstliche Wander- und Lehrpfad" im 96 Hektar großen Staatsforst Stenumer Wald.

Reiten

Reitsportlern stehen diverse Reitplätze und Reithallen zur Verfügung. Adressenauswahl: Reithalle Donnermoor, Tel.: 04222/ 1248 oder Reithalle zur Tränke, Reiterweg 1, Hohenböken, Tel.: 04223/ 3012.

Rundflüge/Ballonfahrten

Am Flugplatz besteht die Möglichkeit, die Flugschule zu besuchen, sich für eine Ballonfahrt anzumelden, eine Ultra-Light-Flugausbildung zu beginnen oder die Fallschirmsportschule zu besuchen.

Feste und Veranstaltungen

„Fasching um den Ring“

Das über die Gemeindegrenzen hinaus bekannt gewordene Fest findet seit 1951 alljährlich zur Faschingszeit an und in der Festhalle „Am Steinacker“ und in zahlreichen Zelten statt. Info-Tel. 04222/2555.

Herbstmarkt

Der Herbstmarkt mit einem großen Flohmarkt und verkaufsoffenem Sonntag findet alljährlich jeweils am 3. Wochenende im September statt.

„Kohl und Pinkel“

Wenn der Grünkohl den ersten Frost abbekommen hat, beginnt die „Kohl-und-Pinkel-Saison“. Dieses traditionelle Gericht der Region wird in geselliger Runde zu einem gastronomischen Vergnügen.

Das ganze Jahr über werden diverse Konzerte, Vorträge, Ausstellungen etc. veranstaltet. Genauere Informationen über aktuelle Termine sind beim Fremdenverkehrsamt erhältlich.

Grasberg

(Landkreis Osterholz)

Grasberg – das ist der Name einer Gemeinde, die in ihrer jetzigen Form erst durch die Gebietsreform im Jahre 1974 entstand. Die Urzelle Grasbergs war die Kirche, die schon in den Jahren 1784 bis 1789 auf Veranlassung des „Königlich Hannoverschen Moorkomissars“ Jürgen Christian Findorff entstand. Zur damaligen Zeit war der „Grasberg“ eine sich aus dem Moor erhebende grüne Fläche. So taufte man den Ort, der seit 1831 um die Kirche herum entstand, auf den Namen „Grasberg“. Die Geschichte geht jedoch noch weiter zurück: Die ältesten Ortsteile Wörpedorf und Eickedorf stammen aus den Jahren 1751 und 1754. Sowohl Wörpedorf, heute der Mittelpunkt der Gemeinde, als auch Eickedorf wurden im Zuge der Moorkolonisation gegründet. Von 1760 bis zu seinem Tod im Jahre 1792 legte Findorff im Teufelsmoor nach Weisung der hannoverschen Regierung und in enger Zusammenarbeit mit den Moorämtern 60 neue Moordörfer an, die sog. „Findorffschen Reihendörfer“. Fast 250 Jahre sind inzwischen seit der Gründung der ersten Moordörfer in der damals unwirtlichen Landschaft zwischen Bremen, Worpswede, Tarmstedt und Ottersberg vergangen. Mut und Entsagungsbereitschaft gehörten dazu, sich im Moor anzusiedeln und den schweren Boden zu kultivieren. Noch ist das geflügelte Wort vergangener Zeiten lebendig: „Den Ersten sien Dot, den Tweeten sien Not, den Dritten sien Brot“. Seitdem ab 1760 Schiffsgräben und Abzugsgräben für die weitgehende Entwässerung des Gebietes sorgten, wurde nach und nach das Leben besser und erträglicher. Oftmals war, zumindest in den Anfangsjahren der Moorkolonisation, das Stechen von Torf und der anschließende Verkauf in Bremen die einzige Einnahmequelle der Bauern, die als Pioniere in diese Gegend kamen.

Information: Gemeinde Grasberg, Speckmannstraße 30, Tel.: 04208/9175-0.

Ortsführungen

Individuelle Führungen kann man bei der Gemeindeverwaltung Grasberg vereinbaren. Für Radfahrer wird eine ausgearbeitete Route, auf der man an den Sehenswürdigkeiten vorbeifährt, angeboten. Das Motto dieser Tour heißt „Auf Findorffs Spuren“.

Sehenswertes

Findorffkirche

Die Findorffkirche wurde in der Zeit von 1784 bis 1789 von Jürgen Christian Findorff erbaut. Sie befindet sich in der heutigen Speckmannstraße 40. Der Bau der Kirche war nicht einfach. Der Baugrund war trotz des Sandhügels ungünstig, da sich unter dem Sandboden noch Torfschichten befanden. Außerdem machten Unwetter und Überschwemmungen den Handwerkern schwer zu schaffen. Heute läßt sich nur noch erahnen, was sich damals abgespielt hat. Der Innenraum der Kirche wurde im Jahr 1989 wieder so hergerichtet, wie Findorff ihn vor gut 200 Jahren erbauen ließ. Die Kirche ist weit über die Grenzen der Gemeinde durch ihre Arp-Schnittger-Orgel bekannt geworden.

Findorffhof

Dieser Gebäudekomplex wurde mit Unterstützung der Gemeinde vom Findorff-Heimatverein errichtet und soll an das bäuerliche Leben der vorigen Generationen erinnern. Das Haupthaus ist 1994 einer Brandstiftung zum Opfer gefallen, konnte aber durch Spenden wieder aufgebaut werden. Lage: Am Berg in Grasberg, Info-Tel.: 04293/685.

Schlobohmhof

Das im Jahre 1829 erbaute Niedersachsenhaus an der Wörpedorfer Straße 10 steht seit einigen Jahren unter Denkmalschutz. Es spiegelt noch die damalige Fachwerkbauweise wider, die aufgrund des Moorgrundes der beste Schutz gegen Versackung war.

Wörpedorf

Im Jahre 1751 wurde Wörpedorf als erste Moorkolonie gegründet. Es wurden 51 Hofstellen ausgewiesen. Um diese Hofstellen haben sich Knechte und Söhne beworben, die als jüngere Brüder keine Erbrechte auf den elterlichen Höfen besaßen. Es mußten Entwässerungsgräben ausgehoben werden, um das Land kultivierbar zu machen. Heute erinnert nur noch der an der Straße befindliche Schiffsgraben, der den Bauern zum Transport des Torfes über die Wörpe, Wümme und Weser nach Bremen diente, an diese schwere Vergangenheit.

Wörpe

Der Bereich der Wörpe wurde im Jahre 1994 naturnah ausgebaut. So wurde für seltene Tiere und Pflanzen eine Rückzugsmöglichkeit geschaffen. Mit ein bißchen Glück kann man Fischreiher und andere seltene Tiere beobachten.

Dannenberg

Dannenberg wurde im Jahre 1782 gegründet. Es liegt an einer der geologisch tiefsten

Stellen des Osterholzer Moorbeckens. Das Dorf hat seinen Namen vom „Dannensee" erhalten. Den Dannensee gibt es heute aufgrund der Entwässerung und des Torfabbaus nicht mehr. Die Dannenberger bauten im Jahre 1785 einen Schiffsgraben, der direkt in die Wörpe mündete. Dieses erfolgreiche Bauvorhaben wurde selbst finanziert und verantwortet.

Rautendorf

Rautendorf wurde im Jahre 1762 gegründet. Noch heute ist die Findorffsche Siedlungstruktur gut zu erkennen. Dabei handelt es sich darum, eine gerade Straße nur an einer Seite zu bebauen. Die Grundstücke waren alle gleich breit und zur Straße hin durch einen Schiffsgraben getrennt. In Rautendorf wurde allerdings vor einigen Jahrzehnten die Straße weiter in Richtung der Häuser verlegt. Besonders sehenswert ist das restaurierte Schiffschauer, das als Baudenkmal besonders geschützt ist. Es stammt aus der Zeit, als noch Brenntorf gestochen und mit dem Schiff nach Bremen befördert wurde und diente als Unterstand für die Torfschiffe.

Schmalenbeck

Schmalenbeck hat sich seinen dörflichen Charakter bewahrt. Besonders sehenswert ist die Eickedorfer Straße, die noch in der traditionellen Form mit Moorklinkern gepflastert ist. So sahen früher alle Straßen im Teufelsmoor aus. Entlang der mit Birken gesäumten Straße liegt noch heute der Schiffsgraben, der die Torfkähne zur Wörpe führte.

Freizeitangebote

Wandern/Radfahren

Weite Wiesenlandschaften und kilometerlange Rad- und Feldwege sind ein Paradies für Radfahrer und Wanderer.

Reiten

Im Reitverein Wörpedorf und Umgegend sind Gäste immer willkommen. Info-Tel.: 04792/2528.

Feste und Veranstaltungen

Kulturelles

Der Findorffhof ist eine sehenswerte kulturelle Einrichtung (Museumshof und Begegnungsstätte). Lage: Am Berg in Grasberg, Information: Tel.: 04293/685 und Kulturverein Grasberg e.V., Karl-Lilienthal-Straße 18, Tel.: 04208/1000.
Aktuelle Informationen über Feste und Veranstaltungen können Sie dem Veranstaltungskalender „Grasberger Rundblick" entnehmen.

Großenkneten
(Landkreis Oldenburg)

Zwischen Hunte und Lethe erstreckt sich im Süden des Landkreises Oldenburg die Gemeinde Großenkneten. Sie liegt inmitten des Naturparks „Wildeshauser Geest". Aus früh- und vorgeschichtlichen Funden, besonders aus den über 4000 Jahre alten

Steingräbern in der Ahlhorner Heide, ist zu schließen, daß das Gemeindegebiet schon früh besiedelt war. Erste größere Ansiedlungen, aus denen sich die Ortschaften Ahlhorn, Großenkneten, Huntlosen, Döhlen und Sage entwickelt haben, sind zu Beginn des 9. Jahrhunderts entstanden. So wurden Huntlosen im Jahre 827 und Sage im Jahre 872 erstmals urkundlich erwähnt. Großenkneten taucht als Gnattum im Jahre 890 in Urkunden auf. Um 1150 ist verzeichnet, daß die Kirche zu Großenkneten dem Sprengel Osnabrück unter der Herrschaft des Klosters Corvey stand. Seit 1933 besteht die Gemeinde Großenkneten in ihren heutigen Grenzen. Im Zuge der damaligen Verwaltungsreform im Land Oldenburg wurden die Gemeinden Großenkneten und Huntlosen aufgelöst. Eine neue Gemeinde Großenkneten wurde gebildet und dem Landkreis Oldenburg zugeordnet. Als „Wanderland zwischen Hunte und Lethe" ist Großenkneten mit seinen gepflegten Dörfern, seinen Forsten, Weiden und Äckern, Heiden und Mooren, Flüssen und Bächen ein lohnendes Ziel für den Naturfreund. Die Ahlhorner Fischteiche, die Naturschutzgebiete „Huntloser Moor" und „Sager Meer" sind mit ihrer vielfältigen Fauna und Flora ein Stück unberührter Natur. Information: Rathaus, Fremdenverkehrsverein e.V., Markt 3, 26197 Großenkneten, Tel.: 04435/60049.

Ortsführungen

Angeboten werden individuell geführte Wanderungen, Rundfahrten, Kutschfahrten oder Floßfahrten. Information: Arbeitskreis Gästeführer Großenkneten, Tel.: 04435/1288 oder 3416.

Ausflugslokal Gut Moorbeck

Sehenswertes

Prähistorische Funde

Besonders sehenswert sind die wohl bekanntesten Großsteingräber „Visbeker Braut und Bräutigam" und der „Heidenopfertisch". Sie befinden sich in der Ahlhorner Heide. Aber auch das Gräberfeld in Hespenbusch ist eine landschaftliche Schönheit, die Sie im Rahmen einer Führung (z.B. per Rad) erkunden können.

Speicher

Ein „Spieker" (plattdeutsch) ist ein Speicher, in dem früher das Korn unter dem Dach gelagert wurde. Im Spieker wurde über der Feuerstelle (heute ein Kamin) Brot gebacken. Heute finden hier auch Trauungen unter dem Motto „Hochtied up'n Spieker no ole Art" („Hochzeit in einem Speicher nach alter Art") statt. Information: Gemeinde Großenkneten, Markt 3, Tel.: 04435/600-28.

St. Briccius-Kirche

Die St. Briccius-Kirche in Huntlosen hat eine lange und bewegte Geschichte. Eine Besonderheit ist der achteckige Kirchturm. Die Kirche ist täglich geöffnet. Information: Ev.-luth. Kirchengemeinde Huntlosen, Bahnhofstraße, Tel.: 04487/237.

Mühle in Hengstlage

Die traditionsreiche Mühle in Hengstlage kann nach vorheriger Absprache mit dem Eigentümer besichtigt werden. Adresse: Windmühlenweg, Tel.: 04407/1819.

Traktorensammlung

Die Traktorensammlung besteht zur Zeit aus zwölf verschiedenen Typen. Führungen sind nach Vereinbarung jederzeit möglich. Adresse: Am Hogenesch 1, Tel.: 04435/5868.

Freizeitangebote

Wandern/Radfahren

Der Naturpark „Wildeshauser Geest" bietet mit seinem optimal ausgebauten Wegenetz hervorragende Bedingungen für Touren per Rad oder zu Fuß. Informationen und Kartenmaterial sind erhältlich am: Markt 3, Tel.: 04435/600-49 oder beim Verkehrsverein, Geschäftsführer: Bahnhofstraße 72, Huntlosen, Tel.: 04487/238.

Fahrradverleih

Wenn Sie ein Fahrrad mieten möchten, können Sie sich an folgende Adressen wenden: Hegeler-Wald-Straße 8, Huntlosen, Tel.: 04487/7220; Hauptstraße 59, Tel.: 04435/5997.

Floßfahrten und Kanutouren

Interessieren Sie sich für eine Floßfahrt auf der Hunte? Wenn ja, können Sie sich unter folgender Adresse informieren: Arbeitskreis Gästeführer Großenkneten, Tel. 04435/1288 oder 3416. Oder möchten Sie lieber per Kanu die Wasserwege kennenlernen? Adressen: Yeti-Sport, Donnerschweer Straße 48, Oldenburg, Tel.: 0441/85685; Rückenwind-Reisen, Sonnenstraße 43, Oldenburg, Tel.: 0441/885596 oder 885597.

Reiten

Wer sein Glück auf dem Rücken der Pferde sucht, der kann sich an folgende Adressen wenden: Reitzentrum Ahlhorn-Lethe, Cloppenburger Straße 38, Tel.: 04435/2180; Reit- und Fahrverein Großenkneten, Rulfshoop 2, Tel.: 04435/1241; Reitverein Ahlhorn e.V., Gerhart-Hauptmann-Straße 7, Tel.: 04435/2524; Reitverein Huntlosen e.V., Husumer Straße 2, Tel.: 04487/283.

Segelfliegen

Information: Uhlandstraße 3, Ahlhorn, Tel.: 04435/1372.

Teepeeverleih

Dieser außergewöhnliche „Zeltverleih" verleiht Indianerzelte und vermittelt indianische Lebensart. Information: Hegeler-Wald-Straße 8, Huntlosen, Tel.: 04487/7220.

Kreativ-Kurse

Diverse Kurse der Künstlergruppe „Buntspechte" vermitteln und unterstützen kreative Hobbys. Information: Tel.: 04435/3321, Schulweg 8, Ahlhorn/Lether.

Theater

Verschiedene Theatergruppen führen diverse Stücke auf. Dazu gehören „De Spaaßmaker" (Hollen 1, Tel. 04435/5626), „Garn-Rolle" (Efeuweg 3, Tel.: 04435/600-24), „Die Plattschnacker" (Bunkenburger Weg 14, Huntlosen, Tel.: 04487/418), „Heimatverein Baumweg" (Fichtestraße 4, Ahlhorn/Lethe, Tel.: 04435/1313).

Feste und Veranstaltungen

Kneter Frühjahrsmarkt

Der Frühjahrsmarkt wird alljährlich am 3. Wochenende im April veranstaltet.

Kneter Herbstmarkt

Regelmäßig am 2. Wochenende im Oktober findet der Herbstmarkt statt. An ihn angeschlossen ist ein sogenannter Bauernmarkt mit ländlichen Produkten und einer zünftigen Atmosphäre.

Nikolausmeile

Am 1. Advent wird zur Nikolausmeile geladen. Dieses bunte Treiben begrüßt den Heiligen St. Nikolaus und ist besonders für die kleinen Gäste ein aufregendes Erlebnis.
Ahlhorner und Huntloser Weihnachtsmarkt: Der Ahlhorner Weihnachtsmarkt findet am 2., der Huntloser Weihnachtsmarkt am 3. Advent statt. Beide verbreiten mit ihren verschiedenen Ständen und Leckereien eine besondere vorweihnachtliche Stimmung.

Ausflugsziele

Bruchhausen-Vilsen: (70 km Entfernung) Hier findet man die erste Museumseisenbahn Deutschlands. Info-Tel. 04252/391-111.
Cloppenburg: (25 km Entfernung) Freizeitbad: Info-Tel: 04471/2218; Museumsdorf: Info-Tel. 04471/94840; Thülsfelder Talsperre: Tel. 04471/15-256; Tierpark Thüle: Tel. 04495/255.
Harpstedt: (25 km Entfernung) Eingeladen wird zu einer Eisenbahnfahrt mit der historischen Kleinbahn „Jan Harpstedt", Info-Tel. 04244/820.
Hatten: (20 km Entfernung) Näheres ist unter „Hatten" zu finden.
Hude: (40 km Entfernung) Hier ist die Ruine des Zisterzienserklosters besonders sehenswert. Info-Tel. 04408/921350.
Oldenburg: (30 km Entfernung) Näheres ist unter „Oldenburg" zu finden.
Wildeshausen: (15 km Entfernung) Näheres ist unter „Wildeshausen" zu finden.

Hambergen

(Landkreis Osterholz)

Hambergen wurde nach der Hamme benannt, die in einem großen Bogen den Ort westlich und nördlich umfließt. Die schrift-

Heimatverein Hambergen

lich überlieferte Geschichte Hambergens begann mit der ersten urkundlichen Erwähnung in einem Register der Einnahmen des Erzbischofs Adelbert von Bremen (1043-1072), in dem es hieß, daß „Ambergen" das kleinste von fünfzig Herrengütern des Erzbischofs sei. Die vorgeschichtlichen Funde belegen jedoch, daß der Ort viel älter sein muß, als die geschichtlichen Daten besagen. Politisch gehörte Hambergen früher zum Erzbistum Bremen. Mit dem Westfälischen Frieden ging Hambergen im Jahre 1648 an die Schweden, die das Land schon einige Jahre besetzt hielten. 1712 wurden die Herzogtümer Bremen und Verden dänisch, 1715 kam das gesamte Gebiet zu Hannover und im Jahr 1866 zu Preußen. Die heutige Samtgemeinde Hambergen wurde im Jahr 1974 aus den Gemeinden Axstedt, Hambergen, Holste, Lübberstedt und Vollersode gebildet.

Information: Rathaus, Bremer Straße 2, Tel.: 04793/78-0, -14 oder -18.

Sehenswertes

Kirche

Die Hambergener Cosmae-Kirche wurde im Jahre 1752 im Barockstil erbaut und 1998 aufwendig renoviert. Viele kleine Details, wie z.B. die hübschen Schnitzereien am Altar, warten darauf, vom Auge des Besuchers entdeckt zu werden. Lage: Ortsmitte.

Mühle in Lübberstedt

Moorkate und Heimatmuseum

Von der Zeit und dem Leben der Moorbauern erzählt die Museumsanlage mit Moorkate und Heimatmuseum im Hambergener Ortsteil Ströhe-Spreddig. Einmal im Jahr, meist am 2. Wochenende im September, finden dort Handwerkertage statt: Alte Handwerkskünste werden unter Verwendung von Originalwerkzeugen vorgeführt. Info-Tel.: 04793/1201. Adresse: Sandstraße 32a.

Mühle

Die noch voll funktionsfähige Mühle der Gemeinde Lübberstedt ist seit ihrer Erbauung im Jahre 1872 im Besitz der Familie Bullwinkel. Heute ist die Lübberstedter Mühle eine Rarität, weil sie der einzige, noch vollständig einsatzfähige Durchfahrtsholländer auf der Osterholzer Geest ist. Sie kann zu bestimmten Zeiten besichtigt werden. Info-Tel.: 04793/2373. Lage: Mühlenstraße in Lübberstedt.

Ziegel- und Klinkerwerk

Ein ganz besonderes Erlebnis ist eine Führung durch das im Jahre 1897 gegründete Ziegel- und Klinkerwerk in Hambergen. Hier kann man verfolgen, wie Ziegel entstehen. Der „Hamberger Ton" wurde von einer 20 Meter dicken Schicht Moorerde überlagert. Heute ist „Hamberger Klinker" ein bekanntes Markenzeichen. Info-Tel.: 04793/930114.

Kunstpark

Im Kunstpark St. Eden in der Gemeinde Holste kann man Arbeiten des Künstlers Herbert Bodzin besichtigen. Außerdem besteht die Möglichkeit, mit dem Künstler persönlich ins Gespräch zu kommen. Info-Tel.: 04748/7381.

Freizeitangebote

Wandern/Radfahren

Die vielfältige Landschaft mit Wald, Geest und Moor ist ideal mit dem Fahrrad oder zu Fuß zu erkunden. Es gibt zahlreiche, gut ausgeschilderte Rundwege, die die Landschaft erschließen. Besonders zu empfehlen ist ein Spaziergang auf dem Vorgeschichtspfad in Seemoor bei Steden. Hier begibt man sich auf die Spuren der Geschichte der Gemeinde Holste, wo verschiedene Grabstätten aus der Jungsteinzeit, der Bronze- und Eisenzeit und der römischen Kaiserzeit Aufschluß über eine prähistorische Besiedelung der Region geben.

Fahrradvermietung

In der Bahnhofstraße 100 in Hambergen gibt es eine Fahrradvermietstation. Tel.: 04793/8983.

Reiten

Der Reit- und Fahrverein in Hambergen ist unter Tel.: 04793/2123 zu erreichen. Er erteilt nähere Auskünfte für Reitsport-Interessenten.

Golf

Wenn Sie sich für den Golfsport interessieren, können Sie sich an folgende Adresse wenden: Golfclub Worpswede, Giehlermühlen in Vollersode, Tel.: 04793/7313.

Schwimmen

Der Badesee der Gemeinde Holste lädt an Sommertagen zu einer Erfrischung im kühlen Naß ein. Bei schlechtem Wetter bzw. im Winter steht dem Besucher das Hallenbad in Hambergen zur Verfügung. Öffnungszeiten: Mo, Di, Mi 15.00-20.30 Uhr; Do 16.00-20.30 Uhr, Fr 14.00-19.00 Uhr, Sa 14.00-18.00 Uhr, So 8.00-16.00 Uhr. Tel.: 04793/534.

Fliegen

Auf dem Segelflugplatz in Holste besteht die Möglichkeit zum Drachen- und Segelfliegen. Info-Tel.: 04748/2421.

Amtshof im ehemaligen Wasserschloß

Harpstedt

(Landkreis Oldenburg)

Die Samtgemeinde Harpstedt liegt mit den Orten Beckeln, Colnrade, Dünsen, Harpstedt, Groß Ippener, Kirchseelte, Prinzhöfte und Winkelsett im größten zusammenhängenden Waldgebiet Nordwestdeutschlands zwischen Delmenhorst, Wildeshausen und Bassum. Sie ist ein staatlich anerkannter Erholungsort in der Wildeshauser Geest. Weite Felder, gelber Raps, Birkenalleen, Hochwälder und die Delme prägen das Landschaftsbild. Am ihrem Ufer befindet sich der Flecken Harpstedt, der schon im Mittelalter ein Marktflecken war. Erstmals

Heutiges Rathaus der Samtgemeinde Harpstedt

urkundlich erwähnt wurde Harpstedt im Jahre 1203. Im 18. Jahrhundert wurde der Ort durch eine Feuersbrunst fast vollständig zerstört. Wiederaufgebaut wurde Harpstedt in der Art des Barock mit breiten, rechtwinklig verlaufenden Straßen, die vor Feuer schützen. Information: Tourist-Information der Samtgemeinde Harpstedt, Amtsfreiheit 1, Harpstedt, Tel.: 04244/820 oder Verkehrs- und Verschönerungsverein Harpstedt, Tel.: 04244/1008.

Ortsführungen

Sachkundige Gästeführer/innen bieten Ortsbesichtigungen an. Information und Buchung: Tourist-Information der Samtgemeinde Harpstedt, Tel.: 04244/820.

Sehenswertes

Amtshof

Der Amtshof, eine frühere Wasserburg, ist heute historisches Rathaus der Samtgemeinde Harpstedt. Die Wasserburg konnte im Jahre 1739, als eine Feuersbrunst den Ort zerstörte, gerettet werden und ist bis heute der letzte Zeuge aus der Zeit vor der Brandkatastrophe. In den Jahren 1741 bis 1744 wurde auf den Fundamenten des wegen Baufälligkeit abgebrochenen Schlosses der heutige Amtshof errichtet.

Windmühle

Die Windmühle ist eine bauliche Erinnerung an vergangene Zeiten. Der Galerieholländer aus dem Jahre 1870 ist noch voll funktionstüchtig. Wer sich für alte Mühlen interessiert, kann die Windmühle in der Freistraße 13, Harpstedt, von außen besichtigen.

Prähistorische Funde

Ein vorgeschichtliches Kulturdenkmal aus der Bronzezeit sind die berühmten Harpstedter „Sonnensteine“. Man findet sie vor dem Amtshof und im Roselius-Museum in Worpswede. Es sind zwei flache Steine von unregelmäßiger Form und etwa einem Meter Durchmesser, in die auf der flachen Seite zwölf konzentrische Ringe eingeritzt sind. Wahrscheinlich waren die Steine an urzeitlichen Kultstätten aufgestellt und dienten der Sonnenverehrung. Sie belegen, daß die hier früher lebenden Menschen in einem viel höheren Maß als wir vom Wetter und den Jahreszeiten abhängig waren. Voller Sehnsucht erwarteten unsere Vorfahren im Winter das allmähliche Längerwerden der Tage und den immer mehr sich vergrößernden Kreis, den die Sonne um die Erde zu beschreiben schien, bis sie in der Mitte des Sommers den höchsten Stand erreichte, um dann wieder an kürzer werdenden Tagen und in kleiner werdenden Kreisen ihre Bahn zu ziehen. Symbolisiert werden diese Vorgänge, so nehmen namhafte Wissenschaftler an, durch die Ringe auf den Sonnensteinen.

Christuskirche

Die Christuskirche zu Harpstedt ist eine zwischen den Jahren 1742 und 1753 errichtete Barockkirche. Erst 1796 erhielt die Kirche eine Orgel. Und gerade 100 Jahre ist es her, daß der Kirchturm vollendet wurde. Man errichtete ihn allerdings nicht, wie ursprünglich vorgesehen, mit einer niedrigen barocken Kuppel, sondern mit dem hohen spitzen Helm, der seit einem Jahrhundert als weithin sichtbares Wahrzeichen des Fleckens gilt. Die Christuskirche kann nach Absprache mit den Gästeführer/innen (siehe „Ortsführung“) besichtigt werden.

Freizeitangebote

Angeln

Über Angelmöglichkeiten und -plätze informiert der Angelsportverein Harpstedt e.V. Tages-, Wochenend- und Monatskarten sind bei der Esso-Tankstelle, Amtsfreiheit 25, Tel.: 04244/393 erhältlich.

Wandern/Radfahren

Das weite, ebene Land eignet sich hervorragend für Rad- und Wandertouren. Zahlreiche gut ausgebaute Wege ermöglichen erholsame Touren und Ausflüge, z.B. zu den Reckumer Steinen, einem Großsteingrab aus der Jungsteinzeit. Besonders reizvoll ist ein Abstecher in eine der letzten unverfälschten Urlandschaften: das geheimnisvolle Wunderburger Moor. Zu empfehlen sind auch einsame Waldspaziergänge, zu denen man in dem riesigen Waldgebiet zu jeder Jahreszeit Gelegenheit hat.

Fahrradverleih

Anschrift: 12-Personen-Super-Fahrrad – Fahrradvermietung „Schnelle Kette“, Harpstedt, Tel.: 04244/7676.

Schwimmen

Schwimmen kann man während der Sommermonate im beheizten Rosenfreibad in Harpstedt.
Öffnungszeiten: Mo-Fr 6.30-8.00 Uhr Frühschwimmen, Mo-Fr 9.00-20.00 Uhr, Sa und So 9.00-19.00 Uhr.

Reiten

Wer sich für den Reitsport interessiert, kann sich an folgende Adressen wenden: Reit- und Fahrverein Samtgemeinde Harpstedt e.V., Wildeshauser Straße, Harpstedt, Tel.: 04244/1023; Reitertreff Busch, Hauptstraße 11, Prinzenhöfte, Tel.: 04244/382; Reitclub „Sport“, Dorfstraße 5, Harpstedt, Tel.: 04244/7108; Rennstall und Gestüt Lentz, Dorfstraße 14, Dünsen, Tel.: 04244/7973;

Dampfzug der Delmenhorst-Harpstedter Eisenbahnfreunde

Reitclub „Sport Harpstedt“, D. Kracke, Hopfenweg 21, Tel.: 04244/2226.

Minigolf

Am Freibad in Harpstedt liegt die 18-Felder-Turnieranlage „Europa-Bahn“. Öffnungszeiten: bei trockenem, schönem Wetter Mai bis September: Sa und So ab 13.00 Uhr und nach Anmeldung, in den Sommerferien täglich ab 13.00 Uhr, Tel.: 04244/1008.

Kremserfahrten

Bei einer Kremserwagenfahrt lernt man die Reize der Landschaft kennen. Wer also keine Lust hat, sich auf einen „Drahtesel“ zu schwingen, der hat hier die Möglichkeit, sich entspannt zurückzulehnen und die Fahrt durchs Grüne zu genießen. Information: Nienaber und Gröper, Stettiner Straße 6, Harpstedt, Tel.: 04244/7676.

Fahrt mit der Museumseisenbahn

Die historische Kleinbahn „Jan Harpstedt“ und die Dampflok DHEF 1 laden zu einer nostalgischen Fahrt durch die abwechslungsreiche Landschaft ein. Die Bahn hält auf ihrem Weg von Harpstedt nach Delmenhorst auch in Kirchseelte und in Dünsen. Es besteht die Möglichkeit, Gesellschaftsfahrten zu unternehmen.
Informationsmaterial zu Sonderveranstaltungen und den planmäßigen Museums-

bahnfahrten oder zum Verein DHEF erhalten Sie bei: Delmenhorst-Harpstedter Eisenbahnfreunde e.V., Postfach 1236, 27732 Delmenhorst, Tel.: 04244/2380, Fax: 0421/412770.

Feste und Veranstaltungen

Die Highlights des Jahres sind der Harpstedter Maimarkt, das Harpstedter Bürgerschützenfest zu Pfingsten und der Harpstedter Herbstmarkt im September. Nähere Informationen zu aktuellen Festivitäten gibt die Tourist-Information der Samtgemeinde Harpstedt.

Hatten

(Landkreis Oldenburg)

In einer der landschaftlich reizvollsten Gegenden des Oldenburger Landes, im Naturpark Wildeshauser Geest, liegt die Wald- und Erholungsgemeinde Hatten mit ihren Hauptorten Sandkrug, Sandhatten und Kirchhatten. Der Naturpark Wildeshauser Geest ist einer der größten Naturparke Deutschlands. Er bietet eine einzigartige Kombination vielfältiger Landschaftselemente. Man findet Moore, Heide und Geestlandschaften, die an fruchtbare Äcker und Felder grenzen, sowie typisch traditionelle Bauernhöfe. Überall stößt der Besucher auf Überreste des Altertums. Grabanlagen, Gerichtsstätten und alte Kirchen sind Zeugen einer vergangenen Kultur, zum Teil Jahrtausende v.Chr. Erstmals urkundlich erwähnt wurde Hatten unter der Bezeichnung „Hahtho“ gegen Ende des 9. Jahrhunderts. Im Jahre 1050 gehörte der Ort zum ammerländischen Wiefelstede und kam dann zu Ganderkesee. Die erste eigene Kirche besaß Hatten bereits um 1195 und wurde deshalb im Gegensatz zu Sandhatten schon damals Kirchhatten genannt. Dort besaß der Kreuzfahrer Graf Christian v. Oldenburg eine wehrhafte Burg. Auch bei Sandhatten existierte eine Burg, die den Namen Leuchtenburg trug. Diese Burgplätze belegen die Bedeutung des Ortes, die mit der günstigen geographischen Lage zusammenhängt: Hatten liegt einerseits an der Hunte und andererseits an der alten Gabelung des Weges von Oldenburg nach Bremen und Wildeshausen. Aber der Gemeinde blieben auch schwere Zeiten mit blutigen Kämpfen, Bränden und Fehden nicht erspart. Im Jahre 1681 kaufte der Amtsvogt Schreiber das Gut Hatten, welches 96 Jahre später wieder verkauft wurde. Bedeutung erlangte Hatten vor allem dadurch, daß sich hier bis zum Jahre 1804 der Sitz einer Vogtei befand. Information: Gemeinde Hatten, Hauptstraße 21, 29209 Hatten-Kirchhatten, Tel.: 04482/922266.

Sehenswertes

Besonders sehenswert sind die Ansgarikirche in Kirchhatten und die Dorfkirche in Sandkrug. Nicht versäumen sollten Sie außerdem einen Besuch des Willerschen Hauses am Marktplatz in Kirchhatten, das wegen seiner reizvollen Deckenmalerei bekannt ist. Historisch bedeutsame Sehenswürdigkeiten sind das Hünengrab in Sandhatten, die Nachbildung einer Thingstätte und die Franzosenbrücke in Dingstede sowie das Russische Dorf in Kirchhatten (Sandkruger Straße 25, Tel.: 04482/8400). Sehenswert sind auch uralte Megalithen und heidnischen Kultstätten, die noch heute

Zeugen einer langen und zum Teil verborgenen Geschichte sind.

Schmiede- und Druckereimuseum

Besonders interessant sind das Schmiedemuseum in Hatterwüsting und das Druckereimuseum in Sandkrug. Letzteres zeigt eine einzigartige Ausstellung von originalgetreu restaurierten Druckmaschinen, Handsatzeinrichtungen und vielen Originalstücken aus den Jahren 1870 bis 1930. Öffnungszeiten: Schmiedemuseum: täglich von 13.30-23.00 Uhr, Druckereimuseum: Di u. Do 10.00-13.00 Uhr, 15.00-18.00 Uhr, So 14.00-18.00 Uhr, Astruper Str. 42, Tel. 04481/6903.

Galerien

Sandkrug bietet viele kleine Restaurants, Cafés, Geschäfte und Galerien. Hier einige Beispiele: Galerie „werkstatt vierinzwanzig", Poststraße 20, Sandkrug, Tel.: 04481/98632, Öffnungszeiten: Mo-Fr 8.30-12.00 Uhr, Do 14.00-17.00 Uhr. Atelier 5, Huntloser Straße 5, Sandhatten, Tel.: 04482/8132, Öffnungszeiten: 11.00-18.00 Uhr. Galerie Zebra, Heidepfad 16, Hatten, Tel.: 04481/1004, Öffnungszeiten: So 11.00-18.00 Uhr, Mi und Do 16.00-19.00 Uhr. Kunst und Kunsthandwerk-Ausstellungen werden im Foyer des Hattener Rathauses gezeigt. Anschrift: Haupstraße 21, Tel.: 04482/922202, Öffnungszeiten: Mo-Fr 8.30-12.00 Uhr, Do 14.00-17.00 Uhr.

Die Osenberge

Die Osenberge sind eine Attraktion Sandkrugs. Diese Berge sind eigentlich eine Dünenlandschaft, die mitten im Barneführer Holz liegt. Die höchsten Erhebungen sind die „Steile Wand" und der „Kistenberg" mit einer Höhe von ca. 25 Metern.

Freizeitangebote

Freizeitzentrum

Das Freizeitzentrum besteht nicht nur aus dem Freibad, sondern ist auch einer der bekanntesten Veranstaltungsorte im Oldenburger Land. Hier besteht die Möglichkeit, Tennis, Minigolf oder Volleyball zu spielen oder einfach in einem der Strandkörbe zu relaxen. Darüber hinaus werden Trimm-Dich-Parcours, eine BMX-Radsportanlage, Reiten, ein Fahrradverleih, Angeln sowie Flugzeug-, Ultralight-, Ballon- und Helikopterrundflüge angeboten. Adresse: Kreyenweg 9, Kirchhatten, Tel.: 04482/922239. Öffnungszeiten: Mai bis September.

Wandern/Radfahren

Die 150 Kilometer langen und gut ausgebauten Wander- und Radwege bieten einen abwechslungsreichen Pfad durch die Natur. Knorrige Eichen, die Flußlandschaft der Hunte, dichter Wald sowie die Osenberge überraschen den Wanderer mit ihren reizvollen Eigenheiten. Wer sein Fahrrad gerne mitbringen oder am Ende einer Radtour samt Fahrrad abgeholt werden möchte, der kann einen umgerüsteten Miet-Omnibus unter der Tel.: 0441/9366121 oder 04482/922-266 ordern. Darüber hinaus lädt ein Walderlebnispfad in Schierenbuchen zu einem informativen Spaziergang ein. Dieser 1,5 Kilometer lange Pfad führt durch die Natur und gibt mit anschaulichen Bildtafeln an Ort und Stelle Hinweise und Erklärun-

Erholung im Oldenburger Land: Freizeitzentrum Hatten

gen. Der Pfad befindet sich in dem ca.15 Hektar großen Forstort Schierenbuchen der Staatlichen Revierförsterei Hatten.

Kanufahrten

Wenn Sie an einer Kanufahrt auf der Hunte teilnehmen möchten, können Sie sich an folgende Adresse wenden: Yeti Sport & Reisen, Donnerschweer Straße 48, Oldenburg, Tel.: 0441/85685.

Feste und Veranstaltungen

Papierboot-Regatta

Die Regatta ist ein Wettkampf, bei dem es um Geldpreise und Pokale geht. Mitmachen kann jeder, ob jung oder alt, er muß nur ein Boot bauen und darin sitzend eine 50 Meter lange Strecke zurücklegen. Die originellen und phantasievoll gestalteten Schiffe sorgen dafür, daß nicht nur die Teilnehmer, sondern auch die Zuschauer ihren Spaß haben.

Frühkonzerte

Frühkonzerte finden in der Zeit von Mai bis August regelmäßig am Sonntagmorgen von 11.00-12.30 Uhr statt.
Nähere Informationen zu den Veranstaltungen erteilt das Fremdenverkehrsbüro der Gemeinde Hatten unter der Tel.: 04482/922-266.

Hude

(Landkreis Oldenburg)

Die Wurzeln Hudes reichen zurück ins Jahr 1232. Damals errichteten Zisterziensermönche im Oldenburger Land ein Kloster, aus dem später die Ortschaft Hude hervorging. Hude liegt im Naturpark Wildeshauser Geest und bietet somit beste Erholungsmöglichkeiten. Information: Gemeinde Hude, Parkstraße 53, Tel.: 04408/ 9213-50.

Sehenswertes

Wenn Sie sich für historische Kirchen und Bauten interessieren, sollten Sie der St. Dionysius-Kirche und der Klosterruine in Hude einen Besuch abstatten. Noch heute ist die Klosterruine stummer Zeuge einer längst vergangenen Zeit und Denkmal von nationaler Bedeutung. Den imposanten Mittelpunkt der Ruine bilden die Überreste der im 16. Jahrhundert abgerissenen ehemaligen Klosterkirche. Als einziges Klosterbauwerk blieb die einstige Torkapelle und heutige Eilsabethkirche in ihrer ursprünglichen Form erhalten. Ein Besuch im angeschlossenen Museum, das eine „Sammlung zur Klostergeschichte" beherbergt, ist unbedingt zu empfehlen. Im alten Klosterbereich steht darüber hinaus eine noch vollständig erhaltene, historische Wassermühle. In der hier beheimateten und überregional bekannten Galerie Klostermühle stellen internationale Künstler ihre Werke aus. Sehenswert sind außerdem die Ausstellung im Heimatmuseum „Vielstedter Bauernhaus", der artesische Brunnen und der Huder Skulpturenweg, auf dem auch der Erwachsene kindlichen Entdeckergeist und Neugierde entwickeln kann.

Freizeitangebote

Wandern/Radfahren

Der malerische Ort Hude lädt ein, durch den dörflich geprägten Ortskern zu schlendern oder sich aufs Fahrrad zu schwingen und die idyllische Umgebung auf den gut ausgebauten Radwegen zu erkunden. Wer gerne wandert, sollte eines der größten Eichenreviere Norddeutschlands, den Hasbruch, besuchen. Hier warten unzählige Sand- und Waldwege darauf, erkundet zu werden. Wenn Sie plötzlich vor einem mächtigen knorrigen Baumriesen stehen, könnte es sich um die ca. 1200jährige „Friederiken-Eiche" handeln, die hier den norddeutschen Winden trotzt. Weitere Wanderwege finden Sie im Staatsforst Reiherholz, im Staatsforst Klaushau, in den Hemmelsberger Fuhren, in der Wildbahn, am Sandersfelder und am Tweelbäker See. Für „Hobby-Astronomen" ist der Planeten-Lehrpfad zwischen Hude und Wüsting ein absolutes „Muß". Hier darf man sich auf einen informativen Spaziergang durchs All freuen, der mit der „Sonne" in Hude endet.

Angeln

Die zahlreichen Angelgewässer rund um Hude sind ein Paradies für Petrijünger. Information: Fischerverein Hude, Tel.: 04408/1811; Fischerverein Wüsting, Tel.: 04484/622.

Reiten

Große und kleine Reiter kommen auf den hervorragend angelegten Sandwegen in der bezaubernden Landschaft der Wildeshauser Geest voll auf ihre Kosten. Besonders zu empfehlen ist der Staatsforst Klaushau mit seinen ausgeschilderten Reit- und Kutschwegen.
Information: Reitclub Hude, Tel.: 04484/1450; Reitverein Huder Pferdehof e.V., Tel.: 04221/912740; Reitverein Holle-Wüsting, Tel.: 04484/373.

Surfen

Der Tweelbäker See ist für Surfer ein leichtes Revier. Hier können Anfänger ihre ersten Übungen machen. Da man von Hude schnell an der Nordseeküste ist, finden auch Fortgeschrittene ihren „Surf-Spot".

Schwimmen

Schwimmen kann man im Hallenbad Hude, Auf dem Klüterort 13, Tel.: 04408/2202; Öffnungszeiten: montags bleibt das Bad geschlossen, Di 6.30-21.30 Uhr, Mi 15.30-20.00 Uhr, Do 15.30-21.30 Uhr, Fr 6.30-21.30 Uhr, Sa 13.00-18.00 Uhr, So 9.00-12.00 Uhr. Besonders reizvoll ist in den Sommermonaten ein Bad im Waldschwimmbad/Freibad Hude, Linteler Straße 1, Tel.: 04408/7484; Die aktuellen Öffnungszeiten sind kurzfristig zu erfragen. Wer Wert auf besonders warmes Wasser legt, dem steht das Warmwasserschwimmbad im Seniorenzentrum, Am Sonnentau 41, Tel.: 04408/9250 zur Verfügung.

Fliegen

Der Luftsportverein Hude, Tel.: 04408/2347 informiert Sie über die Möglichkeiten des Fliegens.

Golf

Im Jahr 1998 wurde die 9-Loch-Anlage in Hude eröffnet. Im Frühjahr des Jahres 1999 wurden außerdem eine 18-Loch-Anlage und das Vereinsheim fertiggestellt. Anschrift: Golfplatz Hude, Hurreler Straße.

Feste und Veranstaltungen

In Hude gibt es zahlreiche Festlichkeiten, z.B. das Frühlingsfest, das Bürgerfest, den Weihnachtsmarkt, die Scheunenfete, die Country-Nacht und die Friesenfete. Über die genauen Termine informiert Sie die Gemeinde bzw. der Veranstaltungskalender.

Jade

(Landkreis Wesermarsch)

Jade ist eine ländliche Gemeinde in der nördlichen Wesermarsch. Sie liegt am Jadefluß und gut zwölf Kilometer vom Jadebusen entfernt. Der jetzt nur noch der Entwässerung dienende Fluß schlängelt sich durch das gesamte Gemeindegebiet und mündet am großen Mündungsschöpfwerk Wapelersiel in den Jadebusen. Die Ortschaft Jaderberg entwickelt sich immer mehr zum zentralen Punkt der Gemeinde. Wer heute durch Jade fährt, wird wohl kaum mehr vermuten, daß hier einmal eine Burg stand. Sie diente den Grafen von Oldenburg im Kampf gegen die Rüstringer Friesen, später den Seeräubern als Versteck. Aus frühen Zeiten stammt auch der „Jader alten Deich“, von dem nicht mehr als hier und da eine Bodenwelle geblieben ist. Information: Gemeinde Jade, Jader Straße 47, Tel.: 04454/899-0.

Sehenswertes

Tier- und Freizeitpark

Jaderberg ist durch seinen Zoo bekannt geworden, der aus einem Gehege für kranke Wildtiere entstanden ist. In gepflegten Anlagen leben zahlreiche Tiere aus aller Welt. Bei Kindern erfreut sich die Streichelwiese besonderer Beliebtheit, denn hier können Ponys, Ziegen, Kaninchen und viele andere zum Teil freilaufende Tiere gefüttert und gestreichelt werden. Ein Besuch ist schon im Frühjahr lohnenswert, da dann die meisten Tiere Nachwuchs haben. Öffnungszeiten: Mitte März bis Ende Oktober, 9.00-18.00 Uhr; Tel.: 04454/1515.

Nationalpark Wattenmeer

Vor der direkt hinter dem Deich liegenden Ortschaft Sehestedt liegt das Naturschutzgebiet „Schwimmendes Moor“. Das „Schwimmende Moor“ ist der Rest eines Hochmoores, das bis zum 12. Jahrhundert den größten Teil des Jadebusens ausfüllte. Es ist das einzige Hochmoor Europas, das vor dem Deich liegt und direkten Kontakt zum Meer hat. Bei hoch auflaufenden Sturmfluten hebt es sich vom Untergrund ab und „schwimmt“. Wegen seiner besonderen Pflanzenwelt (Salz- und Moorpflanzen wachsen auf engstem Raum) wurde es unter Naturschutz gestellt. Es ist ein Naturdenkmal von allerhöchstem Wert, in dem sich Vögel unterschiedlichster Lebensräume ein Stelldichein geben. Auskunft: Gemeinde Jade, Ferienland am Jadebusen, Kirchenstraße 23, Jade, Tel.: 04455/1458 oder Nationalparkverwaltung, Tel.: 04421/4080 oder Landkreis Wesermarsch, Naturschutzbehörde, Tel.: 04401/15-0.

Blaudruckerei

Schon 500 v.Chr. berichtet Herodot von der Kunst des Blaudruckens. Der teure Farbstoff Indigo kam aus dem fernen Indien. Es wurde auch versucht, den Farbstoff aufwendig aus Waid zu gewinnen. Indigo und Waid wurden erst im Jahre 1890 durch synthetische Farbstoffe abgelöst. Heute gibt es nur noch sehr wenige Blaudruckereien, die noch nach der alten Methode arbeiten. Das Blaudrucken galt früher als Hexerei. Daher stammt die Redewendung „Du wirst Dein blaues Wunder erleben“. Wer sich gern selbst von dieser „Hexerei“ überzeugen möchte, sollte einen Besuch auf dem Schönhof nicht versäumen. Anschrift: H. Schönhof, Bundesstraße 97, Jade, Tel.: 04455/918010 oder H. Melle, Tel.: 05427/60600. Öffnungszeiten: Di-Fr 15.00-18.00 Uhr, Sa 10.00-18.00 Uhr, So 11.00-18.00 Uhr.

Trinitatiskirche

Die Trinitatiskirche wurde in den Jahren 1524/25 umfassend erneuert. Besonders sehenswert im Inneren ist die Orgel aus dem Jahre 1739, erbaut von Johann Diedrich Busch, einem Schüler Arp Schnittgers. Die Kanzel entstand im Jahre 1641 und stammt von einem Nachahmer Ludwig Münstermanns. Besichtigung und Information: Tel.: 04454/212, Adresse: Kirchweg 10, Jade.

Strandbad Sehestedt

Schöpfwerk und Siel

Im Mündungsschöpfwerk Jade-Wapel dienen vier Pumpen der Wasserregulierung von ca. 19.500 Hektar Marschenland. Das Mündungsschöpfwerk und das Sielbauwerk aus den Jahren 1962 bis 1965 geben das Wasser über ein ca. sieben Kilometer langes Außentief ab, welches mit einem sogenannten Stromräumboot von Verschlickungen durch die Gezeiten freigehalten wird. Sielbauwerke haben Stemmtore, die sich bei auflaufendem Wasser durch den entstandenen Druck selbsttätig schließen, etwa wie ein Ventil. Als zweite Deichsicherung befindet sich im Hubtorgebäude in Norderschweiburg ein Hubtor, das nur bei Entwässerung geöffnet, sonst aber geschlossen gehalten wird. Durch dieses Sielbauwerk werden ca. 2.200 Hektar Fläche entwässert. Auskunft: Tel.: 04451/5918.

Infohaus „Kaskade"

Im alten Speicherpumpwerk Diekmannshausen hat der OOWV ein Infohaus eingerichtet. Auf sechs Ebenen werden der Umgang und die Versorgung der Bevölkerung mit Wasser von der Vergangenheit bis in die Gegenwart mit einem Blick auf die Zukunft anschaulich dargestellt. Eine Besichtigung ist nach Anmeldung möglich, Tel.: 0441/ 916-156.

Freizeitangebote

Schwimmen

Ein Bad in der Nordsee ist eine gesunde und erfrischende Angelegenheit. Besonders attraktiv ist das Strandbad Sehestedt. Auch Vierbeiner kommen am separaten Hundestrand voll auf ihre Kosten. Wer sich im Strandbad aufhält, wird Zeuge des Gezeitenwechsels: Alle sechs Stunden läuft das Wasser auf und wieder ab, gibt es Ebbe und Flut. Von Anfang Mai bis Ende September ist Badesaison. Wer lieber in wärmerem Wasser schwimmt, dem steht das Freizeit-, Schwimm- und Spaßbad in Rönnelmoor zur Verfügung.

Wandern/Radfahren

Wer das Jader Land näher kennenlernen möchte, schwingt sich am besten auf das Fahrrad. Abseits von Dörfern und Straßen, auf den Wegen am Deich ist man mitten in der Natur, in einer Landschaft, die Einheimische und Besucher immer wieder neu verzaubert. Wer möchte, kann sich nach einer ausgearbeiteten Tour bei der Gemeindeverwaltung erkundigen. Besonders zu empfehlen ist die „Deutsche Sielroute“, ein ca. 200 Kilometer langer Rundkurs durch die Wesermarsch. Auskünfte erteilt die Gemeinde Jade.

Kulturelles

Sehenswerte Ausstellungen und Galerien: Künstlerhaus Jan Oeltjen e.V., Bahnhofstraße 4, Tel.: 04454/8229; Galerie Schönhof, Bundesstraße 97, Tel.: 04455/918010.

Feste und Veranstaltungen

Auf dem Programm stehen ein Schützenfest im Mai in Jaderberg, ein Schützenfest im September in Rönnelmoor, ein Feuerwehrfest im Juni in Schweiburg und ein Feuerwehrfest im Mai in Jade.

Lemwerder

(Landkreis Wesermarsch)

Lemwerder ist die südlichste Gemeinde des Landkreises Wesermarsch. Sie liegt in typischem Marschenland, das durch schlickreiche Böden und durch tiefgründige Flachmoore gekennzeichnet ist. Die erste urkundliche Erwähnung geht zurück auf das Jahr 1063, als das noch unbesiedelte Gebiet „Aldenabrock“ durch König Heinrich IV. in den Besitz der Kirche überging. Mit der Errichtung des Weserdeiches um das Jahr 1100 begann die eigentliche Besiedelung des „Landes am Gestade“ – daher der Name „Stedingen“. Die Forderung übermäßiger Abgaben („Zehnt“) war Anlaß zur Fehde mit dem Erzbischof von Bremen und führte zum Freiheitskampf der Stedinger in der „Schlacht bei Altenesch“. Diese Schlacht unter Führung von Bolko von Bardenfleth, Thammo von Huntorp und Detmar vom Dieke gegen das übermächtige Kreuzfahrerheer des Erzbischofs forderte auf beiden Seiten viele Opfer.

Ein immer wiederkehrender Feind der Menschen war das Wasser. Über 50 Sturmfluten haben das Land schon heimgesucht. Von einer dieser Naturkatastrophen zeugt die im Jahre 1478 eingerissene „Nobiskuhle“ im Ortsteil Braake. Lemwerder hatte bereits im Mittelalter herausragende Bedeutung, als es um 1500 Gerichtssitz wurde. Eines der wichtigsten Kapitel der Gemeindegeschichte sind die Grönlandfahrten. Von 1500 bis 1862 stellte Lemwerder den weitaus größten Anteil aller Eismeermannschaften für den Robben- und Walfang. Die Nachfahren fanden Arbeit in den stetig wachsenden Boots- und Schiffswerften am Stedinger Deich. Die Aufwärtsentwicklung wurde unterbrochen durch den 2. Weltkrieg. Schreckenstage waren der 18. März und der 8. Oktober 1943, als nach zwei Flugzeugangriffen 52 Todesopfer und umfangreiche materielle Schäden zu beklagen waren. Information: Gemeindeverwaltung, Stedinger Straße 51, Tel.: 0421/6739-0 oder -39.

Sehenswertes

St. Veit-Denkmal

Das St. Veit-Denkmal in Altenesch, das am 27. Mai 1834 eingeweiht wurde, erinnert an die Schlacht bei Altenesch am 27. Mai 1234. Hauptgrund für die Schlacht war die Aufhebung der Abgabefreiheit durch den Bremer Erzbischof, dessen Kreuzfahrerheer die Stedinger vernichtend schlug.

Ochtum-Sperrwerk

Die Ochtum ist mit der Unterweser verbunden und unterliegt dem Tideeinfluß. Der Betrieb des Sperrwerks macht eine ständige Tidebeobachtung nötig. Tiden, die das Mittelhochwasser um mehr als 0,3 Meter überschreiten, können bereits eine Sperrung erfordern. Die Bauarbeiten für das Ochtum-Sperrwerk begannen in den Jahren 1971/72. Am 2. Juni 1976 passierten die ersten Sportboote die neue Schleuse. Bis zu diesem Zeitpunkt wurde für die Schiffahrt eine bewegliche Brücke in der Zufahrtsstraße betrieben, die dann beseitigt werden konnte.

Kapelle am Deich

Die Kapelle wurde um 1300 auf einer Wurt für die ortsansässigen Seefahrer und ihre Familien erbaut. Sie ist vermutlich das älteste erhaltene Gebäude in Lemwerder. Der Glockenturm stammt aus dem Jahr 1652. Die Kanzel mit Inschrift und symbolischer „Tugenden“-Darstellung stammt aus dem Jahre 1586. Auskunft: Tel.: 0421/67664.

Heilig-Kreuz-Kirche

Die Heilig-Kreuz-Kirche in Bardewisch ist eine westfälische Hallenkirche, die im Jahre 1245 vom Zisterzienserorden erbaut wurde. Sehenswert in der dreischiffigen Kirche sind die mittelalterlichen Fresken, der Altaraufsatz aus dem Jahre 1764, der eichene Tauftisch aus dem 16. Jahrhundert sowie 16 Malereien an der Empore aus der Zeit um 1725.

Heilig-Geist-Kirche

Die im Jahr 1958 eingeweihte Heilig-Geist-Kirche in Lemwerder ist eine Pfarrkirche des Architekten Sunder-Plaßmann. Eine Innenrenovierung erfolgte im Jahr 1980 durch den akademischen Bildhauer Friedrich Press aus Dresden. Auskunft: Tel.: 0421/670019.

St. Gallus-Kirche

Diese dem St. Gallus geweihte Kirche wurde zum Gedenken an die Schlacht bei Altenesch am 27. Mai 1234 erbaut. Im Jahre

1299 wurde das Gotteshaus eingeweiht. Die heutige Kirche steht wahrscheinlich auf dem Massengrab der 6000 Stedinger, die in der Schlacht starben. Die Kanzel wurde von Ludwig Münstermann im Jahre 1720 errichtet, der hölzerne Turm schließlich 1790 angebaut. Die Glocke stammt vom bremischen Glockengießer Brand aus dem Jahr 1794. Sehenswert ist auch die 1795 von Georg Wilhelmi erbaute Orgel, wahrscheinlich die einzig erhaltene Wilhelmi-Orgel weltweit.

Ollenbrücke

Die Brücke über die Ollen, deren Erbauung bis ins Mittelalter zurückreicht und die bis zum heutigen Tag erhalten geblieben ist, verbindet in Bardewisch die Lechterseite mit der Brookseite.

Schwarzer Leuchtturm

Besonders sehenswert ist der schwarze Leuchtturm in Lemwerder. Er wurde im Jahre 1898 errichtet und 1983 außer Dienst gestellt. Er hat eine Höhe von 22,50 Metern. Die Plattform ist für Besucher nicht begehbar.

Ausblick

Vom Deich in Höhe des DJK-Vereinsheims bietet sich ein herrlicher Blick auf die an dieser Stelle 220 Meter breite Weser und den regen Schiffsverkehr. Auf der anderen Weserseite sind die Bremer Vulkan-Werft sowie die Weserpromenade in Vegesack zu sehen.

Freizeitangebote

Fährfahrt

Bereits im Mittelalter existierte eine Fähre zwischen Lemwerder und Vegesack. Allerdings wurde durch einen Vertrag zwischen Oldenburg und Bremen im Jahre 1576 bestimmt, „daß die Bremer die Fähre behalten sollten“. Die heutigen Fähren „Lemwerder“ und „Vegesack“ verrichten im Tag- und Nachtbetrieb ihren Fährdienst über die Weser als erste Weseruferverbindung unterhalb Bremens. Info-Tel.: 0421/ 602933.

Segeln

Besonders gute Segelmöglichkeiten bestehen auf der Weser und auf der Ochtum. Im Gemeindegebiet Lemwerder befinden sich zahlreiche Yachthäfen. Information: Yachthafen, Flughafenstraße, Tel.: 0421/632583; Wassersportclub Ochtum e.V., Tel.: 0421/ 230206; Wassersportverein Stedingen e.V., Tel.: 0421/679992.

Wandern/Radfahren

Auf den gut ausgebauten Radwegen kommen Radfahrer und Wanderer voll auf ihre Kosten. Radwanderkarten für den „Weserradweg“ und für die „Deutsche Sielroute“ sind erhältlich.

Feste und Veranstaltungen

Überregoinal bekannte Veranstaltungen sind z.B. das Drachenfest (jeweils am vierten Wochenende im August), der Nikolausmarkt (jeweils am ersten Samstag im Dezember) und die Fisch- und Trödelmärkte.

Lilienthal

(Landkreis Osterholz)

Direkt vor den Toren Bremens, am sogenannten Teufelsmoor, liegt die Gemeinde Lilienthal. Der Landschaftscharakter der Region im Teufelsmoor wird durch die drei Flüsse Wörpe, Wümme und Hamme mit ihren Niederungsgebieten bestimmt. Die Geschichte Lilienthals begann mit der Errichtung der „Antiqua Sidewendike", des Hauptdeiches gegen die Hochwasser des alten Wörpe-Ostarms. In den Jahren 800 bis 1106 wurden auf den ehemaligen Sanddünen des Weserurstromtals die ersten Wurthen angelegt und die Orte Trupe, Feldhausen und Wallerbroke (St. Jürgen) gegründet. Lilienthal selbst ist das Herz einer im Jahre 1232 von Zisterzienser-Nonnen errichteten

Fest in der Klosterstraße, mit Klosterkirche St. Marien im Hintergrund

Klostersiedlung. Nachdem sich das Kloster der Reformbewegung angeschlossen und die lutherische Lehre übernommen hatte, legte man die Klosterkirche mit der Pfarre in Trupe zur Kirchengemeinde Trupe-Lilienthal zusammen (1646). Im Jahre 1692 wurden die baufällig gewordenen Wohngebäude des Klosters abgerissen und der Klostergarten in den jetzigen Amtsgarten umgewandelt. Nachdem die Herrschaft über das Gebiet mehrmals wechselte (Lilienthal fiel an Bremen, an Schweden, an Dänemark und schließlich im Jahre 1719 an Hannover) wurde Lilienthal selbständige politische Gemeinde. In den Jahren 1750 bis 1764 wurden zahlreiche Kolonien im sogenannten Königsmoor gegründet, darunter die Ortschaften Worpshausen, Lüninghausen, Westerwede, Südwede, Worpheim und später (1803) Schrötersdorf. In der Zeit von 1782 bis 1816 war Johann Hieronymus Schroeter als Oberamtmann in Lilienthal eingesetzt. Er errichtete im Lilienthaler Amtsgarten mit insgesamt vier Observatorien die größte Sternwarte Europas. Schroeter zählte zu den hervorragendsten international bekannten Astronomen. In der Zeit von 1800 bis 1803 war Lilienthal mit der Errichtung eines Badehauses Kurbad geworden. Aber es kamen auch schlechtere Zeiten. So wurde Lilienthal am 21. April 1813 im Zuge einer Strafaktion während des Befreiungskrieges von französischen Truppen niedergebrannt. 67 Jahre später traf den Ort eine Hochwasserkatastrophe (1880/81), die einen Deichbruch im Niederblockland zur Folge hatte. Die heutige Gemeinde Lilienthal ist im März 1974 aus 37 ehemals selbständigen Dörfern und Einzelhöfen entstanden. Lilienthal, zentral gelegen im Kultur-Landschaftsdreieck Bremen – Worpswede – Fischerhude ist ein Ort mit „lebendiger Vielfalt". Information: Lilienthaler Gästeservice, Klosterstraße 21, 28865 Lilienthal, Tel.: 04298/929118, Fax: 04298/6547.

Ortsführungen

Der Lilienthaler Gästeservice hält verschiedene Angebote je nach Interessenschwerpunkt für Sie bereit. Zur Unterscheidung einzelner Routen ist jede mit einem anderen Titel versehen: Geschichte: „Von den Ursprüngen bis zur Klostergründung" und „Historischer Lilienweg". Kunst: „Kunstlandschaft Lilienthal". Astronomie: „Astronomische Stätten in Lilienthal". Natur: „Die Wümmeniederung zwischen Lilienthal und Bremen".

Sehenswertes

Klosterkirche St. Marien

Die Klosterkirche aus den Jahren 1248 bis 1262 ist erhalten geblieben. Sie ist in ihrer schlanken, hohen Form ein Musterbeispiel der norddeutschen Backsteingotik. Die frühe Gotik ist am schönsten in dem oberen Teil der Ostfassade erhalten geblieben. Das große Spitzenbogenfenster stammt erst aus dem Jahre 1865. Die Barock-Eingangstür geht auf die Erneuerungsmaßnahmen in der Mitte des 18. Jahrhunderts zurück. Ein Glockenturm fehlt, weil er gegen das Armutsgelübde der Zisterzienser verstoßen hätte. Nur ein Dachreiter war erlaubt. Bis auf ein kleines Gewölbe im Weinkeller unter dem neuen Rathaus, der heute gastronomisch genutzt wird, wurden die anderen Klostergebäude um 1632 abgerissen. Adresse: Klosterstraße 14. Einen Schlüssel zur Besichtigung der Klosterkirche bzw. Informationen zu einer Führung erhalten Sie beim Lilienthaler Gästeservice.

St. Jürgen-Kirche

Der Vorgängerbau der St. Jürgen-Kirche war eine im Jahre 865 vom Erzbischof Ansgar angelegte Schutz- und Wallfahrtskirche aus Sandstein. Sandstein galt als heiliger Stein. Erst später übernahm man im Kirchenbau den „profanen" Ziegel. Die heutige St. Jürgen-Kirche stammt aus dem Jahre 1180. Es handelt sich um eine typisch trutzige Dorfkirche, mit weißem Mauerwerk und einer starken Umfassung. Der Turm stammt wahrscheinlich erst aus dem 15. Jahrhundert. Im Mauerwerk befinden sich noch heute einzelne schwere Ringe, an denen früher die Boote der Kirchgänger zu Hochwasserzeiten festgemacht werden konnten. Adresse: St. Jürgen 1, Lilienthal-St. Jürgen.

Truper Kapelle

Die Truper Kapelle stammt aus dem Jahre 1180. Sie diente ursprünglich als Dorfkirche für Trupe und Feldhausen. Direkt daneben liegt das malerische Pfarrhaus, dessen Giebelinschrift vom großen Brand in Lilienthal am 21. April 1813 und den harten Zeiten unter französischer Herrschaft berichtet. Adresse: Trupe 3, Lilienthal-Trupe.

Amtsgarten

Der Amtsgarten ist der ehemalige Klostergarten der Zisterzienser-Nonnen. Er befindet sich im alten Ortskern Lilienthals, umgeben von der Klosterkirche, dem Rathaus und dem historischen Amtsgericht. Zu der Zeit, als der Garten noch unter Obhut der Nonnen stand, beherbergte er einen Heil- und Kräutergarten. In den Jahren 1781 bis 1816 hatte Oberamtmann und Astronom Dr. Johann Hieronymus Schroeter im Amtsgarten die berühmte Lilienthaler Sternwarte errichtet. Die Sternwarte Schroeters ist heute nicht mehr erhalten, aber eine Sonnenuhr und eine Sternwarten-Skulptur erinnern an das Wirken des Astronomen. Im Amtsgarten findet man ein kleines Hecken-Labyrinth, „Tulpen-Labyrinth". Von hier aus lassen sich schöne Spaziergänge ins nahe Klostergehölz und an den Mühlendeich an der Wörpe machen. Adresse: Klosterstraße.

Heimatmuseum

Das Heimatmuseum mit astronomischem Schroeter-Archiv steht auf den historischen Stätten des alten Klosters und der weltberühmten Sternwarte des Johann Hieronymus Schroeter. Interessant sind vor allem Materialsammlungen aus dieser Zeit, ein Modell der Sternwarte, alte Mondkarten, Aufzeichnungen Schroeters und die Ortsgeschichte Lilienthals. Vor dem Heimatmuseum ist ein Heil- und Kräutergarten nach dem Vorbild des einstigen Klostergartens angelegt worden. Adresse: Klosterstraße 16 b, Tel.: 04298/6011; Öffnungszeiten: So 11.00-12.00 Uhr sowie nach Vereinbarung unter der Tel.: 04298/2174.

Niedersächsisches Kutschenmuseum

Die im Niedersächsischen Kutschenmuseum in Trupe (gegründet 1977) ausgestellten 35 Fahrzeuge rufen Erinnerungen an ver-

Eingangsbereich zum Kulturzentrum „Murkens Gasthof" (Lilienthal)

Kutschenfahrt im St. Jürgensland, Lilienthal (oben); Reet-Ernte in Flußniederungen (unten)

Torfkahnfahrten ins Teufelsmoor

Hünengräber bei Osterholz-Scharmbeck (oben); am Marktplatz in Osterholz-Scharmbeck (unten)

gangene Zeiten wach. Vertreten sind vor allem Wagen, die in Lilienthal selbst gebaut wurden oder in der Gegend im Einsatz waren. Öffnungszeiten: April-Oktober So 11.00-12.00 Uhr; Tel.: 04298/8644. Adresse: Trupe 10, Lilienthal-Trupe.

Schulmuseum Lilienthal (alte Schule Falkenberg)

Das Erlebnis einer historischen Unterrichtsstunde in einer vollständig eingerichteten Schulklasse aus den 20er Jahren ist für alle Besucher beeindruckend. Sie nehmen Platz in alten Schulbänken mit Tintenfässern, schreiben wieder auf originalen Schiefertafeln mit Griffeln und üben in einem lebendigen Unterricht die schon fast vergessene alte deutsche Schrift. Die Sammlung wurde im Jahre 1979 begonnen. Zur Besichtigung empfiehlt es sich, telefonisch einen Termin zu verabreden, Tel.: 04298/2816. Adresse: Falkenberger Landstraße 67.

Hofanlage Lilienhof, Lilienthal-Worpshausen

Dem Besucher wird auf dem historischen Boden einer alten Moorkolonie aus der Zeit Findorffs eine vollständige Bauernhofanlage vorgestellt. Das wieder errichtete Bauernhaus stammt aus dem Jahre 1651. Daneben liegen das funktionsfähige alte Backhaus aus dem Jahre 1738, eine Scheune mit Wagenremise, ein Spieker, das mit historischem Arbeitsmaterial eingerichtete Handwerkerhaus sowie ein alter Schafstall. Traditionelles Handwerk und die plattdeutsche Sprache werden hier gepflegt und in vielen traditionellen Festen der Öffentlichkeit vermittelt. Der Verein „Worphüser Heimotfrünn“ errichtete die Hofanlage im Jahr 1977. Öffnungszeiten: 1. Mai-24. Oktober So 15.00-17.00 Uhr, sowie nach Vereinbarung, Tel.: 04792/7679. Das Handwerkerhaus auf dem Lilienhof, gegründet vom Verein „De oll´n Handwarkers...“, ist unter der Tel.: 04208/1853 zu erreichen. Öffnungszeiten: 1. Mai bis 24. Oktober, So 15.00-18.00 Uhr.

Murkens Hof

Der Murkens Hof ist heute ein Kulturzentrum. Die Ursprünge des Fachwerkgebäudes, das auf dem Gelände eines ehemaligen Äbtissinnenhauses steht, gehen ins Jahr 1730 zurück. Zu dieser Zeit war hier eine Gaststätte untergebracht. Der Altländer Torbogen vor dem Haus nennt die Besitzerfolge des Hofes. Heute finden hier zahlreiche Ausstellungen, Konzerte, Vorträge und andere Veranstaltungen statt. Auch die Volkshochschule und die Bibliothek befinden sich in Murkens Hof. Adresse: Klosterstraße 25, Tel.: 04298/929240.

„Antiqua Sidewendike“

Der kleine bremische Ortsteil Verenmoor liegt auf dem letzten originalen Stück des Lilienthaler Hauptdeichs, der „Antiqua Sidewendike“. Dieser Deich wurde um das Jahr 700 in einer Höhe von nur etwa 150 Zentimetern angelegt. Das Gebiet Verenmoor wurde inzwischen naturnah umgestaltet und das alte Überschwemmungsgebiet der Wörpe wiederhergestellt.

Jan-Reiners-Bahnhof

Im Jahre 1900 errichtet und nach dem Erbauer der Kleinbahn benannt, war der Jan-Reiners-Bahnhof zentrale Haltestelle der Eisenbahnlinie Bremen – Tarmstedt. Das

Freilichtbühne Lilienthal

Bahnhofsgelände wurde 1992 durch umfassende Renovierung in den Ursprungszustand zurückversetzt und ist jetzt eines der eindrucksvollsten Fachwerkgebäude der Gemeinde. Eine Besichtigung des Bahnhofs ist leider nicht möglich. Die Innenräume werden wirtschaftlich genutzt. Adresse: Bahnhofstraße 18.

Amtmann-Schroeter-Haus

Dieses Haus war der Wohn- und Sterbeort des Oberamtmanns und Astronomen Johann Hieronymus Schroeter. Das Fachwerkhaus, im Jahre 1791 von Schroeter für die Familie errichtet, ist das einzige noch aus der Zeit vor dem großen Brand von 1813 existierende Wohngebäude. Die Stiftung Amtmann Schroeter, ein anerkanntes Seniorenbüro, bietet ein umfangreiches Veranstaltungsprogramm. Ein vielbeachtetes Projekt ist das im Amtmann-Schroeter-Haus befindliche Internet-Café für jung und alt. Adresse: Hauptstraße 63, Tel.: 04298/ 6399.

Hof Ahrens

Der heutige Hof Ahrens (früher Wittenborg) ist ein altes, auf einer Warf gelegenes Fachwerk-Bauernhaus, das auf eine 1300 Jahre alte Geschichte zurückblickt. Er ist eine der ältesten Hofstellen Lilienthals. Lage: Nahe dem Kutschenmuseum, Lilienthal-Trupe.

Schöpfwerk

Das alte Schöpfwerk „Höftdeich“ wurde im Jahre 1884 erbaut und ursprünglich mit Dampfmaschinen betrieben. In den Jahren 1942 und 1951 wurde auf elektrischen Betrieb umgestellt. Die Saugleistung zur Entwässerung des St. Jürgenslandes beträgt 12,9 Kubikmeter pro Sekunde. Dabei wird das Wasser aus dem großen, auf das Schöpfwerk zuführenden Fleet in die Wümme gepumpt. Lage: Lilienthal-St. Jürgen.

Siel

Das durch das „Gehrdener Sielfleet“ zurück gestaute Wasser ist eigentlich die Mündung der Alten Wörpe, die im Jahre 1260 zum Kloster umgeleitet wurde.

Freizeitangebote

Wandern/Radfahren

Lilienthal ist reich an Wegen, die gut ausgebaut die Schönheit der Landschaft erschließen. An allen wichtigen Kreuzungen und Abzweigungen geben Hinweisschilder Auskunft über Richtung und Streckenlänge. Außerdem kann man sich bei der Gemeinde Lilienthal eine Radwanderkarte aushändigen lassen. Ausgeschilderte Radtouren und Wanderungen entlang der Wümme durch das St. Jürgensland, nach Hexenberg oder in die nahegelegenen Künstlerdörfer Worpswede und Fischerhude bieten sich an. Durch eine ausgedehnte Niederung zwischen Lilienthal und Bremen schlängelt sich die Wümme. Die ursprünglichen Überschwemmungsgebiete von Weser und Wümme – das St. Jürgensland und das Blockland – sind heute eine großflächige Feuchtwiesenlandschaft mit dem Naturschutzgebiet „Truper Blänken“, einem ehemaligen Flachwassersee. Auf kleinen Wegen kann man per Rad oder zu Fuß die Landschaft erkunden. Traditionelle Gasthäuser laden zu einer kleinen Pause ein. Zu empfehlen ist außerdem Deutschlands erste Nutztier-Fahrradroute „eene meene muh“. Auf Schautafeln ist Wissenswertes und Kurzweiliges zu Nutztieren wie Rindern, Schafen, Pferden u.a. beschrieben. Hofläden bieten kleine Cafés und eine Direktvermarktung der regionalen Produkte. Information: Albert Haltermann, Seeberger Landstraße 21 A, Tel.: 04298/ 939396 und Lilienthaler Gästeservice, Tel.: 04298/929118.

Kutschfahrt

Kutschfahrten entlang der Nutztier-Route stehen unter dem Motto „eene meene muh“. Wenn Sie Interesse haben, können Sie sich an folgende Adresse wenden: Rainer Wiechmann, Am Hexenberg 1, Tel.: 04298/ 4391.

Exkursion „Wege ins Moor“

Die Besucher lernen in einer Reihe unterschiedlicher Exkursionen die Landschaft des Teufelsmoores kennen. Naturkundliche Informationen zu Flora und Fauna, zur Landschaftsgeschichte und zu aktuellen Problemen des Naturschutzes stehen im Mittelpunkt. Information und Anmeldung: Biologische Station Osterholz e.V., Lindenstraße 40, Osterholz-Scharmbeck, Tel.: 04791/89517.

Schwimmen

Das Hallenbad in Lilienthal liegt in der Sportanlage Schoofmoor. Adresse: Zum Schoofmoor 7, Tel.: 04298/31155. Öffnungszeiten: Mo 6.30-22.00 Uhr, Di 6.30-17.00 Uhr, Mi 6.30-21.45 Uhr, Do 6.30-20.00 Uhr, Fr 6.30-21.45 Uhr, Sa 8.00-18.00 Uhr, So 8.00-18.00 Uhr; in diesen Zeiten sind auch Sonderbadezeiten enthalten, wie z.B. Warmbaden, Damen-Warmbaden, Seniorenschwimmen usw.

Theater

Die Freilichtbühne Lilienthal lädt im Rahmen des Theater-Sommers zu einer neuen Spielzeit ein. Auf dem Programm stehen Stücke für groß und klein sowie verschiedene Konzerte. Information und Kartenvorverkauf: Lilienthaler Gästeservice, Tel.: 04298/5756.

Kanufahrten

Wer an einer Kanufahrt interessiert ist, kann sich unter folgender Adresse informieren: Kanu-Scheune, Timmersloher Landstraße31, Bremen, Tel.: 0421/273067.

Torfkahnfahrten

Eine Torfkahnfahrt auf der Hamme ist ein historisch anmutendes Unternehmen. Für genaue Informationen steht der Lilienthaler Gästeservice, Tel.: 04298/929118, zur Verfügung.

Reiten

Auskünfte über Reitmöglichkeiten erhalten Sie unter: Reitverein Lilienthal e.V., Tel.: 04298/1040 oder Reitverein St. Jürgen e.V., Tel.: 04298/31365.

Feste und Veranstaltungen

Das reichhaltige und abwechslungsreiche Programm bietet u.a. die Veranstaltungen der Freilichtbühne Lilienthal, das Lilienfest, Schützenfest, Konzert auf dem Bauernhof, Country-Festival am See, Konzert im Freien von der Freilichtbühne, Erntefest auf dem Lilienhof, Plattdeutsche Kulturtage, Reitturniere, Weihnachtsmarkt, Ausstellungen, Theater und Konzerte vom Kulturamt in Murkens Hof, Konzerte in der Klosterkirche, Veranstaltungen von Vereinen und Verbänden und vieles mehr. Näheres erfahren Sie beim Lilienthaler Gästeservice sowie im Veranstaltungskalender „Lilienthaler Rundblick", in der Tagespresse und auch im Internet.

Nordenham

(Landkreis Wesermarsch)

Die Seehafenstadt Nordenham liegt auf der urwüchsigen Halbinsel Butjadingen zwischen Wesermündung und Jadebusen, unmittelbar am linken Weserufer. Die Stadt Nordenham ist relativ jung. Das früher an dieser Stelle gelegene Gut Nordenhamm gab ihr am 1. Mai 1908 den Namen. Zuvor wurde das jetzige Stadtgebiet, das lediglich aus landwirtschaftlichen Gütern bestand, von breiten Nebenarmen der Weser durchflossen. Nach und nach wurde das Gebiet eingedeicht und landfest gemacht. In der zweiten Hälfte des 19. Jahrhunderts wurde wegen der verkehrsgeographisch günstigen Lage der erste Schiffsanleger gebaut, um

Rinder der viehzüchtenden Butjadinger Bauern nach England zu schaffen. Als Gründer Nordenhams gilt der Kaufmann Wilhelm Müller, der im Jahre 1857 den Norddeutschen Lloyd veranlaßte, einen regelmäßigen Schiffsverkehr von Nordenham nach London und Hull einzurichten. Wilhelm Müller baute den ersten Anleger, den sogenannten Ochsenpier (heute: Union-Pier). Rasch wuchs die Bedeutung des Hafenumschlags; Industriebetriebe siedelten sich in der „Großherzoglichen Zukunftsecke des Oldenburger Landes" an. Zahlreiche Zeugnisse dieser „stürmischen Gründerzeit" setzen bis heute unübersehbare Akzente im Stadtbild, z.B. Gebäude im klassischen Jugendstil.
Information: Verkehrsverein Nordenham e.V., Poststraße 4, Tel.: 04731/9364-10.

Sehenswertes

Historische Gebäude

In Nordenham findet man viele Gebäude aus der Gründerzeit der Stadt (1900-1910). Auch zahlreiche Wohnhäuser aus dem Ende des 19. Jahrhunderts bestehen noch. Die zum Teil restaurierten Jugendstilhäuser dürfen als dominierendes Element in der Nordenhamer Innenstadt bezeichnet werden. Außerdem gibt es auf der Nordenhamer Gemarkung noch Wohnwirtschaftsgebäude, die aus dem späten 18. Jahrhundert stammen. Beispiele sind das Gebäude des Amtsgerichts, das im Jahre 1912 im Jugendstil mit einer gärtnerischen Anlage gebaut wurde oder das Bahnhofsgebäude Blexen (heute Restaurant „Weserschlößchen"), welches im Jahre 1907 als Endpunkt der Großherzoglich-Oldenburgischen Eisenbahnlinie entstand. Anschriften historisch sehenswerter Gebäude: Amtsgericht Nordenham, Bahnhofstraße 56; Blexer Bahnhof, Fährstraße 105 (B 212), Verkehrsverein Nordenham, Poststraße 4.

Museum Nordenham

Im Regionalmuseum der nördlichen Wesermarsch gibt es Ausstellungsbereiche zur friesischen Kultur und zur Nordenhamer Stadt- und Industriegeschichte. Zur Sammlung gehört das berühmte „Bruderkußbild" von H. Zieger aus dem Jahre 1910. Es zeigt die Enthauptungsszene der friesischen Häuptlingssöhne Didde und Gerold Lübben (um 1418). Das Museum ist telefonisch unter folgender Nummer zu erreichen: 04731/88831. Öffnungszeiten: Di-Sa 14.00-17.00 Uhr, So 10.00-12.00 Uhr und 14.00-17.00 Uhr.

Museum Moorseer Mühle

Die letzte völlig funktionstüchtige Windmühle der Wesermarsch steht auf dem historischen Mühlenplatz in Moorsee. Die Mühle ist jetzt Mittelpunkt eines Fachmuseums für Müllerei und regionale Mühlengeschichte. Der Unterbau des dreistöckigen Galerieholländers mit den zwei Windrosen stammt aus dem Jahre 1840. Nach einem Brand im Jahre 1904 wurde der Oberbau in seiner heutigen Form neu errichtet. Auf dem ehemaligen Getreideboden der Mühle wurde eine Sammlung regionaltypischer landwirtschaftlicher Geräte, Kutschen- und Ackerwagen eingerichtet. Im Museumsgebäude steht u.a. die Werkstatt des Mühlenbauers, der vor über 90 Jahren die Moorseer Mühle errichtete. Zu erreichen ist das Museum Moorseer Mühle unter folgender Rufnummer: 04731/88983 oder 04401/927307. Öffnungszeiten: Mo-Sa 9.30-13.00 Uhr und 14.00-17.30 Uhr, Mi ist Backtag, von November bis März gelten reduzierte Öffnungszeiten: Mi, Do, Sa 14.00-17.00 Uhr.

Kirchen

Nicht versäumen sollte man eine Besichtigung der St. Hippolyt-Kirche in Blexen mit dem legendären Willehadus-Brunnen. Die Blexer Kirche ist an der Stelle einer um das Jahr 1000 abgebrannten Holzkirche erbaut worden. Sie ist wohl die älteste Kirche der Wesermarsch; der Bau wurde im 11. Jahrhundert begonnen. Das Gotteshaus, eine romanische Saalkirche, beherbergt einen Sakramentsschrein vom Ende des 15. Jahrhunderts sowie einen Taufstein von 1642, geschaffen von Onno Dirksen, einem Gesellen von Ludwig Münstermann. Eine Legende besagt, daß der im Jahre 789 gestorbene Bischof Willehadus zur Zeit einer Trinkwassernot hier seinen Stock auf den Boden stieß und eine Quelle hervorsprudeln ließ. Die Kirche ist in der Regel für Besichtigungen geöffnet. Führungen finden vom 1. März bis zum 31. Oktober an jedem zweiten und vierten Samstag im Monat um 11.00 Uhr statt. Gruppenführungen sind nach vorheriger Anmeldung im Kirchenbüro auch zu anderen Zeiten möglich. Tel.: 04731/31104. Weitere Kirchen mit kulturhistorischen Sehenswürdigkeiten sind in den Nordenhamer Stadtteilen Atens, Esenshamm und Abbehausen zu finden. Die St. Matthäus-Kirche in Esenshamm ist eine Saalkirche aus der ersten Hälfte des 14. Jahrhunderts. Das als Befestigungsanlage errichtete Gotteshaus liegt auf einer hohen Wurt. Es diente als Zufluchtsort während der Häuptlingsfehden und bei Sturmfluten. Besonders sehenswert ist das gut erhaltene Kirchengestühl aus der Zeit um 1600 mit Hinweisen auf die Nutzungsberechtigten und bäuerlichen Hausmarken. Besichtigung und Information: Tel.: 04731/21520. Die St. Marien-Kirche in Atens ist im Jahre 1606 auf den Trümmern einer Kapelle der Karmeliter errichtet worden. Es handelt sich hier um eine historische Saalkirche mit einem alten Taufstein aus dem Jahre 1590. Der Glockenturm stammt aus dem Jahr 1781. Besichtigung und Information: Tel.: 04731/89110. Die St. Laurentius-Kirche in Abbehausen, deren Grundmauern bereits aus dem 13. Jahrhundert stammen, mußte in den Jahren 1858 bis 1862 neu erstellt werden. Sie ist eine neuromanische Saalkirche mit einem Taufstein von Ludwig Münstermann aus dem Jahr 1628. Im Jahre 1908 erhielt das Gotteshaus Farbfenster mit biblischen Motiven von Georg K. Rhode.

Planetarium mit Volkssternwarte

Für Sternfreunde lohnt sich der Besuch des Planetariums und der Volkssternwarte auf dem Dach des Gymnasiums Nordenham. Nähere Informationen: Vereinigung Nordenhamer Sternenfreunde, Dr. S. Lührs, Lutherplatz 2, Nordenham, Tel.: 04731/23251 oder 7738. Anschrift des Gymnasiums: Gymansium Nordenham, Bahnhofstraße 52.

Handwerkerhof „Kombeg"

Der Handwerkerhof „Kombeg" in Nordenham-Volkers bietet regionstypisches Kunsthandwerk. Die „Kombeg" wurde im Jahr 1992 mit Unterstützung der Bundesanstalt für Arbeit als gemeinnützige GmbH gegründet. Zu den normalen Öffnungszeiten gibt es am ersten Advent einen Tag der offenen Tür mit Weihnachtsbasar. Darüber hinaus gibt es Ausstellungsvitrinen und Verkaufsstellen der „Kombeg“ im Burhaver Haus des Gastes, im Nationalpark-Haus Museum Butjadingen in Fedderwardersiel und beim Verkehrsverein Nordenham. Öffnungszeiten: Mo-Do 8.00-12.00 Uhr und 13.00-15.30 Uhr, Fr 8.00-12.00 Uhr; Tel.: 04731/9687-0.

Jedutenhügel

Der Jedutenhügel, eine historische Sehenswürdigkeit, ist eigentlich ein Turmhügel aus der Normannenzeit. Es wird vermutet, daß es sich bei diesem Hügel um eine alte germanische Gerichtsstätte handelt. Der Jedutenhügel befindet sich im Stadtteil Einswarden, zwischen der Martin-Paul-Straße und der B 212.

Spieker in Atens

Die Bezeichnung „Spieker“ bedeutet Speicher. Die Steine des sehenswerten, 500jährigen Gebäudes stammen aus dem zerstörten Kloster Atens. Heute dient der Spieker als Architektenbüro.

Freizeitangebote

Wandern/Radfahren

Das Gebiet der Stadt umfaßt auf einer Fläche von knapp 9000 Hektar eine nach wie vor bäuerlich geprägte Marschenlandschaft mit teilweise sehr ursprünglichem Charakter. Hervorragende Wander- und Radwandermöglichkeiten auf beschaulichen Wegen laden zum Durchatmen in der frischen und klaren Nordseeluft ein. Zu kleineren Touren oder Spaziergängen verlocken die Parkanlagen Gateteiche, Seenpark und der Stadtwald. Besonders interessant ist eine Deich- bzw. Wattwanderung. Das an die Nordenhamer Gemarkung grenzende Nationalparkgelände ist als Ruhezone ausgewiesen, da sich hier „empfindliche“ Landschaftsteile, Pflanzen- und Tierarten befinden. Das Gelände darf während des ganzen Jahres nur auf den dafür zugelassenen Wegen betreten werden. Eine geführte Wattwanderung durch das einmalige Ökosystem „Nationalpark Wattenmeer“ ist und bleibt ein unvergeßlich schönes Naturerlebnis. Information: Verkehrsverein Nordenham.

Fahrradverleih

Wenn Sie ein Fahrrad mieten möchten, können Sie sich an folgende Adresse wenden: Bauer, Friedrich-Ebert-Straße 87, Tel.: 04731/21506.

Reiten

Information: Nordenhamer Reitclub, Sarver Straße 73, Tel.: 04731/4072 oder Reitstall Böger, Ziegeleistraße 16/17, Tel.: 04731/37798.

Schwimmen

Das Freizeitbad „Störtebeker“, Atenser Allee 48, Tel.: 04731/5050, lädt zu einem Besuch ein. Öffnungszeiten: Di-Fr 6.00-7.30 Uhr und 15.00-20.30 Uhr, Sa 7.00-18.00 Uhr, So 8.00-18.00 Uhr, in den niedersächsischen Schulferien zusätzlich Di-Fr 10.00-15.00 Uhr. Außerdem gibt es natürlich jederzeit die Gelegenheit, das herrliche Weserstrandgelände zu besuchen und sich im kühlen Naß zu erfrischen.

Wassersport

Freunde des Wassersports können einen der vielen Vereine an der Weser besuchen. Ruderer, Paddler, Segler, Surfer und Motorbootfreunde gehen hier ihrem Hobby nach. Informationsadressen: Nordenhamer Ruderclub, K. Teuscher, Englerstraße 15, Tel.: 04731/80993; Segelclub Nordenham, S. Möhlmann, Asgardstraße 9, Tel.: 04731/24617; Nordenhamer Sportbootverein, G. Felske, Viktoriastraße 22, Tel.: 04731/21091; Surfverein Wesermarsch, H.-J. Straaten, Marktstraße 27, Tel.: 04731/7085.

Segelfliegen

Eine herrliche Sicht über die Stadt und das Umland garantiert ein Segelrundflug. Ein Segelflugplatz befindet sich im Stadtteil Blexen. Information: Weser-Luftsportverein, G. Wührmann, Schlengenstraße 18, Tel.: 04731/3588.

Fährfahrt

Der Kaufmann Wilhelm Müller ließ im Jahre 1864 die erste Landungsbrücke für einen regelmäßigen Fährbetrieb zwischen Nordenham-Blexen und Bremerhaven errichten. Die insgesamt sechs Weserfähren spielen für die Wirtschaft im Landkreis Wesermarsch eine große Rolle. Sie bilden die einzige direkte Verbindung zur rechten Weserseite. Wer Lust hat, kann an einer solchen Weserüberquerung teilnehmen. Übrigens gilt die Weserfähre als eine der größten Flußfähren Europas.

Schiffsfahrten

Schiffsfahrten haben am Union-Pier ihren Ausgangspunkt. Fahrradbeförderung ist auf allen Strecken möglich. Nähere Informationen erteilt der Verkehrsverein Nordenham.

Feste und Veranstaltungen

Kulturelles

Hauptveranstaltungsort der Stadt Nordenham ist die Stadthalle „Friedeburg". Hier finden neben Aufführungen des Oldenburgischen Staatstheaters und anderer öffentlicher und überörtlicher Kulturträger Tagungen und Kongresse statt. Die Stadthalle ist außerdem Ort für Empfänge, Bälle und andere Veranstaltungen (Tel.: 04731/23563). Die sogenannte Jahnhalle ist das Kulturzentrum der Wesermarsch. Im ganzjährigen Programm treten hier international bekannte Künstler auf. Büro-Öffnungszeiten: Mo-Fr 8.00-12.30 Uhr, Einlaß bei Wochenendveranstaltungen ist um 19.30 Uhr; Adresse: Jahnstraße 20, Tel.: 04731/88381. Empfehlenswert ist auch ein Besuch des Freilichttheaters an der Weser.
Information: Verkehrsverein Nordenham, Tel.: 04731/9288-0.

Festivitäten

Zweimal im Jahr wird in Nordenham unter freiem Himmel gefeiert. Im späten Frühjahr findet jeweils die Nordenhamer Woche statt. Im Hochsommer steigt im Zentrum das Stadtfest, das weit über die Stadtgrenzen hinaus bekannt geworden ist.

Oldenburg

(Kreisfreie Stadt)

Oldenburg ist eine moderne Großstadt mit 155.000 Einwohnern. Die Stadt bietet eine ganz besonders gelungene Mischung von urbaner Kultur und lebendiger Geschichte. Das Zentrum im Nordwesten hat noch immer den Charme der alten Grafenresidenz und herzöglichen Landeshauptstadt. Die Straßen und Gassen der Altstadt folgen sogar noch den mittelalterlichen Grundrissen. Die Ursprünge der Stadt gehen zurück bis ins 8. Jahrhundert, in die Zeit der Christianisierung. Zu Anfang gab es nur einen Fluß, genauer eine Furt. Ein alter Fernhandelsweg von Bremen nach Jever führte über die Hunte. Diese Überquerung lag ungefähr an der Stelle, wo sich heute die Stadt Oldenburg befindet. Menschen siedelten sich unweit dieser Furt an, ein Dorf entstand. Im Jahr 1108 wurde Oldenburg erstmals als „Aldenburg" urkundlich erwähnt. Ein Adelsgeschlecht hatte dort eine Wasserburg errichtet, in deren Schutz sich das Dorf zum Handels- und Verwaltungszentrum entwickelte. Im Jahre 1345 verlieh Graf Konrad I. Oldenburg bremisches Stadtrecht. Über die Verbindung zu Weser und Nordsee nahm die Stadt Oldenburg in wachsendem Maße am Fernhandel teil. 1383 wurde der „Stau", der Hafen, erstmals urkundlich erwähnt. Die Geschicke der Stadt wurden weitgehend von Fürsten bestimmt. Ein Patriziat, eine abgehobene Schicht einflußreicher und wohlhabender Bürger, wie es sie in den Hansestädten gab, fehlte hier. Anton Günther, Oldenburgs legendärer Graf, begründete 1607 den historischen Kramer-

Luftaufnahme der Oldenburger Innenstadt

markt und baute die alte Wasserburg zu einem Renaissanceschloß um. 1667 ging Oldenburg an die dänische Krone über. 1806 entstanden unter Herzog Peter Friedrich Ludwig auf den inzwischen geschleiften Festungswällen breite Promenaden und die Anlage eines Schloßgartens im Kunststil der Zeit, dem Klassizismus. Bevölkerungszuwachs, Industrialisierung, Verkehrsentwicklung und das Militär bestimmten das neue Stadtbild, Oldenburg war Garnisonsstadt. Nach dem verlorenen 1. Weltkrieg wurde Oldenburg Freistaat mit einer eigenen Regierung und einem gewählten Landtag (erster Versuch einer Demokratie). Das dunkle Kapitel des Nationalsozialismus ging an der Stadt nicht vorbei. Sie wurde Gauhauptstadt Weser-Ems bis 1945. Oldenburg hatte das Glück, die Bombardierungen weitgehend unbeschadet zu überstehen. Zunächst 1946 noch Sitz des Präsidenten des Niedersächsischen Verwaltungsbezirks Oldenburg, beherbergt die Stadt heute nach der kommunalen Gebietsreform 1978 die Bezirksregierung Weser-Ems. Oldenburg hat sich als kultureller und wirtschaftlicher Mittelpunkt der Region etabliert, ist Messestadt, Universitätsstadt, Bankenplatz und medizinisches Oberzentrum der Region zwischen Weser und Ems. Durch Restaurierungen und behutsamen Ausbau bewahrte sich die alte Residenzstadt ihren besonderen Charme bis zum heutigen Tag. Information: Verkehrsverein Oldenburg e.V., Wallstraße 14, 26122 Oldenburg, Tel.: 0441/15744, e-mail: info@oldenburg.de

Stadtführungen

In der Zeit vom 14. Mai bis 13. August wird jeden Donnerstag um 15.00 Uhr zu einem Stadtrundgang eingeladen. Der Rundgang dauert ca. 1,5 Stunden, Treffpunkt ist der Haupteingang des Schlosses.

Das alte Oldenburger Rathaus auf dem Markt

Daneben sind, unter dem Motto „gut geführt – viel erlebt“, Führungen nach individuellen Terminwünschen jederzeit möglich. Mit sachkundigen Stadtführer/innen läßt sich die Stadt unter den verschiedensten Gesichtspunkten erkunden.

Sehenswertes

Altes Rathaus

Das Alte Rathaus ist ein Ziegelsteinbau aus dem Jahre 1887. Der Bau zeigt kombinierte Elemente aus den Stilrichtungen der Gründerzeit, der Neugotik und der Neurenaissance. Anschrift: Am Markt, Tel.: 0441/235-0.

Neues Rathaus

Das Gebäude des neuen Rathauses ist eine ehemalige, im klassizistischen Stil erbaute Infanterie-Kaserne. Diese wurde in der städtebaulichen Ensemblewirkung mit ehemaliger Militärschule (heute Standesamt) und ehemaliger Polizeikaserne (heute Landesbibliothek) erbaut. Im Jahr 1988 wurde der Bau mit dem „Europa-Nostra-Preis" der Europäischen Kommission ausgezeichnet. Anschrift: Pferdemarkt 14, Tel.: 0441/235-0.

Lappan-Turm

Der Lappan-Turm, ehemaliger Glockenturm des „Heiligengeist-Spitals", ist das Wahrzeichen der Stadt. Er wurde im Jahre 1467 errichtet, seine Dachhaube datiert auf das Jahr 1709. Anschrift: Lange Straße 3

Pulverturm

Der Pulverturm ist ein im Jahre 1529 erbauter Bastionsteil der Festung Oldenburg. Er ist Zeugnis der alten Backsteinbaukunst. Die Kuppel des Turms stammt aus dem Jahre 1623. Heute wird er zum Teil für Kunstausstellungen genutzt. Öffnungszeiten: Do und Fr 14.00-17.00 Uhr, Sa und So 10.00-13.00 Uhr; Lage: Am Schloßwall.

Historische Gebäude

Das Haus Degode ist ein reich verziertes Ackerbürgerhaus aus dem Jahre 1502. Es überstand den Stadtbrand im Jahr 1676. Adresse: Markt 2. Sehenswert sind auch das Haus Anton Günther und die Hof-Apotheke. Beides sind hochgiebelige Backsteinbauten, die aus den Jahren 1682 und 1677 stammen. Anschrift: Lange Straße 76 und 77. Das Haus Renfordt wurde im Jahr 1684 erbaut. Adresse: Lange Straße 68. Die Hirsch-Apotheke wurde im Jahre 1677 nach dem Stadtbrand in reizvoller, schlichter Form wiederaufgebaut. Adresse: Staustraße 1.

Landtag und Oldenburgisches Staatsministerium

Der Landtag und das Oldenburgische Staatsministerium befinden sich im ehemaligen Regierungsgebäude aus der Zeit des 1. Weltkriegs. Das ehemalige Regierungsgebäude ist Zeuge der einstigen Selbständigkeit Oldenburgs. Adresse: Theodor-Tantzen-Platz 8, Tel.: 0441/799-0.

Hauptbahnhof

Der Hauptbahnhof mit Fürstenbau, Jugendstilsaal, „Blauem Salon" und Turmzimmer stammt aus dem Jahr 1945.

Fußgängerzone

Deutschlands älteste Fußgängerzone umfaßt nahezu die gesamte Altstadt. Mit ihren überdachten Passagen, winkeligen Gassen und großzügigen Plätzen nimmt sie mehr als 250.000 Quadratmeter ein. Hier reihen sich Fachgeschäfte, Einkaufscenter, Läden und Lädchen aneinander und bilden zusammen ein abwechslungsreiches und anspruchsvolles Ganzes. Wer in diesem Bummelparadies die Augen von den Schaufenstern löst, entdeckt vielfach herrliche Bürgerhäuser und gepflegte Fassaden historischer Bauten. Das harmonische Miteinander vieler Baustile aus vergangenen Epochen und der Moderne erhöhen Flair und Reiz der City.

Blick von der Wallstraße auf den Lappan-Turm

Schloßwache

Die Schloßwache ist ein klassizistischer Bau von 1839, gegenüber der Schloßfront gelegen. Heute ist die Schloßwache Bestandteil der „Landessparkasse zu Oldenburg“ (älteste bestehende Sparkasse der Welt). Lage: Am Schloßplatz.

St. Lambertikirche

Die St. Lambertikirche ist ursprünglich ein gotischer Bau aus dem 13. Jahrhundert, der aber vielfach umgestaltet wurde. Innen ist sie als klassizistische Rundkirche ausgeführt. Öffnungszeiten: Di-Fr 11.00-12.30 Uhr und 15.00-16.30 Uhr, Sa 11.00-12.30 Uhr; Lage: Am Markt.

Peter-Friedrich-Ludwigs-Hospital

Bei dem im Jahre 1838 erbauten Krankenhaus handelt es sich um ein Baudenkmal von nationaler Bedeutung. Heute ist hier das städtische Kulturzentrum untergebracht. Adresse: Peterstraße1/3, Tel.: 0441/2353061.

Grünanlagen

Grünanlagen prägen das Bild der Großstadt. Aufzuzählen sind z.B. die liebevoll restaurierten Wallanlagen, das Eversten Holz (ein ehemaliger Jagdpark), der Große Bürgerbusch (mit Trimmpfad), der Kleine Bürgerbusch, der Johann-Justus-Busch oder die Dobbenanlagen am alten Oldenburger Landtag sowie der Botanische Garten und der Schloßpark Der Botanische Garten beheimatet ca. 6000 Pflanzenarten und ist damit eine der wertvollsten Anlagen Nordwestdeutschlands. Er wird betreut durch die Universität Oldenburg. Öffnungszeiten: 8.00-17.00/18.00 Uhr, Sa, So und an Feiertagen erst ab 10.00 Uhr. Information: Verwaltung, Philosophenweg 41, Tel.: 0441/777654. Der Schloßgarten ist eine 18 Hektar große, im englischen Stil angelegte Parkanlage. Hier findet man Rhododendronkulturen, einen Rosengarten und Gewächshäuser. Information: Verwaltung, Gartenstraße 37, Tel.: 0441/504897.

Landesmuseum für Kunst- und Kulturgeschichte im Schloß

Die Schausammlungen umfassen Objekte zur Kunst- und Kulturgeschichte der Region, die Galerie alter Meister, Kunst des 19. und 20. Jahrhunderts, sowie großherzogliche Repräsentationsräume. Öffnungszeiten:

Di-Fr 9.00-17.00 Uhr, Sa und So 10.00-17.00 Uhr; Anschrift: Schloßplatz 1, Tel.: 0441/2202600.

Augusteum

Das Augusteum ist ein Museum, das Kunstwerke des 20. Jahrhunderts ausstellt. Adresse: Elisabethstraße 1, Tel.: 0441/2202600.

Staatliches Museum für Naturkunde und Vorgeschichte

Im Staatlichen Museum für Naturkunde und Vorgeschichte werden Geologie und Ökologie des nordwestdeutschen Raumes präsentiert. Dazu gehören bedeutende Moorfunde sowie die Darstellung von Naturräumen und Lebensgemeinschaften, Schauaquarien, ein Mineraliengewölbe und ein historisches Naturalienkabinett. Außerdem finden regelmäßig Vorträge und Autorenlesungen statt. Öffnungszeiten: Di-Do 9.00-17.00 Uhr, Fr 9.00-15.00 Uhr, Sa 10.00-17.00 Uhr; Adresse: Damm 40-44, Tel.: 0441/9244300.

Stadtmuseum

Im Stadtmuseum wird (groß-) bürgerliche Wohn- und Sammelkultur des 17. bis frühen 20. Jahrhunderts in ursprünglich eingerichteten Villen präsentiert. In der stadtgeschichtlichen Abteilung findet man Stadtmodelle. Außerdem ist zeitgenössische überregionale und oldenburgische Kunst des 19. und 20. Jahrhunderts ausgestellt. Öffnungszeiten: Di-Do 9.00-17.00 Uhr, Sa 9.00-12.00 Uhr, So 10.00-17.00 Uhr; Adresse: Am Stadtmuseum 4-8, Tel. 0441/2352881.

Horst-Janssen-Museum

Ein Museumsneubau (Eröffnung im Sommer 2000) widmet sich den Werken Horst Janssens, einem der größten Zeichner und Grafiker der Gegenwart, der im Jahr 1995 verstarb und in Oldenburg beigesetzt wurde. Das neue Museum zeigt die Sammlung in drei Etagen auf etwa 1000 Quadratmetern Ausstellungsfläche. Öffnungszeiten: siehe Stadtmuseum.

Oldenburgischer Kunstverein

Der Oldenburgische Kunstverein lädt zum Besuch ein. Geboten werden Kunstwerke der 19. und 20. Jahrhunderts, sowie Sonderausstellungen, Konzerte, Vorträge und Autorenlesungen.
Öffnungszeiten: Di-Fr 14.00-17.00 Uhr, Sa 13.00-17.00 Uhr, So 11.00-17.00 Uhr; Adresse: Damm 2a, Tel.: 0441/27109.

Geschichte der Telekommunikation

Unter dem Motto „Telekom im Wandel der Zeit“ werden Vergangenheit und Entwicklung der Telekommunikation lebendig dargestellt. Adresse: Poststraße 1, Tel.: 0441/2345555.

Museumshafen e.V.

Am Stadthafen/Wendehafen stehen wechselnde restaurierte Schiffstypen, die zur Besichtigung frei gegeben sind. Auskunft: Tel.: 0441/7253.

Galerien

Oldenburg bietet zahlreiche Galerien, Ausstellungen und Kunstsammlungen. Im folgenden ist eine kleine Auswahl aufgelistet: Atelier Karin Darby, Haarenufer 25, Tel.: 0441/74880. ART-Plakat, -Grafik, Kunstreproduktionen, Bilderrahmungen: Gaststraße 21, Tel.: 0441/76756. bbk-Galerie, Peterstraße 1, Tel.: 0441/25280. Galerie D`OR, Herbartgang, Tel.: 0441/12192. Galerie Die Emaille-Schmiede, Bergstraße 2, Tel.: 0441/17272. Galerie kunstück, Industriestraße 1, Tel.: 0441/7780221. Galerie O, Bloherfelder Straße 141, Tel.: 0441/591282. Kunsthof Oldenburg, Weskampstraße 7, Tel.: 0441/87396. Kunstlabor Vogel, Stau 119/Junkerstraße 25, Tel.: 0441/16028 und 83809. NWZ-Pressehaus, Peterstraße 28-34, Tel.: 0441/998801. Tabula Galerie, Schüttingstraße 5 (im Hof), Tel.: 0441/13988. VHS-Kulturspeicher, Wallstraße 24, Tel.: 0441/92391-0.

Freizeitangebote

Angeln

Wer sich für den Angelsport interessiert, kann sich unter folgender Adresse informieren: Sportfischereiverein Oldenburg, Achterdiek 1c, Tel.: 0441/486106.

Ballonfahrten

Wenn Sie an einer Fahrt in einem Heißluftballon teilnehmen möchten, können Sie sich an folgende Adresse wenden: Phönix Ballooning, Bremer Straße12, Tel.: 0441/26461.

Bootsfahrten

Die Mühlenhunte liegt nahe der Innenstadt, direkt am Schloßgarten (gegenüber dem

Bootspartie auf der Mühlenhunte

Augusteum). Hier kann man während der Sommermonate Ruder- und Tretboote ausleihen. Verleih: U. Schmidt, Elisabethstraße/Ecke Damm, Tel.: 0441/26250.

Boßeln

Boßeln ist ein typisch norddeutscher Volkssport, bei dem es darum geht, eine Kugel möglichst weit ins Rollen zu bringen. Da es sich hier um eine Mannschaftssportart handelt, ist besonders Teamgeist gefragt. Information: Tel.: 0441/601461.

Boule-Petanque

Boule-Petanque findet samstags und sonntags ab 15.00 Uhr sowie mittwochs ab

18.00 Uhr hinter dem Staatstheater am Cäcilienplatz statt. Information: Tel.: 0441/381544.

Wandern/Radfahren

Der Wanderverein Oldenburg (Info-Tel.: 0441/60745 bzw. 04481/462) sowie der Deutsche Alpenverein (Sektion Oldenburg, Cloppenburger Straße 29) geben Auskunft über Wege, Pfade und alles Wissenswerte rund ums Wandern. Ein reizvolles Ambiente für Spaziergänge bieten der Schloßgarten, der von 8.00 Uhr bis zum Einbruch der Dunkelheit geöffnet ist, sowie das Eversten Holz (durchgehend geöffnet) mit seinem Botanischen Garten. Öffnungszeiten: 8.00-12.00 Uhr, Sa und So 10.00-20.00 Uhr, Führungen sind jederzeit möglich. Wer gerne mit dem Fahrrad unterwegs ist, hat die Gelegenheit, an einer sogenannten Fahrrad-Feierabendtour teilzunehmen. Information: ADFC am Umwelthaus, PFL, Peterstraße 3, Tel.: 0441/13781. Der ADFC bietet diese Touren donnerstags ab 18.00 Uhr und samstags ab 10.00 Uhr an. Weitere Angebote erhalten sie bei der Fahrradstation am Waffenplatz, Neue Straße, Tel.: 0441/16345.

Fahrradverleih

Adressen: Fahrradstation am Waffenplatz, Neue Straße, Tel.: 0441/16345; Buhl-bikes & sports, Lambertistraße 39, Tel.: 0441/8850877; Die Speiche, Donnerschweer Straße 45, Tel.: 0441/84123; Bikes, Ammerländer Heerstraße 6, Tel.: 0441/72853.

Jogging

Im „Wildenloh" Richtung Friedrichsfehn gibt es einen ausgearbeiteten Trimmpfad.

Reiten

Den Pferdenarren stehen im Raum Oldenburg vier Reitställe zur Verfügung: Reitverein Graf Anton Günther e.V., Tel.: 04486/8300; Reit- und Fahrschule Oldenburg e.V., Tel.: 0441/42188; Reitstall am Querkanal, Tel.: 0441/862254; Huder Pferdehof, Tel.: 04408/60099.

Fliegen

Motorfliegen kann man mit dem Albatros-Flugdienst vom Flugplatz Hatten, Tel.: 04481/461. Wer lieber durch die Lüfte segelt, der ist beim Luftsportverein Oldenburg/Bad Zwischenahn, Viktoriastraße 10, Tel.: 0441/83812 an der richtigen Adresse.

Wassersport

Wenn Sie sich für Wassersport interessieren, könnten folgende Adressen von Bedeutung sein: Segeln: Oldenburger Yachtclub e.V. (OYC), Sophie-Schütte-Straße 24, Tel.: 0441/12973.
Oldenburger Wassersportverein (OWS), Sophie-Schütte-Straße 24, Tel.: 0441/13937. Sowohl der OYC als auch der OWS bieten Gast-Liegeplätze an. Paddeln: Kanuabteilung am Achterdiek 1, Tel.: 0441/507872. Yeti Sport und Reisen, Donnerschweer Straße 48, Tel.: 0441/85685. Biwak- die Outdoor-Spezialisten, Heiligengeiststraße 24, Tel.: 0441/26422. Die Firma Rückenwind-Reisen lädt zu reizvollen Kanutouren ein. Adresse: Sonnenstraße 43, Tel.: 0441/885596. Surfen: Auf dem großen Bornhorster See und auf dem Tweelbäker See tummeln sich in den Sommermonaten die Surfer.

Golf

Interessierten gibt der Oldenburgische Golfclub e.V., Am Golfplatz 1, 26180 Rastede, Auskunft unter der Tel.: 04402/724-0 oder 04402/70417.

Schwimmen

Das Freibad Flötenteich bietet eine 40 Meter lange Wasserrutsche, zwei große Liegewiesen mit Spielmöglichkeiten und einen Schwimmpark. Adresse: Am Flötenteich, Tel.: 0441/32828.
Das Freibad Hunte liegt nur wenige Gehminuten von der Innenstadt entfernt, es umfaßt drei Becken unterschiedlicher Größe sowie eine große Liegewiese mit Spielmöglichkeiten. Adresse: Am Schloßgarten, Tel.: 0441/504755. Beide Bäder sind vom 1. Mai bis zum 18. September, in der Zeit von Mo-Do 6.30-21.00 Uhr, Fr-Sa 6.30-19.00 Uhr, Sonn- und Feiertage 8.00-19.00 Uhr geöffnet. Einen überwachten Badestrand findet man am kleinen Bornhorster See.
Für das Winterhalbjahr stehen drei Hallenbäder bereit: das Unibad der Carl-von-Ossietzky-Universität, Uhlhornweg 49-55, Tel.: 0441/79821144; das Hallenbad am Berliner Platz, am Rande der Fußgängerzone, Tel.: 0441/235-2867 und das Hallenbad Kreyenbrück, Brandenburger Straße, Tel.: 0441/44292 (es steht der Öffentlichkeit ab 14.00 Uhr zur Verfügung).

Kulturelles

Das Oldenburgische Staatstheater mit Großem und Kleinem Haus lädt zu einem facettenreichen Programm mit Musical, Oper, Operette, Schauspiel, Ballett und einem großen Sinfonieorchester ein. Angeschlossen ist die Niederdeutsche August-Hinrichs-Bühne. Anschrift: Theaterwall 28, Tel.: 0441/2225111. Nennenswert sind auch das Figurentheater „Laboratorium" in der Wilhelmstraße 13, Tel.: 0441/16464 und die Kulturetage in der Bahnhofsstraße 11, Tel.: 0441/924800. Besonderer Beliebtheit erfreut sich außerdem das ehemalige Peter-Friedrich-Ludwigs-Hospital aus dem Jahre 1838. Heute befindet sich hier ein städtisches Kulturzentrum mit Vortrags- und Veranstaltungssälen, Stadtbibliothek, Musikschule, Kinder- und Jugendbibliothek, Stadtbildstelle, einem Jüdischen Gemeindezentrum und Umwelthaus. Adresse: Peterstraße 1/3, Tel.: 0441/2353061. Darüber hinaus ist ein Besuch im Unikum lohnenswert. Hier werden Konzerte sowie Präsentationen von Filmen und Kleinkunst geboten. Adresse: Ammerländer Heerstraße 114, Tel.: 0441/7980 (Universität). Eine Neugründung des Jahre 1999 ist die Theater-Fabrik in der Rosenstraße 2, Tel.: 0441/9572022.

Weser-Ems-Halle

Die stetig wachsende Bedeutung der Weser-Ems-Halle für Kultur und Wirtschaft der gesamten nordwestlichen Region spiegelt sich wider im breiten Spektrum der hier ausgerichteten Veranstaltungen: Wirtschaftsmessen, Fachausstellungen, professionell arrangierte Tagungen, Bälle und Tanzsport in dekorativem Rahmen sowie Theater, Shows und Konzerte... finden hier optimale Voraussetzungen. Anschrift: Europaplatz 12, Tel.: 0441/8003-0.

Feste und Veranstaltungen

Kinderbuchmesse

Die Oldenburgische Kinderbuchmesse findet jährlich im November statt. Infos unter der Tel.: 0441/2352409.

Ostermarkt

Der Ostermarkt findet im April auf dem Schloßplatz/Berliner Platz statt. Er ist der erste Vergnügungsmarkt im Jahr. Sein Rummelplatz-Angebot mit Fahrgeschäften und Karussells spricht vor allem Familien mit Kindern an, die einen attraktiven und gleichzeitig überschaubaren Marktaufbau schätzen.

Hafenfest

Am alten Oldenburger Stadthafen, dem „Stau“, gibt es drei Tage lang (Ende Mai bzw. Anfang Juni) Zünftig-Maritimes mit Marktschreiern, Live-Musik, Karussels, Fischmarkt, „Pötte un Pannen“ und Spezialitäten für Leib und Seele.

Kultursommer

Der Kultursommer ist Oldenburgs kulturelles Aushängeschild „umsonst & draußen“. Von Mitte Juli bis Anfang August ist der Kultursommer ein dreiwöchiges Open-Air-Festival in der Innenstadt mit bildenden und darstellenden Künsten, Jazz-, Rock- und Popmusik sowie vielen anspruchsvollen Aktionen und namhaften Akteuren aus dem In- und Ausland.

Töpfermarkt

Am letzten Wochenende des Kultursommers findet auf dem Schloßplatz der Töpfermarkt statt. Kunsthandwerker aus ganz Deutschland und dem benachbarten Ausland zeigen und verkaufen ihre Erzeugnisse.

Altstadtfest

Das Altstadtfest ist einer der festlichen Höhepunkte der Stadt. Geboten wird u.a. Live-Musik für jeden Geschmack in allen Straßen und Gassen der City, in Verbindung mit einem reichhaltigen Speisen- und Getränkeangeboten. Das Altstadtfest findet alljährlich am letzten Augustwochenende statt.

Weinfest

Auf dem Weinfest ist Deutschlands Rebensaft, in Form von edlen Tropfen und spritzigen Schoppen, in seiner ganzen Vielfalt zu erleben. Stimmungsvolle Winzeratmospäre mit Musik und kleinen Speisen sowie Verkostung und Beratung stehen im Mittelpunkt des Festes. Gefeiert wird am Wochenende Mitte September auf dem Waffenplatz.

Kramermarkt

Der Kramermarkt ist das Volksfest der Superlative im Nordwesten. Er findet Anfang Oktober auf dem riesigen Freigelände an der Weser-Ems-Halle statt. Geboten werden modernste „Vergnügungsmaschinen“ und „Spaßtechnik“, rund 250 Marktgeschäfte aller Art, führende Schaustellerbetriebe sowie große Bier- und Tanzzelte.

Lambertimarkt

Zu Füßen des Alten Rathauses und der ehrwürdigen St. Lambertikirche, zählt dieser vorweihnachtliche Markt zu den schönsten Norddeutschlands. Kunsthandwerk, Spielwaren und Weihnachtsdekorationen prägen seine Angebote unter festlichem Lichterglanz.

Darüber hinaus gibt es zahlreiche Wochenmärkte, Flohmärkte und Schützenfeste: Veranstaltungsorte der Wochenmärkte sind der Pferdemarkt, der Rathausmarkt, der Klingenbergplatz und die Bloherfelder Straße. Information: Tel.: 0441/80030.
Trödel- und Flohmärkte finden von April bis Oktober auf dem Schloßplatz und von November bis März in der Weser-Ems-Halle jeweils am zweiten Samstag im Monat von 8.00-13.00 Uhr statt. Information: Tel.: 0441/80030. Außerdem gibt es noch die Flohmärkte bei „famila", Info-Tel.: 0441/ 301063 und die Flohmärkte über einen Veranstalter, Information: Tel.: 0441/ 83982.

Schützenfeste

Sie prägen das Gemeinschaftsleben der Stadtteile. Infos: Ordungsamt der Stadt, Osterstraße 15, Tel. 0441/2352521.

Ausflugsziele

Ob Sie sich frischen Seewind um die Nase wehen lassen, Ostfriesland erkunden oder die Natur des Oldenburger Landes genießen wollen: Oldenburg ist ein idealer Ausgangspunkt für Ausflüge.
Küstenbadeorte an der Nordsee: Jadebusen/Dangast (ca. 35 km) oder Wilhelmshaven (ca.50 km); von Wilhelmshaven bestehen gute Fährverbindungen zu allen Ostfriesischen Inseln.
Bremen: (ca. 45 km) Informationen sind unter „Bremen" ersichtlich.
Halbinsel Butjadingen: Sie liegt mit den Nordseebädern Burhave und Tossens sowie mit dem Küstenbadeort Eckwarden/Eckwarderhörn ca. 65 km von Oldenburg entfernt.
Groningen: Das niederländische Groningen verspricht ein besonders reizvolles Flair: Besuchen Sie den Groninger Markt und das Neue Museum. (ca. 140 km), Infos unter der Tel.: 0031/50-3139774, Verkehrsverein Groningen.
Ammerland: Hier findet man eine Parklandschaft vor den Toren der Stadt, in der die Luft schon nach südlicher Nordsee schmeckt. Das vorzüglich ausgebaute Radwegenetz ist mit den Oldenburger Radwegen verbunden. Regionale Spezialitäten sind: Der Rhododendron, das „Smoortaal" und der Ammerländer Schinken. Info: Ammerland-Touristik in Westerstede, Tel.: 04488/56-125.
Bad Zwischenahn: Mit seinem Kurpark, der Spielbank und dem Zwischenahner Meer ist Bad Zwischenahn einen Besuch wert. Infos unter der Tel.: 04403/61786.

Weitere Vorschläge sind: Cloppenburg, Thülsfelder Talsperre, Brake, Wildeshausener Geest, Hude, Hatten/Sandkrug, Jaderberg.
Es werden zahlreiche Kurzreisen und Pauschalprogramme angeboten, wie z.B. eine Ammerlandrundfahrt und eine Küstenfahrt. Infos sind bei der Touristinformation und dem Verkehrsverein unter der Tel.: 0441/ 2489202 erhältlich.

Osterholz-Scharmbeck

(Landkreis Osterholz, Kreisstadt)

Osterholz-Scharmbeck, Kreisstadt des Landkreises Osterholz, ist eine lebendige Mittelstadt, ca. 20 Kilometer nördlich von Bremen. Sie liegt unmittelbar am Teufelsmoor und wird daher auch „Gartenstadt am Teufelsmoor“ genannt. Warum heißt das Teufelsmoor eigentlich „Teufelsmoor“?
Der Name beruht auf einem Übersetzungsfehler. Man hat das Moor anfangs ein „Duvesmoor“ genannt, womit ein taubes, unfruchtbares Moor gemeint war. Später ist „Düwelsmoor“ daraus geworden und bei der Rückübersetzung ins Hochdeutsche dann schließlich „Teufelsmoor“. Diese Bezeichnung ist aber auch verständlich, weil das Moor gerade in früheren Zeiten den Menschen unwegsam, mysteriös und furchterregend vorkam. Seit wann die heutige Geest bewohnt ist, kann man nicht mit Bestimmtheit sagen. Von einer Besiedelung des Gebietes seit der jüngeren Steinzeit zeugt das Steingrab an der Osterholzer Straße. Eine erhebliche Anzahl von Hügelgräbern und sonstige Urnenfunde bestätigen, daß auch die Menschen der nachfolgenden Bronze- und Eisenzeit hier ihre Wohnstätten hatten. Die ersten urkundlichen Nachweise über ein Teilgebiet der Stadt, nämlich Scharmbeck, stammen aus dem Jahr 1043. Die damalige Bezeichnung lautete „Scirnbeci“. Die Urzelle des heutigen Stadtteils Osterholz war das 1182 gegründete Benediktinerinnenkloster, welches bis 1650 bestand. Osterholz war mehr als 30 Jahre schwedische Residenz und in erster Linie Verwaltungsort. Scharmbeck entwickelte sich dagegen zum Mittelpunkt des Handwerks, Gewerbes und Handels. Besondere Bedeutung erlangte die 1581 gegründete Tuchmacherzunft, die mehr als 300 Jahre bestand und erst 1903 aufgelöst wurde. Der seit 1692 abgehaltene Scharmbecker Markt entwickelte sich zu einem der bedeutendsten Märkte des nordwestdeutschen Raumes. Der „Scharmbecker Herbstmarkt“ setzt bis heute diese Tradition fort. Bis zum Jahre 1927 bestand „Osterholz-Scharmbeck“ aus zwei selbständigen Orten mit eigener Verwaltung. 1929 verlieh das Preußische Staatsministerium der Gemeinde Osterholz-Scharmbeck Stadtrechte. Information: Schul- und Kulturamt der Stadt Osterholz-Scharmbeck, Rathausstraße1, Tel.: 04791/17-0.

Stadtführungen

Angeboten werden Gästeführungen durch den Landkreis. Sie führen durch das Teufelsmoor, die Flußlandschaft von Hamme, Wümme und Wörpe, das St. Jürgensland, die Künstlerkolonie sowie durch einen Querschnitt kulinarischer Spezialitäten der Region. Informationen sind unter folgender Adresse erhältlich: Hinter dem Berg 12, Lilienthal, Tel.: 04298/3885.

Sehenswertes

Marktplatz

Der Marktplatz ist der Kern des ehemaligen Dorfes Scharmbeck. Das letzte alte Bauernhaus aus der Zeit vor der Sanierung steht neben dem ehemaligen Feuerwehrturm. Markanter Blickpunkt des Marktplatzes ist die im Jahre 1897 gepflanzte Kaiser-Wilhelm-Eiche.

Städtisches Kulturzentrum Gut Sandbeck

Rathaus

Das Rathaus wurde etwa in den Jahren 1885 bis 1890 errichtet und erfüllte von 1891 bis 1931 seine Funktion als Armenhaus und später als Pflegeheim, bevor es Verwaltungsgebäude der beiden zusammengelegten Orte Osterholz und Scharmbeck wurde.

Wasser- und Aussichtsturm

Der ehemalige Wasserturm ist das Erkennungszeichen der Stadt. Heute dient er als Aussichtsturm. Erbaut wurde er im Jahre 1935 innerhalb von nur vier Monaten. Der Turm ist in jedem Jahr von ca. Mitte Mai bis Oktober bei gutem Wetter an Sonn- und Feiertagen von 15.00-18.00 Uhr geöffnet. Von dort oben hat man einen herrlichen Ausblick auf die Hammeniederung, nach Worpswede und Bremen. Adresse: Lindenstraße 66.

St. Willehadi-Kirche

Die St. Willehadi-Kirche stammt aus dem Jahre 1745. Sie besitzt einen Turm aus dem 10./11. Jahrhundert. Die Kirche ist sonntags von 15.30-17.00 Uhr für Besichtigungen geöffnet. Adresse: Hinter der Kirche 10, Tel.: 04791/57196.

Gut Sandbeck

Das Gut Sandbeck ist ein städtisches Kulturzentrum und Hauptanziehungspunkt für Liebhaber „klassischer" Kultur dar. Das im Jahre 1575 im Stil der Weserrenaissance erbaute Gutshaus sowie die Große und die Kleine Scheune erwarb die Stadt Osterholz-

Hamme bei Tietjen's Hütte

Scharmbeck, um sie der Nachwelt als kulturhistorische Stätte zu erhalten. Adresse: Sandbeckerstraße 13, Tel.: 04971/17-294; Öffnungszeiten/Kunstausstellungen: Fr und Sa 15.00-18.00 Uhr, So 10.00-12.00 Uhr und 15.00-18.00 Uhr, feiertags geschlossen; Öffnungszeiten/Artothek: Fr und Sa 15.00-18.00 Uhr.

Sandbecker Witwenhaus

Das Sandbecker Witwenhaus wurde im Jahr 1763 von Ernst-August von Sandbeck erbaut.

Ältestes Bürgerhaus

An der Ecke Sandstraße/Hundestraße befindet sich das älteste zivile Gebäude der Stadt Osterholz-Scharmbeck. Das Bürgerhaus in der Hundestraße 11 stammt aus dem Jahre 1626. Heute beherbergen seine Räume eine Einrichtung des Diakonischen Werkes.

Stadtpark

Im „unteren" Teil des Stadtparks steht ein Wasserrad, das früher Teil der Wasserstauanlage Fehsenfeld war. Diese war in der ursprünglichen Form Teil einer im 12. Jahrhundert erbauten Kornmühle.

Mühlen

Die Mühle von Rönn gilt immer noch als das Wahrzeichen der Stadt. Der doppelstöckige Viergänge-Holländer wurde im Jahre 1882 erbaut und nach der Zerstörung der Flügel 1958 mit neuem Flügelwerk ausgestattet.

Die Mühle von Rönn

Derzeit hat die biologische Station Osterholz dort ihren Sitz. Adresse: Lindenstraße 40, Tel.: 04791/89517. Sehenswert sind außerdem die Windmühle Sandhausen-Myle, ein doppelstöckiger Holländer aus dem Jahre 1795 (Adresse: Osterholzer Straße 23, Tel.: 04971/930-0), und die Wassermühle am Ruschkamp 4, Tel.: 04971/13700.

Kulturzentrum Kleinbahnhof

Nicht weit vom heutigen Bahnhof liegt das ehemalige Bahnhofsgebäude und jetzige Kulturzentrum Kleinbahnhof. Es wurde vom Worpsweder Künstler Heinrich Vogeler (1872-1942) im Jahre 1910 entworfen. Das Kulturzentrum hat sich mit seinen einfallsreichen Programmen von Kabarett bis Kleinkunst, von Pantomime bis zu Autorenlesungen, vom Liederabend bis zum Rockkonzert einen Namen gemacht. Am Kleinbahnhof 1, Tel. 04791/13138; Öffnungszeiten: Mo-Do 19.00-24.00 Uhr, Sa und So bei Veranstaltungen.

Denkmal

Das Denkmal für die Gefallenen des deutsch-französischen Kriegs 1870/71 befindet sich an der Ecke Bahnhofstraße/Lindenstraße. Es wurde im Jahre 1872 errichtet.

Ehrenmal

Der Eingang des Osterholzer Friedhofes ist mit seinem eindrucksvollen Tor zu einem Ehrenmal für die Gefallenen der Weltkriege geworden.

Hünengrab

Das Hünengrab zeugt von der Besiedelung des Gebietes seit der jüngeren Steinzeit. Es befindet sich an der Ecke Osterholzer Straße/Am Hünenstein.

Klosterkirche

Die Klosterkirche war die Urzelle des heutigen Stadtteils Osterholz. Das im Jahre 1182 gegründete Benediktinerinnenkloster bestand bis 1650. Erhalten sind die als romanische Basilika erbaute Klosterkirche und das 1562 entstandene jetzige Gemeindehaus. Die Kirche ist täglich außerhalb der Gottesdienstzeiten von 8.00-15.00 Uhr für Besichtigungen geöffnet. Lage: Am Klosterplatz/Findorffstraße, Tel.: 04971/2727.

Museen

Die in der Bördestraße gelegene Museumsanlage des Landkreises Osterholz-Scharmbeck umfaßt das Heimatmuseum, das Norddeutsche Vogelmuseum und das Museum für Schiffahrt und Torfabbau. Das Heimatmuseum beherbergt interessante Sammlungen zur Vorgeschichte und Heimatkunde. Auf dem Gelände befinden sich das Findorff-Haus, das nach dem Moorkommissar Johann Christian Findorff (1720-1792) benannt ist, das Schrödersche Bauernhaus von 1701 sowie verschiedene andere Fachwerkbauten. Das einzigartige Norddeutsche Vogelmuseum zeigt auf einer Ausstellungsfläche von 700 Quadratmetern die Artenvielfalt der mitteleuropäischen Vogelwelt und gibt einen vollständigen Überblick über die Vögel der Region. Ebenso sehenswert ist die im Museum für Schiffahrt und Torfabbau befindliche Sammlung historischer Boots- und Schiffstypen. Besondere Attraktion der Ausstellung ist eine zwanzig Meter lange, vor etwa 60 Jahren versunkene und aus dem Moor geborgene große „Torfschute“, die als Kahn benutzt wurde. Zusätzlich wird die Geschichte der Nutzung des Teufelsmoores durch ausgestellte Geräte zum Torfabbau dokumentiert.
Im Rahmen eines Spazierganges kann die Museumsanlage Di-So sowie an Feiertagen jeweils von 10.00-12.30 Uhr und 14.00-17.00 Uhr besucht werden. Tel.: 04971/13105.

Tiergarten Ludwigslust

Im Tiergarten Ludwigslust kann man mehr als 60 Tierarten bewundern. Der Tiergarten ist bemüht, vom Aussterben bedrohte heimische Tiere zu erhalten und sie später auszuwildern. Der Tiergarten ist vom 1. April bis zum 31. Oktober täglich von 9.00-18.00 Uhr geöffnet. Tel.: 04971/5271.

Freizeitangebote

Wandern/Radfahren

Für Wanderer besonders zu empfehlen ist der Waldlehrpfad im Klosterholz. Er ist ca. 3000 Meter lang und führt auf den Hauptwegen durch den gesamten Wald. Entstanden ist er auf Initiative der Bürger, die sich unter dem Motto „Rettet das Klosterholz“, für die Erhaltung des Waldes einsetzten. Außerdem garantieren etliche gut ausgebaute Wege in der Stadt und der Umgebung Wander- und Radsportvergnügen. Radwanderkarten sind im öffentlichen Buchhandel erhältlich.

Schwimmen

Adresse: Allwetterbad Osterholz-Scharmbeck, Am Barkhof, Tel.: 04791/94030; Öffnungszeiten: Mo-Fr 6.30-21.00 Uhr, Sa, So und an Feiertagen 9.00-18.00 Uhr.

Reiten

Information: Reit- und Fahrverein Pennigbüttel, Im Hof, Tel.: 04791/9601-0; Reit- und Fahrverein Scharmbeckstotel, Am Heuplatz 1, Tel.: 04791/13119; Reit- und Fahrgemeinschaft OHZ-Scharmbeckstotel, Hauptstraße 37, Tel.: 04791/3555.

Segelfliegen

Das Segelfluggelände liegt in den Hammwiesen, hinter dem Hafen. Informationen erteilt der Luftsportverein Osterholz-Scharmbeck, Tel.: 04791/6522.

Golf

Der Golfclub zu Vahr mit seinem Golfplatz in Garlstedt im Alten Bremer Weg lädt Gäste und Sportler zu einem Besuch ein. Info-Tel.: 04795/417.

Segeln/Bootsfahrten

Der Segelclub Hamme bietet Wassersport für verschiedene Interessen an. Adresse: Am Bootshafen, Tel.: 04791/3836.

Rudern

Der Ruderverein Osterholz-Scharmbeck ist unter der Tel.: 04791/4887 zu erreichen.

Feste und Veranstaltungen

Scharmbecker Herbstmarkt

Der Scharmbecker Herbstmarkt bietet seit fast 300 Jahren ein buntes Allerlei aus Gewerbe und Vergnügen. Hier wird der Pferdekauf noch per Handschlag besiegelt.
Der Veranstaltungskalender „Wat is los in Osterholz-Scharmbeck" informiert über aktuelle Veranstaltungen und Attraktionen.

Ovelgönne

(Landkreis Wesermarsch)

Im nördlichen Niedersachsen, zwischen Weser und Ems, liegt die Wesermarsch und in ihrem Herzen die Gemeinde Ovelgönne. Das ehemalige Burgdorf Ovelgönne ist Namensgeber der 123 Quadratkilometer großen Einheitsgemeinde Ovelgönne und war lange Zeit Verwaltungsmittelpunkt der Wesermarsch. Neben den Siedlungsschwerpunkten Ovelgönne, Großenmoor und Oldenbrok zählen zu den ländlich strukturierten Gebieten der Gemeinde die Orte Frieschenmoor, Neustadt/Colmar, Strückhausen und Rüdershausen, sämtlich typische Reihendörfer der Marschenlandschaft. Die Gemeinde konnte zu Beginn der Zeitrechnung nur auf Wurten besiedelt werden. Die Wurten waren zu der Zeit der einzige Schutz vor Überflutung. Erst später, als man die ersten Deiche baute, setzte eine großflächigere Besiedelung ein. Die ersten namentlich erwähnten Siedler stammten aus der friesischen Häuptlingsfamilie Hayo. Die Friesen wurden nach zwei Fehden mit den Bremern und Oldenburgern unterworfen. Danach begann die eigentliche Besiedelung. Es entstanden die Kirchspiele Großenmeer, Oldenbrok, Ovelgönne und Strückhausen. Im Jahre 1514, nach Unterwerfung der Stadländer und Butjadinger, erbaute Graf Johann von Oldenburg die Burg Ovelgönne. Von hier aus wurde die Wesermarsch von einem „Drosten" verwaltet. Die Besiedelung Ovelgönnes begann um 1500.

Kirche in Ovelgönne

Der Ort war von 1686 bis 1858 Sitz des Landesgerichtes und bis zum Jahre 1879 Sitz des Amtsgerichtes. Information: Fremdenverkehrsverein Ovelgönne, Rathausstraße 14, Tel.: 04480/82-0 oder -24 oder Tourist-Information, Kirchenstraße 9, Ovelgönne.

Sehenswertes

Handwerkermuseum

Das Norddeutsche Handwerkermuseum Ovelgönne wurde im Jahr 1981 gegründet. Es ist im Landgerichtsgebäude aus dem Jahre 1733 untergebracht. Das Museum soll einen Überblick über Handel, Handwerk und das dörfliche Leben im 19. Jahrhundert in der Wesermarsch geben. Es besteht hauptsächlich aus vollständig eingerichteten Werkstätten, z.B. einer Schmiedewerkstatt, Stellmacherei, Webstube, Bäckerei, Kolonialladen usw.
Öffnungszeiten: So 15.00-17.00 Uhr; Auskunft: Tel.: 04401/81989 oder 04480/8224.

Handwerksmuseum Ovelgönne

Jüdischer Friedhof

Im Jahre 1804 wurde in Ovelgönne eine Synagoge erbaut. Sie bestand bis zum Jahr 1906, war dann baufällig, wurde verkauft und später abgebrochen. Bereits im Jahre 1795 wurde der Judenfriedhof, außerhalb Ovelgönnes, angelegt und bis ca. 1930 als solcher genutzt. Die ältesten Grabsteine haben hebräische Inschriften.

Kirchen

Die im Jahre 1809 erbaute einzigartige Straßenkirche Ovelgönnes entspricht dem Ideal des Klassizismus. Dieses Gotteshaus ist ein Mehrzweckbau. Gottesdienstlicher Raum, Pastoren- und Küsterwohnung sind unter einem Dach vereint. Friedhof und Kirche sind örtlich voneinander getrennt. Besichtigung und Information: Tel.: 04401/81975. Im Jahre 1396 wurde erstmals eine Kirche für Strückhausen erwähnt, die aber bereits um 1400 wieder zerstört wurde. Die jetzige St. Johannis-Kirche zwischen den Ortschaften Strückhausen und Frieschenmoor wurde im Jahre 1519 erbaut. Das Gotteshaus wurde inzwischen vollständig restauriert. Besonders sehenswert sind die wertvollen Deckenmalereien. Besichtigung und Information: Tel.: 04480/213. Im Mittelalter gingen die Bewohner des Ortes Großenmeer zur Kirche in Linenbrok, die um 1400 zerstört wurde. Eine eigene Kirche erbauten sich die Großenmeerer im Jahre 1504 im Ortsteil Barghorn. Die alte Glocke wurde im Jahre 1509 gegossen und mitgenommen, als man im Jahre 1600 die jetzige Kirche in Großenmeer erbaute. Im Jahre 1782 wurden der Turm und ein Teil der Kirche erneuert. Auf

Radwandern in der Umgebung von Ovelgönne

dem Friedhof befinden sich noch zwölf alte Grabstellen, die aus der Zeit von 1706 bis 1752 stammen. Besichtigung und Information: Tel.: 04483/614. Adresse: Meerkircher Straße, Großenmeer.

Burg-Apotheke

Das Gebäude wurde im Jahre 1744 errichtet. Die Inneneinrichtungen stammen zum größten Teil aus dem frühen 19. Jahrhundert. Die Apotheke bildet den Mittel- und Ausgangspunkt der über 300jährigen Geschichte des Apothekerwesens in der Wesermarsch. Information: Tel.: 04401/81953. Adresse: Kirchenstraße 1.

Modelleisenbahn

400 Meter Schienen, über 44 Waggons, mehr als 100 elektrische und Dampflokomotiven, 13 Tunnel – das ist im Telegrammstil der Bestand der größten deutschen Mini-Eisenbahn, die je von einem Privatmann hergestellt wurde. Öffnungszeiten: So 16.00-18.00 Uhr, Gruppenanmeldung: Scheelje's Gasthof, Großenmeer, Tel.: 04483/233.

Altes Brauhaus

Das alte Brauhaus in Großenmeer ist über 400 Jahre alt. In diesem Brauhaus wurde früher für die Großenmeerer Bürger Branntwein hergestellt und Bier gebraut. Zuletzt diente das Gebäude viele Jahrzehnte als Dorfschmiede. Adresse: Dorfweg 8, Großenmeer.

Hochmoor

Ovelgönne hat auch „natürliche" Sehenswürdigkeiten zu bieten, wie z.B. das Hochmoor in Rüdershausen. Es ist das Überbleibsel eines Hochmoores aus dem 12. Jahrhundert, das den größten Teil des Jadebusens ausfüllte. Die niedersächsischen Hochmoore entstanden in der Nacheiszeit im Atlantikum. Sie wuchsen auf Standorten, an denen ständig ein Wasserüberschuß vorhanden war. Dadurch konnten die abgestorbenen Pflanzenteile nicht vollständig zersetzt werden. Es bildeten sich Torfe. Das lebende Hochmoor, ein Biotop von höchstem Wert, beheimatet eine einzigartige Flora und Fauna.

Freizeitangebote

Wandern/Radfahren

Neben der unberührten Natur bietet die Gemeinde Ovelgönne eine Vielzahl an Rad- und Wanderwegen. Jedem Interessierten wird auf Wunsch eine umfangreiche Kartenmappe ausgehändigt. Die hier vorgeschlagenen Rundtouren sind so angelegt, daß sie an vielen Sehenswürdigkeiten vorbei führen. Besonders zu empfehlen ist z.B. die Deutsche Sielroute. Sie ist ein völlig neu konzipierter, 200 Kilometer langer Radwander-Rundkurs. Die Route verbindet auf vorbildlich markierten und landschaftlich reizvollen Wegen die Städte und Gemeinden des Landkreises Wesermarsch. Themenbereiche wie Deichbau, Küstenschutz, Schiffsbau, Landwirtschaft und Kultur sind auf eigens für die Sielroute aufgestellten kunst- und kulturhistorischen Tafeln näher erläutert. Weitere Informationen sind beim Informationsbüro: Deutsche Sielroute, Tel.: 04733/92930 erhältlich.

Feste und Veranstaltungen

Der Pferdemarkt

Der Pferdemarkt ist über die Gemeindegrenzen hinaus bekannt geworden. Hier erlebt man noch ländliche Traditionen. So wird beispielsweise das Geschäft noch mit einem Handschlag „rechtskräftig" besiegelt. Auch die typischen Veranstaltungen wie z.B. Reitturniere oder Versteigerungen finden in ihrem ganz speziellen „Landstil" statt. Natürlich muß man sich nicht aufs Zuschauen beschränken, jeder kann sich auch selbst daran beteiligen. Veranstaltet wird der Pferdemarkt am ersten Montag im September, des vorausgehenden Wochenendes inklusive.

Pferdemarkt in Ovelgönne

Norddeutsches Kaltblüterrennen

Das Kaltblüterrennen in Strückhausen findet alljährlich am zweiten Sonntag im Juni statt. Auf dem Programm stehen außerdem ein Ponyrennen, Kostümreiten, eine Showeinlage und ein Streichelzoo. Information: Fam. Luten, Strückhauser Straße 93, Tel.: 04480/414.

Rastede

(Landkreis Ammerland)

Inmitten der grünen Parklandschaft des Ammerlandes, nur einen Katzensprung von der Nordsee entfernt und zentral zu vielen beliebten Ausflugszielen der Region liegt der Luftkurort Rastede. Geprägt wird der Ort, wie auch sein Umland, durch bewaldete Geestrücken und ausgedehnte Moorniederungen. Aufgrund seines reizmilden bis reizarmen Klimas erhielt Rastede im Jahre 1983 die Auszeichnung „Staatlich anerkannter Luftkurort". Die Entstehung Rastedes läßt sich bis ins frühe Mittelalter zurückverfolgen. Erstmals urkundlich erwähnt wurde der Ort im Jahre 1059, dem

Schloß Rastede mit Schloßpark

Weihejahr der St.-Ulrichs-Kirche. Bereits ein paar Jahre später, 1090, entstand ein weiterer großer Sakralbau in Rastede, das Benediktinerkloster. Im Kloster wurden bekannte bis heute erhaltene Schriften, wie der „Codex Rastedensis" und eine Abschrift des „Sachsenspiegels" geschaffen. Im Zuge der Reformation ging der Klosterbesitz 1539 an die Grafen von Oldenburg über. Die Klosteranlagen wurden zum gräflichen Vorwerk und später zum herzöglichen Landschloß umgestaltet. Bis heute wird Rastedes Ortsbild durch sein historisches Ambiente geprägt. Daß die Zeit hier trotzdem nicht stehengeblieben ist, bemerkt man sofort. Die Oldenburger Straße, beliebte Bummelmeile im Ortszentrum, eine gut ausgebaute Infrastruktur, ein hervorragendes Radwandernetz, gemütliche Unterkünfte und ein großes gastronomisches Angebot erwarten den Rasteder Gast. Information: Tourist-Information Rastede, Bahnhof, 26180 Rastede, Tel.: 04402/ 939823, Fax: 04402/1004.

Sehenswertes

St. Ulrichs-Kirche

Die 1059 geweihte St. Ulrichs-Kirche gehört zu den kulturhistorisch bedeutenden Sakralbauten Nordwestdeutschlands. Die aus der Gründerzeit der Kirche stammende Krypta, die Wolkenmalerei aus dem Barock und die Emporenmalerei aus dem Rokoko zeugen von einer wechselvollen Geschichte der Kirche. Wahrzeichen des Ortes ist der sich anschließende, freistehende Glockenturm aus dem 15. Jahrhundert.

St. Marien-Kirche

In der nach dem Vorbild der Dominikanerkirche in Vechta-Füchtel erbauten St. Marien-Kirche wurde der erste Gottesdienst im Jahr 1950 abgehalten. Der Taufstein, ein altes Säulenkapitell aus dem mittelalterlichen Marienkloster, ist ein besonderes Schmuckstück der Kirche.

Schloß Rastede

Rastede war im Mittelalter Sitz eines bedeutenden Benediktinerklosters. Im Zuge der Reformation überging der Klosterbesitz an die Grafen von Oldenburg. Der durch sein diplomatisches Geschick und seine Pferdezucht berühmte Graf Anton Günther von Oldenburg gestaltete die Klosteranlage zur Sommerresidenz um. Dem im Jahre 1612 errichteten Marstall folgte 1643 ein Lusthaus. Nachdem das Oldenburger Land in der Folgezeit an die dänische Krone gefallen war, wurde das Rasteder Schloß an den Justizrat der Römer verkauft. Römer ließen seit 1756 das Lustschloß und die bestehenden Reste des Klosters abtragen und ein Landhaus errichten, das von einem französischen Garten umgeben wurde. Der spätere Herzog Peter Friedrich Ludwig von Oldenburg kaufte das Anwesen im Jahre 1777 zurück und ließ es von seinem Hofarchitekten Carl Heinrich Slevogt zu dem bis heute erhaltenen, klassizistischen Landschloß umgestalten. Flankiert wird das Schloß von Kavaliershaus und Marstall. Bis heute wird es von der herzöglichen Familie als Wohnsitz genutzt und ist somit für die Öffentlichkeit nicht zugänglich.

Schloßpark

Mitten im Luftkurort Rastede liegt der rund 100 Hektar große Rasteder Schloßpark. Angelegt wurde der Schloßpark ab 1784 von Hofgärnter Carl Ferdinand Bosse im Stile eines englischen Landschaftsgartens. Bosse brachte die ersten Rhododendren ins Ammerland, die heute zum Wahrzeichen der Region geworden sind. Nicht verwunderlich ist es deshalb, daß man im Rasteder Schloßpark auf die ältesten und prächtigsten Rhododendronbüsche trifft. Während der Blütezeit von Ende April bis Mitte Juni verwandeln die Rhododendren das Ammerland in ein Meer aus Blüten. Heute ist der Schloßpark der Öffentlichkeit zugänglich und mit zahlreichen Rad- und Wanderwegen sowie einem Trimmpfad gut erschlossen. Teiche, insbesondere der Ellernteich mit seiner Wasserfontaine, und der Turnierplatz, als Austragungsort vieler Großveranstaltungen, lassen einen Parkbesuch zum Erlebnis werden.

Erbprinzenpalais

Gegenüber dem Schloß befindet sich das im Jahre 1800 vom Grafen von Schmettau erbaute Erbprinzenpalais. 1822 erwarb Herzog Friedrich von Oldenburg den eingeschossigen Bau und ließ ihn, zur Erweiterung der Hofhaltung, im Stile des Historismus umgestalten. Mitte der 80er Jahre wurde das Gebäude restauriert. Seitdem wird es als Kulturzentrum für überregional bedeutende Kunstausstellungen und Zimmertheateraufführungen genutzt. Seit November 1998 wird im Obergeschoß die Dauerausstellung „Blick ins Ammerland" gezeigt. Das Erbprinzenpalais wird von einem gepflegten Landschaftsgarten umgeben.

Bauernmuseum „Jan Pastor sin Hus"

Das landwirtschaftlich-historische Museum im alten Fachwerkhaus von 1666 an der Raiffeisenstraße zeigt auf über 1.500 Quadratmetern Ausstellungsfläche eine einzigartige Sammlung von Gerätschaften und Gegenständen aus dem landwirtschaftlichen Leben der vergangenen zwei Jahrhunderte. Das Museum befindet sich im Brötjehof, ehemals Fabriciushof. Öffnungszeiten: Fr und So 14.00-18.00 Uhr und nach Absprache. Tel.: 04402/81261.

Traditionelles Handwerk

„Traditionelles Handwerk – ganz modern" lautet das Motto der Rasteder Handwerksbetriebe. Hier können Sie diese alten Handwerke kennenlernen oder wiederentdecken. Anschriften: Drechslerei Hobbensiefken (Mühlenstraße, Tel.: 04402/2146), Blaudruckerei Knaak (Schloßstraße 14, Tel.: 04402/51048), Drechslerei (Mühlenstraße 11, Tel.: 04402/2146), Fleischräucherei (Wilhelmshavener Straße 271, Tel.: 04402/7244) und Imkerei Sandkuhl (Wallstraße 12, Tel.: 04402/70397).

Freizeitangebote

Kulturelles

Der Kunst- und Kulturkreis Rastede organisiert ein abwechslungsreiches Kulturangebot. Im Erbprinzenpalais, dem Sitz des Vereins, werden wechselnde Kunstausstellungen von überregionaler Bedeutung sowie die Dauerausstellung „Blick ins Ammerland" gezeigt. Zimmertheateraufführungen des Theaterensembles Orlando von November bis Februar, Freilichttheateraufführungen im Juni, Lesungen und Konzerte – das Erbprinzenpalais ist Zentrum des Rasteder Kulturlebens.

Wandern/Radfahren

Im Schloßpark laden zahlreiche Rad- und Wanderwege sowie ein Trimmpfad zu sportlicher Bewegung im Grünen ein. Auch das Umland ist ein Dorado für Radler und Wanderer. Kartenmaterial und ausgearbeitete Touren (z.B. die Ammerland-Route) hält die Tourist-Information für Sie bereit. Da Rastede an das überregionale Radfernnetz angeschlossen ist, bietet es neben kurzen auch längere Radrundrouten an.

Schwimmen

Freibad Rastede, Mühlenstraße, Naturbad Hahn (mit Sandstrand), An der Badeanstalt in Hahn-Lehmden, Hallenbad im Palaisgarten, Schloßstraße.

Feste und Veranstaltungen

Einen Namen hat sich Rastede insbesondere auch als Veranstaltungsort gemacht. Jährlich finden hier auf dem Turnierplatz im Schloßpark Großveranstaltungen wie das „Mittelalterliche Spectaculum“ (Anfang Juni), die Rasteder Theatertage (Ende Juni), die Internationalen Rasteder Musiktage (Anfang Juli), das Oldenburger Landesreitturnier (Ende Juli), die Pferderenntage (im Juni und September) sowie das Internationale Grasbahnrennen für Motorsportfans (im August) statt. Schützen- und Volksfeste in den Bauernschaften und plattdeutsche Theateraufführungen runden das Veranstaltungsprogramm ab. Nähere Informationen erteilt die Tourist-Information.

Ritterhude

(Landkreis Osterholz)

Ritterhude wurde in einer Urkunde des Klosters Osterholz im Jahre 1182 erstmals erwähnt. Die Endung „-hude“ ist auf einen alten Familiennamen zurückzuführen.
Im Jahre 1305 gab es zahlreiche Fehden, u.a. mit der Stadt Bremen, die zur Einnahme der alten Huden-Burg an der Hamme durch die Bremer führte. Große Not brachte eine Feuersbrunst im Jahre 1712, die 56 Gebäude und eine Wassermühle zerstörte.
Nach dem Tod Friedrich August v.d. Hude (1774), dem letzten seines Stammes in Ritterhude, erwarb Georg v. Gröning, später Bürgermeister von Bremen, das Dammgut.
Im Jahre 1874 fand man beim Bau der Hammeschleuse Reste der alten Burg „Hude“. Die heutige Gemeinde Ritterhude entstand im Jahr 1974 im Zuge der Verwaltungs- und Gebietsreform aus den ehemals selbständigen Gemeinden Ritterhude, Platjenwerbe, Ihlpohl, Lesumstotel, Stendorf und Werschenrege. Information: Rathaus, Riesstraße 40, Tel:. 04292/889-0.

Freizeitangebote

Schwimmen

Zum Schwimmen steht das Hallenbad in der Grundschule Ritterhude zur Verfügung. Adresse: Jahnstraße 2-4, Tel.: 04292/3855.

Wandern/Radfahren

Die reizvolle Natur läßt sich auf vielerlei Arten entdecken. Zahlreiche Naturschutzgebiete laden auf ihren Wegen zu einer Wanderung ein. Zu empfehlen ist auch eine Wanderung durch die Hammeniederung, ein Spaziergang durch die „Bremer Schweiz“ oder eine Radtour durch das Blockland.

Bootsfahrt

Das Schiff „Hanseat“ legt am Vegesacker Hafen ab, fährt dann die Weser entlang, weiter in die Lesum, Hamme und schießlich nach Neu Helgoland. Für Informationen steht Frau R. Haferkamp, Tel.: 04404/ 3514 zur Verfügung.

Feste und Veranstaltungen

Schützenfest

Auf dem Gelände des Schützenvereins findet am letzten Juniwochenende das Ritterhuder Schützenfest statt.

Erntefest

Am dritten Augustwochenende feiert Ritterhude an der Dorfgemeinschaftsstraße in Lesumstotel/Werschenrege das Erntefest.

Hammefest

Auf dem Hammefest präsentieren sich Betriebe, Vereine und Verbände aus Ritterhude und den Partnerstädten. Dieses Fest findet mit großem Rahmenprogramm am ersten Septemberwochenende rund um die Riesstraße statt.

Weihnachtsmarkt

Der Weihnachtsmarkt taucht die Gemeinde in eine feierliche Stimmung. Er findet rund um die St.Johannes-Kirche am 2. Adventswochenende statt.

Schwanewede

(Landkreis Osterholz)

Die Gemeinde Schwanewede umfaßt den gesamten westlichen Teil des Landkreises Osterholz. Sie liegt direkt an der Unterweser. Die abwechslungsreiche Landschaft ist geprägt durch Marsch, Moor und Geest. Das Gemeindegebiet muß schon 2000 Jahre v.Chr. besiedelt gewesen sein, da man in der Gemarkung von Schwanewede Werkzeuge jungsteinzeitlicher Siedler gefunden hat. Auch Gräber aus der Bronzezeit deuten auf eine frühe Besiedelung hin. Der Name Schwanewede wurde erstmals im Jahre 1203 urkundlich erwähnt. Nach Ansicht von Namensforschern bezeichnet Wede oder Wedel einen Übergang über ein mooriges Gebiet, eine Furt oder einen Wald nahe der Furt. Die Vorsilbe Schwan konnte bisher nicht erklärt werden. Information: Gemeindeverwaltung Schwanewede, Rathaus, Damm 4, 28790 Schwanewede, Tel.: 04209/74-0.

Sehenswertes

Ortschaft Aschwarden

Einer der zentralsten Orte der Osterstader Marsch ist die Ortschaft Aschwarden. Sie steht erhöht auf einer Wurt, da sie aus einer Zeit stammt, in der es den Weserdeich zum Schutz gegen die zahlreichen Überflutungen noch nicht gab. Die Aschwardener Windmühle, eines der Wahrzeichen des Ortes, wurde im Jahre 1850 erbaut. Als 1886 ein Blitzschlag die Mühle bis auf die Grundmauern abbrennen ließ, mußte sie in ihrem ursprünglichen „holländischen“ Stil mit der doppelstöckigen Galerie von Grund auf neu errichtet werden. Heute dient sie Ballonfahrern und Sportfliegern als Orientierungspunkt. Herr Schnelle bietet Führungen an, Tel.: 0421/504215. Die Nikolai-Kirche in Aschwarden-Bruch entstand um 1235, als Erzbischof Adelbert von Bremen einen Kreuzzug gegen die aufsässigen Stedinger führte. Das kleine Gotteshaus der Kirche, mit einem Triumphbogen und einem Taufstein von 1601 gilt als Kleinod des niederdeutschen Bauernbarocks. Der Altar inmitten der Kirche stammt aus dem Jahre 1792. Der älteste Grabstein auf dem anliegenden Friedhof trägt die Jahreszahl 1574. Sehenswert ist außerdem das Achwardener Siel, dessen Flügel mit ihrer mastartigen Aufhängung den Segeln eines Schiffes ähneln. Als Sitzgelegenheit bilden die Steinblöcke des alten Sielauslaßbogens die

Schloß Rastede

Mittelalterliches Spectaculum in Rastede (oben); Landschaft bei Eggestedt, Schwanewede (unten)

Wandern in Wardenburg

Stadtpark in Wildeshausen (oben); Westerstraße in der Innenstadt von Wildeshausen (unten)

Weserufer – Harriersand

Form der „Bugwelle", „Tisch" und „Torpfosten". Im Laufe der Jahre ist die Weser oft über die Ufer getreten. Um die Wasserstände verfolgen zu können, errichtete man im Zusammenhang mit der Dorferneuerung in der Ortschaft Aschwarden einen Sturmflutkegel. Seine Daten verdeutlichen die Notwendigkeit des Deichschutzes. Der Sturmflutkegel befindet sich direkt am Aschwardener Siel.

Ortschaft Beckedorf

Das „Beckedorfer Schmiedemuseum" zeigt eine fast vollständige Schmiedeeinrichtung aus vergangenen Zeiten. Er vermittelt dem Besucher so ein altes Handwerk. Öffnungszeiten: Fr 15.00-18.00 Uhr, Tel.: 0421/ 650101 oder 606583 oder 665792.

Ortschaft Brundorf

Ein fast 300 Jahre alter Schafstall in der Ortschaft Brundorf, am Lehnstedter Weg, erinnert an Zeiten, in denen Schafzucht eine wichtige Rolle spielte. Heute ist der Stall nach fortschreitendem Verfall mit Unterstützung des Landkreises Osterholz restauriert und wieder in Betrieb genommen worden. Er wurde auf einem Findlingsockel erbaut, der Schutz gegen die Wölfe bot. Das Fachwerk der oberen Wandteile ist mit Flechtwerk aufgefüllt.

Landgut Hohehorst – Löhnhorst

Ortschaft Eggestedt

Eggestedt ist zwar nur ein sehr kleines Gebiet der Gemeinde Schwanewede, gilt aber dennoch für historisch interessierte Besucher als Kleinod. Die Hügelgräber und der Urnenfriedhof in dem fast 800 Jahre altem Bauerndorf weisen auf eine sehr frühe Besiedelung hin. Während der Eiszeit bildeten sich unter den Gletschern sogenannte Schmelzsände, auf denen das heutige Eggestedt errichtet wurde.

Ortschaft Harriesand

Die Insel Harriesand ist mit einer Länge von elf Kilometern die längste Flußinsel Europas. Früher bestand Harriesand aus sieben kleineren Inseln, die später durch die Uferaufspülung anläßlich der Weserkorrektion und -vertiefung zu einer großen Insel vereinigt wurden. Im Jahre 1962 blieb die Insel von der Sturmflut nicht verschont. Schwere Schäden zwangen viele Landwirte, ihren Betrieb aufzugeben. Heute gibt es nur noch ein Dutzend Höfe. Erreichbar ist die Insel über eine Brücke, die über den rechten Nebenarm der Weser zum Festland, der Ortschaft Rade, führt.

Ortschaften Leuchtenburg und Löhnhorst

Die Ortschaften Leuchtenburg und Löhnhorst gelten als Zentren der „Bremer

Schweiz". Damit ist der abwechslungsreiche, liebliche Landstrich gemeint, der die Besucher zum Wandern oder Verweilen einlädt. Sehenswert ist der Albrechtspark in der Ortschaft Leuchtenburg. Mit rund 40.000 Quadratmetern zählt der Park mit seinen zahlreichen alten Bäumen, den riesigen Rhododendren und den malerischen Teichen zu Besonderheiten Leuchtenburgs. Nennenswert ist außerdem das ehemalige Schloß Hohehorst mit angrenzendem Park. Es wurde im Jahre 1869 im englischen Stil errichtet. Rund 60 Jahre später wurde nach Abbruch des mittlerweile baufällig gewordenen alten Gutshauses das jetzige Herrenhaus erbaut. Heute ist hier ein Therapiezentrum untergebracht. Der riesige Park mit zahlreichen Teichen ist für die Öffentlichkeit zugänglich, das Herrenhaus darf leider nicht besichtigt werden.

Ortschaft Meyenburg

Die „Meyenburg" ist ein Rittergut, das noch heute bewirtschaftet wird. Möglicherweise führten Erbstreitigkeiten im Jahre 1430 zur vollständigen Zerstörung der alten Burg. Das Burggelände wurde erst acht Jahrzehnte später neu bebaut und die Burg im Laufe der Jahre mehrmals renoviert. Das Anwesen inmitten eines Parks ist für die Öffentlichkeit nicht zugänglich. Besonders sehenswert ist die Meyenburger Wassermühle, die aus der Zeit um 1250 stammt. Nach einem Brand im Jahre 1830 wurde sie neu errichtet und 1856 umgebaut. Nachdem der letzte Müller den Betrieb aufgab, wurde an der ursprünglichen Stelle wieder ein Wasserrad eingesetzt. In der noch heute betriebenen Mühle können Feste in dem dafür vorgesehenen Tagungsraum nach Absprache veranstaltet werden. Besichtigung und Information: K. Grimm, Braklandshöpen 3, Tel.: 04209/3429. Typisch für die Geestlandschaft in Meyenburg sind ihre Stein- oder Hügelgräber. Sie stammen aus der jüngeren Steinzeit um 2000 v.Chr.. Die meisten von ihnen befinden sich im Meyenburger Düngel. Etwa 500 Hügelgräber, die meisten aus der Bronzezeit, sind noch heute erhalten geblieben. Rund 40 Urnenfriedhöfe wurden bisher entdeckt.

Ortschaft Neuenkirchen

Die St. Michaelis-Kirche in Neuenkirchen stammt aus dem Jahre 1192. Der quadratische Feldsteinturm mit seinen zwölf Rundbogenfenstern geht ebenfalls in diese Zeit zurück. Sein Mauerwerk hat eine Dicke von 1,75 Metern. Charakteristisch sind vor allem die Säulen mit einfachen Würfelkapitellen ohne jede Verzierung, die das frühromantische Kreuzgewölbe tragen.

Ortschaft Schwanewede

Die St. Johannes-Kirche mit dem Küsterhaus liegt in der Ortschaft Schwanewede. Die Kirche wurde im Jahr 1551 errichtet. Bis heute hat der schlichte Fachwerkbau seinen besonderen Reiz nicht verloren. Die Ostseite hat statt des Giebels ein Walmdach. Das Innere der Kirche als Saalbau mit einer freiliegenden Balkendecke unterstreicht in seiner Einfachheit den bäuerlichen Charakter Schwanewedes. Das Küsterhaus ist das älteste Schulhaus in Schwanewede.

St. Michaeliskirche zu Neuenkirchen

Freizeitangebote

Wandern/Radfahren

Die ländliche Gemeinde Schwanewede bietet für Wanderer zu Fuß oder per Rad herrliche Wege und die Vielfalt der Natur. Ein beliebter Wanderweg ist z.B. der „Thüringer Weg“, der bei Leuchtenburg durch die „Bremer Schweiz“ führt. Besonders empfehlenswert ist die Teilnahme an einer naturkundlichen Wanderung. Bei einer Führung durch den Brundofer Wald erfährt der Besucher vieles über heimische Baum- und Tierarten sowie über Naturschutz und Forst. Information: Revierförsterei Heidhof, Tel.: 04209/1231.

Sport

Die Minigolf- und Freizeitanlage in Brundorf bietet sportliche Aktivitäten und Spielmöglichkeiten für groß und klein. Während der Pausen kann man sich im Sommergarten der Anlage erholen. Information: Tel.: 04209/69471.

Schwimmen

In der Freizeitanlage in Brundorf liegt ein großer Badesee, der in den Sommermonaten zur Erfrischung einlädt. Außerdem bietet sich die Gelegenheit, das Freibad Neuenkirchen zu besuchen. Adresse: Schulstraße, Tel.: 0421/68727; Öffnungszeiten:

Mo-Fr 7.30-19.30 Uhr, Sa 8.00-19.30 Uhr, So 9.00-19.30 Uhr. In den Wintermonaten steht das Hallenbad, Waldweg 2, Tel.: 04209/7542, zur Verfügung. Öffnungszeiten: Mo 16.00-21.30 Uhr, Di 16.00-19.30 Uhr, Mi Ruhetag, Do 14.00-21.30 Uhr, Fr 14.00-18.30 Uhr, Sa 8.00-19.30 Uhr, So 9.00-19.30 Uhr.

Fährfahrt

In den Sommermonaten ist es möglich, mit der Fähre „Guntsiel" von der Insel Harriesand zur benachbarten Stadt Brake hinüberzufahren. Info-Tel.: 0440/1237.

Kremser- und Kutschenfahrt

Wenn Sie Interesse an einer Kremser- oder Kutschenfahrt haben, können Sie sich an folgende Adresse wenden: Großer Kamp 17, Tel.: 04209/1306. Eine Rundtour über Neuenkirchen, Rade, Aschwarden und Hinnebeck wird unter folgender Telefonnummer angeboten: 04294/529.

Reiten

Die Reitanlage General Rosenberg in Schwanewede ist die größte ihrer Art in der Gemeinde. Sie besteht aus einer großen Reithalle, einem großen Ausflugsgebiet und einer Rennbahn mit Tribüne. Info-Tel.: 04209/498.

Feste und Veranstaltungen

Folgende Festlichkeiten laden zum Besuch ein:
Maimarkt „Rund ums Auto" am 2. Wochenende im Mai auf dem Schwaneweder Marktplatz, Neuenkirchener Schützenfest am 4. Wochenende im Mai auf dem Neuenkirchener Marktplatz, Sommermarkt (Jahrmarkt) am 1. Wochenende im Juni auf dem Schwaneweder Marktplatz, Meyenburger Schützenfest am 3. Wochenende im Juni auf dem Meyenburger Schützenplatz, Schwaneweder Schützenfest am 3. Wochenende im Juli auf dem Schwaneweder Schützenplatz, Erntefest am 1. Wochenende im Oktober (Erntedank) auf dem Schwaneweder Schützenplatz, Neuenkirchener Herbstmarkt am 3. Wochenende im Oktober auf dem Neuenkirchener Marktplatz, Nikolausmarkt am 1. Sonntag im Dezember in der Schützenhalle Schwanewede, Weihnachtsmarkt am 3. Wochenende im Dezember auf dem Schwaneweder Marktplatz.

Stadland

(Landkreis Wesermarsch)

Die Gemeinde Stadland ist im Zuge der Gebietsreform im Jahr 1974 aus den ehemals selbständigen Gemeinden Rodenkirchen, Schwei und Seefeld sowie der Bauernschaft Kleinensiel entstanden. Das Landschaftsbild der Gemeinde ist vom breiten Bett des ehemaligen Lockfleths, das in früheren Jahrhunderten mehrfach die Deiche durchbrochen und den Marschboden aufgespült hat, geprägt. Mächtige Deiche entlang der Weser und dem Jadebusen schützen das Binnenland vor den Fluten des „Blanken Hans". Viele Deichrümpfe und Wurten stehen im Land und zeugen vom Kampf der hier lebenden Bevölkerung gegen das Wasser. Da große Teile der Gemeinde unter Normalnull liegen, ist das gesamte Land von zahlreichen Gräben und Sielen durchzogen. Der Hauptort der Gemeinde und Sitz

Roonkarker Markt

der Gemeindeverwaltung ist Rodenkirchen. Information: Gemeindeverwaltung, Tel.: 04732/921017, Fax: 04732/8947.

Sehenswertes

Seefelder Mühle

Die Seefelder Mühle ist ein Galerie-Holländer aus dem 19. Jahrhundert. In der Mühle wird ein abwechslungsreiches Kulturprogramm angeboten. Besichtigungen sind nach Vereinbarung möglich. Tel.: 04734/ 1236. Jeden ersten Sonntag im Monat findet in der rund um die Mühle ein Landfrauenmarkt mit wechselnden Themen von 10.00-16.00 Uhr mit Frühstücksbuffet im Mühlencafé statt. Das Mühlencafé ist von April bis Oktober Sa und So 14.00-18.00 Uhr, November bis März So 14.00-18.00 Uhr geöffnet.

Altes Deichschaart in Absen

St. Matthäus-Kirche

Das Gotteshaus im Zentrum von Rodenkirchen ist ein romanisch/gotischer Kreuzkirchenbau aus Sandstein, erbaut um 1200 auf einer hohen Kirchwurt. Die Kanzel und der Altar von 1618/29 stammen aus der Werkstatt von Ludwig Münstermann, das Orgelprospekt von Johann Hinrich Klapmeyer aus dem Jahre 1758. Kirchenbesichtigungen sind nach Voranmeldung jederzeit möglich. Info-Tel.: 04732/8393.

Friesendenkmal

Das Friesendenkmal in Rodenkirchen mit der bekannten Inschrift „Lever dod als Sklav" (Lieber tot als Sklave) erinnert an die Schlacht von 1514. Reiterheere der Herzöge von Braunschweig, des Grafen von Oldenburg sowie der Herzöge von Calenberg und Lüneburg und andere zogen gegen die Friesen. Die Friesen verloren diese Schlacht und ihre Freiheit.

Alma-Rogge-Geburtshaus

Die Heimatdichterin Alma Rogge wurde in Brunswarden in Rodenkirchen geboren. Später lebte und arbeitete sie in Bremen. Ihr Grab befindet sich auf dem Friedhof an der Südseite der Kirche in Rodenkirchen.

Schöpfwerk Strohausen

Ein Pumpwerk im Deich dient der künstlichen Be- und Entwässerung des Binnenlandes. Gruppenbesichtigungen sind nach Vereinbarung möglich. Tel.: 04737/256.

Kirche in Seefeld

Die Seefelder Kirche, im Stil des norddeutschen Barock, wurde im Jahre 1676 auf dem ehemaligen Deichfuß (von 1574) des Lockflethes erbaut. Der alte Deich selbst wurde im letzten Jahrhundert abgeziegelt, das heißt zu gebrannten Klinkersteinen verarbeitet. Information: Tel.: 04734/300.

St. Sekundus-Kirche

Die Schweier Kirche aus dem Jahre 1616 ist eine der wenigen im norddeutschen Raum, deren Turm mit Holzschindeln gedeckt ist. Sie ist ein Zeugnis des Baustils der Renaissance und des Manierismus. Die Vorgängerin, eine Kapelle, die dem heiligen Sekundus geweiht war, wurde bereits 1526 erbaut. Altar, Kanzel und Taufsteindeckel sind Werke von Ludwig Münstermann. Besichtigung und Information: Tel.: 04737/727.

Altes Deichschaart Absen

Das Deichschaart blieb trotz der Verlegung bzw. Begradigung des Deiches im Originalzustand an seinem alten Standort als historisches Baudenkmal erhalten. Deichschaarte, häufig aus Holz, sind große Tore im Deich, um vom Innendeichbereich zum Außendeich zu gelangen. Geschlossen schützen sie den Innendeichbereich vor Hochwasser.

Heimatmuseum Amanda Jürgens

Amanda Jürgens war Verfasserin von mehreren Büchern in plattdeutscher Sprache und Trägerin diverser Kunstpreise. In einem großen Teil ihres Wohnhauses in Absen (Rodenkirchen) werden ihre Werke für die Öffentlichkeit ausgestellt. Informationen über Besuche des Hauses sind unter der Tel.: 04732/1247 erhältlich.

Insel „Strohauser Plate“

Die Weserinsel „Strohauser Plate“ mit einer Größe von 350 Hektar ist Landschaftsschutzgebiet. Bewohnt wird die „Strohauser Plate“ noch von drei Familien, die dort Landwirtschaft betreiben. Eine Begehung der „Plate“ ist mit Führung nur von Juli bis September nach Absprache mit der Gemeindeverwaltung möglich, Tel.: 04732/8917.

Privatsammlungen

Motoren aus den Anfängen des 20. Jahrhunderts: Im Ausstellungsraum, Molkereistraße 15b, in Rodenkirchen, werden etwa zehn liebevoll restaurierte und betriebsbereite Motoren gezeigt. Für interessierte Besucher ist Herr Wilfried Peters gerne bereit, über Funktion und Geschichte der Motoren zu berichten. Anmeldung: Tel. 04732/1525 oder 8150.
Historische Bootsmotoren und Handwerkszeug, u.a. aus der Landwirtschaft, der Fischerei und dem Schuhmacherhandwerk hat Familie Joh. Tönjes in ihrer Sammlung, Am Abser Siel 1, in Rodenkirchen. Weitere Informationen sind unter der Tel.:

04732/379 erhältlich, mittwochs ist Ruhetag. Ein technisches Baudenkmal ist die ehemals elektrisch betriebene Mühle in Rodenkircherwurp (Hahnenkoop). Trotz Umnutzung des Objektes ist das technische Inventar auf den einzelnen Etagen zu einem Großteil erhalten geblieben.

Freizeitangebote

Fährfahrt

Die Weserschnellfähren zwischen Kleinensiel und Dedesdorf verbinden den Landkreis Wesermarsch (Westufer) und den Landkreis Cuxhaven/Bremerhaven (Ostufer) im Pendelverkehr, nachts stündlich. Information: Verkehrsbetriebe Wesermarsch GmbH, Tel.: 04731/864-0.

Wandern/Radfahren

Das vorbildlich ausgeschilderte Stadlander Radverkehrssystem mit einer Länge von ca. 200 Kilometern führt nicht nur an allen Sehenswürdigkeiten vorbei, sondern es laden auch gut ausbaute Wirtschaftswege zum Wandern und Radfahren ein. Im Osten der Gemeinde an der Weser entlang führt der bekannte Weserradweg. Durch die Gemeinde verläuft die Friesische Mühlenstraße, die als landkreisübergreifender Rundkurs zehn alte Mühlen verbindet. An der Weser im Osten wie auch am Jadebusen im Westen durchquert die „Deutsche Sielroute“, ein weiterer ca. 200 Kilometer langer Rundkurs durch den Landkreis Wesermarsch, das Gemeindegebiet. In allen Ortsteilen von Stadland gibt es die Möglichkeit, Fahrräder zu leihen oder zu reparieren.

Rundflug

Vom Privatflugplatz Süderschwei sind Rund- und Inselflüge nach telefonischer Vereinbarung möglich. Tel.: 04737/406.

Schwimmen

Die Gemeinde Stadland bietet ihren Einwohnern und Gästen den „Stadlander Badepaß“ (Tel.: 04732/890) an. Gegen Zahlung eines bestimmten Betrages erhalten Kinder und Erwachsene einen „Paß“ und 30 Eintrittskarten. Mit der Vorlage des „Stadlander Badepasses“ hat der/die Inhaber(in) freien Eintritt in den Bädern der Nachbargemeinden und -städte.

Feste und Veranstaltungen

Regelmäßige überregionale Veranstaltungen sind z.B. der „Roonkarker Markt“ (Ende September), die Ausstellung „Kunst & Hobby“ (Mitte November) und andere. Näheres erfahren Sie aus dem „Stadlander Veranstaltungskalender“, Tel.: 04732/921017, dem Jahresprogramm der Seefelder Mühle, Tel.: 04734/1236, der Markthalle Rodenkirchen, Tel.: 04732/92990 und den Presseankündigungen.

Wardenburg

(Landkreis Oldenburg)

Die „Wardenburg“ war ursprünglich nur ein Stützpunkt des Junkers Rotbert von Westerholt gegen die Oldenburger Grafen. Erste Siedlungen gab es seit dem 2. Jahrhundert. Im Jahr 1218 wurde „Wardenberge“ das erste Mal urkundlich erwähnt. Bis zur Refor-

Glockenturm von Wardenburg

mation war Wardenburg ein wohlhabender und angesehener Wallfahrtsort, bevor Graf Anton von Oldenburg im Jahre 1524 die Kirchenkasse plünderte. Seit dem 18. Jahrhundert gingen viele Wardenburger als Gastarbeiter ins reiche Holland. Erst mit dem Bau des heutigen Küstenkanals und der Moorkolonisation Anfang des 20. Jahrhunderts begann die wirtschaftliche Blüte des Ortes. Noch heute bietet die Gemeinde eine intakte Naturlandschaft mit Mooren, Wald, Wiesen und den Flußniederungen von Hunte und Lethe. Information: Gemeinde Wardenburg, Rathaus, Friedrichstraße 16, 26203 Wardenburg, Tel.: 04407/73-116, umtreff-Fremdenverkehrsbüro, Tel: 04407/20907.

Sehenswertes

Glockenturm

Der im 13. Jahrhundert erbaute Glockenturm ist Wahrzeichen und Wappenbestandteil der Gemeinde Wardenburg. Im Jahre 1703 zerstörte ein gewaltiger Sturm den freistehenden Turm. Jahre später, 1737, erneuerte man den Turm und gab ihm sein heutiges Aussehen. Bis zum Umzug in den Kirchturm, im Jahr 1960, hingen im Wardenburger Glockenturm zwei Glocken. Das historische Gebäude zählt zu den ältesten Baudenkmälern des Landkreises Oldenburg. Der Turm kann nach Absprache besichtigt werden. Tel.: 04407/8905.

Museum „Alte Ziegelei“

Die Teebken´sche Ziegelei wurde im Jahre 1845 vom Landwirt Teebken aus Oberlethe gegründet. Zunächst wurden alle Tätigkeiten in reiner Handarbeit verrichtet und die Wahre in einem Feldbrandmeiler gebrannt. Erst einige Jahre nach dem 1. Weltkrieg, im Jahre 1925, endete der Ausbau des Werkes mit der Fertigstellung des Ringofens. Mit Hilfe des Fördervereins „Alte Ziegelei“ und Spendengeldern konnte bis heute ein Großteil der Anlage restauriert und instandgesetzt werden. Besichtigungen sind nach Absprache möglich. Tel.: 04407/476 oder 6803.

Moor- und Heimatmuseum

Das Moor- und Heimatmuseum Benthullen-Harbern wurde durch Eigeninitiative der Einwohnern gegründet und im Jahr 1997 eröffnet. Die Interessengemeinschaft Moormuseum möchte das Leben im Moor dokumentieren und der Nachwelt als Teil der Heimat vorstellen. Es zeigt die Anfänge der Moorbesiedelung, Moor- und Torfabbau, eine Imkerei im Moor, Maschinen und Arbeitsgeräte aus der Gründerzeit, typische Berufe/Handwerke und vieles mehr. Info: Tel. 04407S/8302.

Schmiede-Museum

Im Jahre 1898 kaufte der Schmiedemeister und Hufschmied Johann Heinrich Bunjes das im Jahre 1800 erbaute Backsteinhaus nahe der Marienkirche in Wardenburg. Bis heute ist die Schmiede im Originalzustand erhalten geblieben. Die Schmiede an der Friedrichsstraße präsentiert klassische Handwerkskunst. Besichtigungen und Schmiedevorführungen kann man unter der Tel.: 04407/1294, 1575 vereinbaren.

Freizeitangebote

Schwimmen

Der Westerholter Badesee am Korsorsberg lädt an warmen Tagen zu einer Erfrischung ein. Bei schlechtem Wetter steht Ihnen das Hallenbad, Am Everkamp 3, Tel. 04407/8885 zur Verfügung. Öffnungszeiten: Mo geschlossen, Di 15.30-21 Uhr, Mi 6.45-21.30 Uhr, Do 6.45-21.30 Uhr, Fr 6.45-21.30 Uhr, Sa 15.30-17.30 Uhr, So 8.30-11.30 Uhr.

Wandern/Radfahren

Mit seinen teils befestigten, teils unausgebauten Wegen schafft der Ort Radfahrern ein ideales Revier. Zwischen Getreidefeldern und Marschwiesen, durch lichte Gehölze oder an naturnahen Flußläufen entlang findet man Natur pur. Naturschutzvereine haben Biotope und einen Naturlehrpfad angelegt, der auch Unkundigen seltene Pflanzen und Landschaftsformen nahe bringt. Naturführungen: BSH, Friedrichstraße 43, Tel.: 04407/5111. Ausgearbeitete Fahrtenpläne sowie eine Radwanderkarte sind bei der Gemeindekasse im Rathaus erhältlich.

Reiten

Es stehen verschiedene Möglichkeiten zur Auswahl; Reitplätze: Höven, Hubertusweg Tel.: 04407/5932; Oberlethe, Wardenburger Straße 24, Tel.: 04407/1623, 6780.

Kanufahrten

Wenn Sie eine Fahrt mit dem Kanu unternehmen möchten, können Sie sich an folgende Adresse wenden: Kanuverleih: Yeti Sport, Donnerschweer Straße 48, Oldenburg, Tel.: 0441/85685.

Angeln

Gastangelkarten erhält man beim Fischerverein, Alte Wassermühle, Tel.: 04407/6000.

Kulturelles

Informationen zur Freilichtbühne und dem Programm sind erhältlich unter folgender Adresse: Dorfgemeinschaftshaus/Freilichtbühne, Harbern II, Saarländer Weg, Tel.: 04407/1522.

Feste und Veranstaltungen

Die rund 70 verschiedenen Vereine gestalten ein lebendiges Gemeinschaftsleben – vom spätsommerlichen Erntefest bis zur traditionellen „Kohlfahrt" bei knackigem Frost.
Einen Veranstaltungskalender bekommen Sie im Rathaus ausgehändigt.

Westerstede

(Landkreis Ammerland, Kreisstadt)

Der Erholungsort Westerstede wird auch als Rhododendronstadt bezeichnet. Der Boden und das Klima der Region bieten diesen Pflanzen optimale Lebensbedingungen. Der Rhododendronreichtum verwandelt alljährlich im Mai/Juni die Landschaft in und um Westerstede in einen bunt blühenden „Park". Westerstede blickt auf eine 875jährige Geschichte zurück. Erste schriftliche Erwähnung fand die heutige Stadt im Jahre 1123 mit dem Bau der St. Petri-Kirche. Die Ritter von Fikensolt stifteten das Land und sorgten für reiche Einkünfte der Gemeinde. Historisch gesehen haben die Westersteder schon einiges hinnehmen müssen: Im 15. und 16. Jahrhundert fielen die benachbarten Ostfriesen mehrmals in das Stadtgebiet ein, in den Jahren 1666/67 wurde die Pest eingeschleppt, im Jahre 1811 besetzten Franzosen das Gebiet und im Jahre 1815 zerstörte ein verheerender Brand das Zentrum. Stadtrechte erhielt Westerstede erst im Jahr 1977. Information: Verkehrsverein Westerstede e.V., Am Markt 2, Tel.: 04488/19433.

Stadtführungen

Auf Anfrage beim Verkehrsverein werden Stadtspaziergänge und Kirchenbesichtigungen durchgeführt.

Sehenswertes

St. Petri-Kirche

Der Ursprung der St. Petri-Kirche geht auf das Jahr 1123 zurück. Das als Wehrkirche angelegte Gotteshaus wurde von den Freiherren von Fikensolt gestiftet. Der Westteil wurde im Jahr 1232 geweiht. Ein gotischer Umbau im 14. Jahrhundert gab dem in Backstein errichteten Oberteil des westfälischen Vierkantturmes die Form mit den vier Ecktürmen. Neben der Kirche befindet sich ein aus dem 16. und 17. Jahrhundert stammender Glockenturm.

Alter Bahnhof in Westerstede

Schloß Fikensolt

Das Barockschlößchen Fikensolt ist in seiner jetzigen Form im Jahre 1760 erbaut worden. Da es sich in Privatbesitz befindet, ist eine Besichtigung nur von außen möglich.

Friesendenkmal

Das 1912 erbaute Friesendenkmal erinnert an die folgenschweren Streitigkeiten zwischen den oldenburger Grafen und den ostfriesischen Häuptlingen um die Vorherrschaft in Nordoldenburg und an die im Jahre 1457 in der Schlacht gefallenen Ammerländer und Ostfriesen. Das Denkmal befindet sich an einem Wanderweg in der Nähe des Vogelparks in Fikensolt. Früher war dieser Weg Teil des alten Heer- und Postweges von Oldenburg zur Grenzfestung Apen.

Historische Howieker Wassermühle

Die im Jahre 1608 erbaute Wassermühle mit unterschlächtigem Wasserrad erinnert an längst vergangene Zeiten. Idyllisch gelegen bei der Ortschaft Ocholt, wird sie vom örtlichen Heimatverein gepflegt. Sie ist unter anderem mit der Museumseisenbahn zu erreichen.

Mühle in Lindern

Die im Wiederaufbau befindliche Galerieholländer-Mühle aus dem Jahre 1839 beherbergt heute eine historische Ausstellung, ein künstlerisches Forum und ein gemütliches Café. Adresse: Mühlenweg 4, Westerstede-Lindern, Tel.: 04409/970342.

Rhododendron-Waldpark

Der 65 Hektar große Rhododendron-Waldpark Linswege/Peterfeld bietet viele hundert Sorten der farbenfrohen Rhododendronpracht. Ein 2,5 Kilometer langer Rundweg und insgesamt 8 Kilometer Wanderwege laden ganzjährig zu einem Besuch ein. Eine Besichtigung des Parks lohnt sich besonders während der Blütezeit von Ende April bis Anfang Juni.

Maxwald

Der Maxwald ist eine bezaubernde Garten- und Parkanlage des Gartenhistorikers Dr. Pühl. Die Anlage enthält eine der ältesten Rhododendron-Sammlungen im Oldenburger Land. Der Maxwald befindet sich an der Straße von Bad Zwischenahn nach Westerstede, kurz hinter der Torsholter Hauptstraße. Eine Führung ist nach Vereinbarung möglich. Parkverwaltung: Dr. E. Pühl, Tel.: 04488/71971.

Westerloy

Das idyllische Westersteder Dorf Westerloy gewann den Wettbewerb „Unser Dorf soll schöner werden". Bundesweit bekannt sind die „Mühlenhof-Musikanten", die im Mühlenhof in Westerloy ihr Domizil haben.

Stadtpark „Thalenweide"

Gleich neben der Fußgängerzone kann man im Stadtpark Ruhe genießen und sich vom „Stadtrummel" erholen. Inmitten dieser Parkanlage steht der ehemalige Wasserturm, der im Jahre 1979 umgebaut worden ist. Seitdem befindet sich in dem Turm in einer Höhe von 32 Metern ein Café. Bei gutem Wetter kann man von hier aus in die Ferne blicken.

Alter Bahnhof

Der im Jahre 1906 erbaute Bahnhof in Westerstede ist ein historisches Bau- und Kulturdenkmal. Das Gebäude mit seinem interessanten Turm und dem schmuckvollen Portal sollte abgerissen werden. Westersteder Bürger gründeten jedoch einen eigenen Bahnhofs-Verein und retteten das Gebäude, in dem heute kulturelle Veranstaltungen stattfinden.

Ammerländer Vogel- und Landschaftspark

Der Ammerländer Vogel- und Landschaftspark zeigt auf einer Fläche von 44.000 Quadratmetern die Besonderheiten der Vogelwelt. Der Vogelpark ist in den Monaten April bis Oktober geöffnet. Anschrift: Ammerländer Vogel- und Landschaftspark, An der Landesstraße 15, Tel.: 04488/3152.

Altes Handwerk

Wenn Sie sich für altes Handwerk interessieren, könnten folgende Adressen von Bedeutung sein: Drechslerei, Am Kuhlen 19, Tel.: 04488/3244. „Museum" Behlen, Linderner Feldstraße 12, Tel.: 04409/8137. Töpferei, In der Loge 34, Westerloy, Tel.: 04488/4475. Strauchbesenbinder, An der Biese 26, Westerloy, Tel.: 04488/1741. Mühle Lindern, Mühlenweg 4a, Lindern, Tel.: 04409/970342. Schuhmacher, Westersteder Straße 120, Ocholt, Tel.: 04409/ 1691. Schäfer und Schafskäserei, Osterfeldstraße 14, Ocholt, Tel.: 04409/ 1476. Hölscher (Herstellung von Stiefeln, Leitern etc.), Westersteder Straße 81, Tel.: 04409/ 264. Stellmacherei, Linswege, Mühlenbrink 17, Tel.: 04488/2445.

Freizeitangebote

Radfahren

Das beliebteste Fortbewegungsmittel der Ammerländer ist das Fahrrad. Das ist kein Wunder, da die Landschaft so „platt" ist und sich kein Hügel in den Weg stellt. Ausgearbeitete Tagesrundtouren, die über alte Kirchwege, durch Waldgebiete und auf Feldwegen entlangführen, ermöglichen eine Eroberung der schönsten und abwechslungsreichsten „Fleckchen" rund um Westerstede. Schöne Ziele sind z.B. der Barßeler Hafen, das Zwischenahner Meer, der Neuenburger Urwald usw. Info-Tel.: 04488/19433 und 859041.

Schwimmen

Wasserfreunden steht das Hallenfreibad im Hössensportzentrum zur Verfügung: Anschrift: Jahnallee 1, Tel.: 04488/846934; Öffnungszeiten: Mo 6.30-21.00 Uhr, Di 6.30-20.30 Uhr, Mi 6.30-21.30 Uhr, Do 6.30-20.30 Uhr, Fr 6.30-21.00 Uhr, Sa 9.00-19.00 Uhr, So 9.00-18.00 Uhr.

Museumseisenbahn

Alle paar Minuten pfeift es, wenn man eine Fahrt mit der Museumseisenbahn unternimmt. Das muß so sein, weil der Lokführer sich vor fast jedem Bahnübergang „anmelden" muß. Wer möchte, kann unterwegs eine Moortour besonderer Art erleben. Mit Loren, wie sie zum Transport des Torfs genutzt wurden, fährt man dann in das Moorgebiet hinein. Information: Verkehrsverein Westerstede, Tel.: 04488/859041 und 19433 oder Museumseisenbahn Ammerland-Saterland e.V., Tel.: 04409/211 in Westerstede-Ocholt.

Löffeltrunk

Der Löffeltrunk ist ein klarer Korn, der vornehmlich beim alt hergebrachten Aalessen und bei Festlichkeiten getrunken wird. Er beginnt mit den Worten: „Ik seh di" – „Dat freit mi". Daß der „Schluck" hier aus dem Löffel getrunken wird, ist Tradition.

Rundflug/Fallschirmspringen

Der Sonderlandeplatz in Felde ermöglicht „luftige" Abenteuer. Wer die Landschaft einmal aus der Vogelperspektive erkunden möchte, kann sich an folgende Adresse wenden: Flugplatz Felde, Köhlmoorweg, Tel.: 04488/844429 und 1525.

Feste und Veranstaltungen

Rhododendronausstellung

Die alle vier Jahre stattfindende „RHODO" ist die größte Rhododendronausstellung Europas. Zu dieser Zeit verwandelt sich die Innenstadt in ein einziges Blütenmeer.

Freilichttheater-Festival

Alle zwei bis drei Jahre wird der Alte Markt am Fuße der St. Petri-Kirche für ein großes Freilichttheater-Festival zur Bühne.

Folklore

Dörfliche Folklore und Theatergruppen sowie alte Handwerker pflegen das Brauchtum und die plattdeutsche Sprache. Demonstriert wird diese Tradition auf Brauchtumsveranstaltungen, Handwerkermärkten und Heimatabenden.

Wiefelstede

(Landkreis Ammerland)

Die Gemeinde Wiefelstede liegt im Landkreis Ammerland, 20 Kilometer südwestlich des Jadebusens, zwischen den Städten Oldenburg und Varel und den Gemeinden Bad Zwischenahn und Rastede. Verwaltungssitz der Gemeinde ist der Ort Wiefelstede, seit 1993 staatlich anerkannter Erholungsort. Umgeben von vielen kleinen Bauernschaften liegt er inmitten der reizvollen Parklandschaft des Ammerlandes mit den urwüchsigen Wallhecken und Alleen. Neben der hier von altersher ansässigen Landwirtschaft prägen die Gartenbaubetriebe und die mit Gärten geschmückten Siedlungen das Erscheinungsbild. Etwa 800 Hektar Forstgebiet machen die Gemeinde zur waldreichsten im ganzen Ammerland. Hervorzuheben ist der Rhododendronwaldpark im Ortsteil Gristede, der im Mai/Juni seine Blütenpracht entfaltet.
Information: Fremdenverkehrsverein Wiefelstede, Haus des Gastes, Kleiberg 10, 26215 Wiefelstede, Tel.: 04402/965150, Fax: 04402/69381.

Sehenswertes

Kirche

Lohnenswert ist ein Besuch der St. Johannes-Kirche, gegründet im Jahre 1057, der ältesten Kirche des Ammerlandes, mit wertvoll geschnitztem Flügelaltar nach einer Kupferstichpassion von Albrecht Dürer, und einer barocken Orgel, erbaut 1730/31 von Christian Vater.

Museen

Während das Heimatmuseum wechselnde Ausstellungen präsentiert, lockt das Backmuseum mit Butterkuchen aus dem Steinbackofen. Geboten wird ein abwechslungsreiches Führungs- und Besichtigungsprogramm.

Freizeitangebote

Der Erholungssuchende findet das ganze Jahr hindurch nahezu ideale Bedingungen vor. Besonders Radfahrer schätzen die ebene Geestlandschaft mit dem vorbildlichen Netz von Fahrradwegen und wenig befahrenen idyllischen Dorfstraßen. Großflächige Badeseen mit vielseitigen Freizeitanlagen laden im Norden der Gemeinde zum Verweilen ein, und Gästen wie Bürgern steht eine gut entwickelte touristische Infrastruktur in der gesamten Gemeinde zur Verfügung. Freibäder, Hallenbad, Tennishallen und -plätze, Golfanlage, Beachball, Bade- und Angelseen, Reithallen und -höfe, Modell- und Ultraleicht-Flugplatz sowie über hunderte von Kilometern ausgeschilderte und vernetzte Radwanderwege.

Wildeshausen

(Landkreis Oldenburg, Kreisstadt)

Die geschichtsträchtige Stadt Wildeshausen ist anerkannter Luftkurort und Zentrum des „Naturparks Wildeshauser Geest“. Der „Naturpark Wildeshauser Geest“ gehört mit seinen ca. 1500 Quadratkilometern zu den größten Naturparken in Deutschland. Der Reiz der ältesten Stadt im Oldenburger Land liegt im natürlichen Nebeneinander von moderner Gegenwart, fortschreitender Entwicklung und Tradition. Der Name „Wildeshausen“ – im Mittelalter „Wilshusen“ – leitet sich wahrscheinlich von dem Namen eines Vorfahren des bedeutenden Sachsenherzogs Widukind ab. Die Widukind-Sippe war Eigentümerin der Ländereien und gilt als Gründerin der Stadt. Schon im Jahre 1270 wurden Wildeshausen die Stadtrechte verliehen. Die Geschichte der Stadt reicht allerdings noch weiter zurück. Die ersten Menschen siedelten sich bereits seit dem 4. Jahrhundert in diesem Raum an. Ab der Mitte des 9. Jahrhunderts gelangte der Marktflecken zu einer kurzen Blüte als Wallfahrtsstätte, und zwar nach der Überführung der Gebeine des Heiligen Alexander, die auf Initiative des Grafen Waltbert zu Zwecken der Missionierung von Rom nach Wildeshausen gebracht wurden. Die Überführung wurde in der zeitgenössischen „Translatio St. Alexandri“ beschrieben – die erste urkundliche Erwähnung Wildeshausens. Begünstigt wurde die Entwicklung durch die direkte Lage an der alten „Flämischen Straße“, einem wichti-

Wildeshauser Kurpark „Burgwiese“

gen Handelsweg von Holland nach Bremen und weiter nach Skandinavien. Doch politische Wirren, die Pest, große Stadtbrände und Kriege unterbrachen die zunächst rasante Entwicklung bis ins frühe 20. Jahrhundert. Daß Wildeshausen auch nach dem 2. Weltkrieg relativ unbedeutend blieb, zeigt sich heute als Vorteil: Viele Fehlentwicklungen der 60er Jahre, unter denen andere Städte noch heute leiden, blieben Wildeshausen erspart, traditionelle Bausubstanz wurde in vielen Fällen bewahrt. Die 80er Jahre brachten dann nachhaltig wirtschaftlichen und kulturellen Aufschwung. Wildeshausen wurde Kreissitz. Information: Verkehrsverein Wildeshausen, Historisches Rathaus, Tel.: 04431/6564.

Stadtführungen

Die Gästeführer/innen Wildeshausens laden interessierte Besucher zu einer historischen Stadtbegehung ein. Die Dauer der Führung beträgt ca. 1,5 Stunden. Daneben werden auch spezielle Führungen z.B. durch die Alexanderkirche, in eines der Museen, zu den zahlreichen Steindenkmälern oder geführte Wanderungen durch die „Wildeshauser Geest" angeboten. Information: Verkehrsverein Wildeshausen. Wer sich auf eigene Faust einen Überblick über die Geschichte der Stadt verschaffen möchte, kann sich auf das „Geschichtsband" begeben. Das „Geschichtsband" ist ein auffälliger „Pfad" aus Granitsteinen, der sich auf dem Gehweg vom Westertor bis zum Huntetor hinzieht. Insgesamt 19 Steinplatten tragen Inschriften, die an Ereignisse aus der Wildeshauser Geschichte erinnern. Daneben gibt es außerdem die sogenannte „Sinnesmeile", die aus künstlerischen Objekten besteht, die zum Mitmachen animieren.

Sehenswertes

Historisches Rathaus

Mitten im Herzen der Stadt, am alten Marktplatz, steht das historische Rathaus aus dem 14. Jahrhundert. Sein Treppengiebel, ein hochgotischer Stufengiebel, und die Spitzbögen prägen das Bild der Stadt. Vom oberen Saal des Rathauses hat man einen schönen Blick auf die Alexanderkirche und über den Marktplatz, der bereits im Mittelalter Händler aus ganz Deutschland anzog. Adresse: Am Markt 1. Öffnungszeiten: täglich 9.00-12.00 Uhr und 14.00-18.00 Uhr. Führungen sind jederzeit nach Absprache mit dem Verkehrsverein Wildeshausen möglich.

Alexanderkirche

Die ehemalige, im späten 13. Jahrhundert fertiggestellte Stiftskirche ist die einzige dreischiffige Basilika im Oldenburger Land. Sie zählt zu den bedeutendsten mittelalterlichen Kirchenbauten Nordwestdeutschlands. Zur sehenswerten Ausstattung gehören der Levitensitz (Ende 15. Jahrhundert), das Triumphkreuz (spätes 14. Jahrhundert), die beiden im 15. Jahrhundert gearbeiteten Sakramentsnischen, der Jugendstilaltar und die um 1907/08 von Georg Karl Rohde geschaffenen Jugendstilfenster. Eine Besichtigung ist täglich in der Zeit von 9.00-16.00 Uhr möglich, Führungen sind jederzeit nach Terminabsprache durch den Verkehrsverein Wildeshausen möglich.

Glockenspiel

Am Nordgiebel des Stadthauses befindet sich seit 1990 das Glockenspiel mit Figurenumlauf. Das Glockenspiel besteht aus 23

Radfahren an der Hunte

Bronzeglocken, die elektromagnetisch angeschlagen werden. Zu seinen Melodien erscheinen sechs aus Lindenholz geschnitzte Figuren, die an das Leben der Bürger von einst und an die Geschichte der Stadt erinnern. So öffnet sich beispielsweise nach dem Stundenschlag die mittlere Tür, aus der Erzbischof Hildebold heraustritt und die Urkunde zur Stadtwerdung erhebt. Das Glockenspiel erklingt, außer an stillen Feiertagen, täglich um 10.00, 12.00, 16.00 und 18.00 Uhr.

Erstes Deutsches Dampfkornbranntweinbrennereimuseum

Das Museum zeigt die voll funktionstüchtige Produktionsanlage aus der Zeit der Industriellen Revolution. Lage: Wittekindstraße; Öffnungszeiten: Von Mai bis September, So 15.00-18.00 Uhr; Führungen sind nach Absprache jederzeit möglich: Tel.: 04431/ 1744 (Museumsverein, F. Wappler) oder beim Verkehrsverein Wildeshausen.

Druckereimuseum

In den Räumen der Wildeshauser Zeitung ist die komplett eingerichtet Druckerei aus dem Jahre 1850 erhalten. Lage: Bahnhofstraße 13; Führungen sind jederzeit nach Absprache mit den Verkehrsverein Wildeshausen möglich.

Wasserkraftmuseum

Das Wasserkraftmuseum wurde im Jahre 1939 gegründet. Es diente mit seinen Turbinen zur Stromerzeugung. Fachliche Führungen werden durch Herrn Rebentisch durchgeführt, Tel.: 04432/6224.

Prähistorische Stätten

Wildeshausen ist reich an Bodendenkmälern. In seiner unmittelbaren Umgebung befinden sich über zwanzig Großsteingräber und Gräberfelder. Archäologen sprechen sogar von der „Klassischen Quadratmeile der Prähistorie“. Besonders zu nennen sind das „Pestruper Gräberfeld“ (900-700 v.Chr.) und die „Großen Steine von Kleinenkneten“ (2500-2000 v.Chr.). Forschungen haben gezeigt, daß die tonnenschweren Steine nur mit Hilfe von Schlitten bewegt werden konnten. Mit Druck und Zug wurden die Steine in vorbereitete Löcher gestürzt. Die besonderen Decksteine wurden über Erdrampen gezogen und die Erde danach wieder abgegraben. Obwohl für den Laien weniger eindrucksvoll, sind die Anlagen archäologisch von besonderer Bedeutung, denn die Gräber, insbesondere das „Pestruper Gräberfeld“, gelten als die größte noch erhaltene Bestattungsstätte im nördlichen Mitteleuropa. Daneben sind sieben weitere beispielhafte Grabstätten zu nennen: „Hohe Steine“, „Bargloyer Steinkiste“, „Glaner Braut“, „Heidenopfertisch“, die „Sonnensteine“, „Visbeker Braut“ und „Visbeker Bräutigam“. Die beiden letztgenannten Großsteingräber erhielten ihren Namen aus einer volkstümlichen Überlieferung: Eine Braut, die mit einem von ihr ungeliebten Mann getraut werden sollte, wurde auf eigenen Wunsch mit Bräutigam und Gefolge auf dem Weg zur Visbeker Kirche in Stein verwandelt. Eine Führung ist jederzeit nach Absprache mit dem Verkehrsverein Wildeshausen möglich.

Baudenkmäler

Die Villa Knagge aus dem Jahre 1852 und das Landhaus Hoffmannshöhe aus dem Jahre 1840 zählen zu den geschützten Baudenkmälern Wildeshausens. Die spätklassizistische Knagge-Villa zeigt ein harmonisches Zusammenspiel verschiedener Stilrichtungen. Johannes Knagge, der als Kaufmann zeitweise auf Java tätig war, ließ die Villa als Alterssitz in Wildeshausen erbauen. Heute sind in dem schön renovierten Gebäude in der Ahlhorner Straße Nummer 10 die Musikschule und die psychologische Beratung des Landkreises untergebracht. Ebenso sehenswert ist das alte Amtshaus aus dem Jahre 1730, welches sich neben der Alexanderkirche befindet.

Ausstellungen

Regelmäßige Ausstellungen gibt es in der Galerie Wildeshausen, Harpstedter Straße 23, Tel.: 04431/3164.

Freizeitangebote

Angeln

Ein beschauliches Plätzchen findet der Angler an den ruhigen Ufern der Hunte. Gastkarten sind unter folgender Adresse erhältlich: H. Debbeler, Glaner Straße 4, Tel.: 04431/3323.

Wandern/Radfahren

Wildeshausen und die nähere Umgebung bieten eine Fülle wunderschöner Spazier-

und Wanderwege. Zu nennen ist beispielsweise der Stadtwall, der heute als Grüngürtel teilweise den Stadtkern umschließt. In Verbindung mit dem Stadtpark und weiten Spazierwegen, die direkt an der Hunte entlang führen, können Sie auf diesem Weg die Stadt völlig umrunden. Auch an der streckenweise recht naturnahen „Flachsbäke“ entlang führt ein befestigter Weg ins nordöstlich des Stadtkerns gelegene Waldgebiet „Hölscher Holz“. Des weiteren führt ein Weg durch eine feuchte Wiesen- und Weidelandschaft, von der Harpstedter Straße rechts ab durch die Wiesen in Richtung Marschweg. Nicht vergessen sollten Sie auch die Spazierwege durch den Krandelpark, den Stadtpark direkt an der Hunte und die Lehmkuhle mit einem Waldlehrpfad. Vom Stadtpark aus sind Sie sehr schnell beim neuen Steinhaus, so daß sich bestimmt die Gelegenheit ergibt, das Glockenspiel zu erleben. Etwas mehr Abenteuerlust setzt der hinter dem Gut Altona gelegene „Märchenwald“ voraus. Von hier aus führt ein Weg entlang des alten Huntearms durch die Hunteniederung. Außerdem existieren sieben im großen Stadtplan ausgewiesene Wanderwege, die zu den schönsten Ecken von Wildeshausen führen. Der Stadtplan ist im Verkehrsbüro erhältlich. Wer auf „große Wanderschaft“ gehen möchte, dem stehen die Fernwanderwege „Geestweg“, „Jadeweg“, „Pickerweg“ und der Huntewanderweg zu Verfügung. Diese Wege sind zum größten Teil auch für Radfahrer interessant. Darüber hinaus sind aber noch viele weitere Routenvorschläge sowie Leih-Fahrräder und Pauschalangebote im Verkehrsbüro erhältlich. Fahrräder verleiht auch der Wildeshauser Fahrradverleih (WIFA), Tel.: 04431/74485.

Joggen

Für Läufer bietet sich der Trimmpfad im Krandelpark an. Der Rundkurs im Grünen garantiert ungestörtes und autofreies Laufvergnügen.

Schwimmen

Das Kurbad am Krandel bietet Ihnen mit seinem Frei- und Hallenbad das ganze Jahr über ein erfrischendes Vergnügen. Öffnungszeiten des Hallenbades: Mo 10.00-12.00 Uhr, Di 6.30-20.00 Uhr, Mi 10.00-21.00 Uhr, Do 6.30-20.00 Uhr, Fr 8.00-21.00 Uhr, Sa 9.00-18.00 Uhr, So 9.00-12.00 Uhr. Öffnungszeiten des Freibades: Mai bis September täglich 6.30-20.00 Uhr, Sa und So 8.00-20.00 Uhr. Adresse: Erholungs- und Freizeitbad Krandel, Tel. 04431/3655.

Ballonfahrten

Reservieren Sie sich einen „Logenplatz am Himmel“ und genießen Sie die herrliche Aussicht aus luftiger Höhe. Buchungen gehen über den Verkehrsverein Wildeshausen.

Floßfahrten

Floßfahrten auf der Hunte von Glane bis Dötlingen können mit oder ohne Gästeführungen bzw. Grillen und Kuchen vom Verkehrsverein Wildeshausen e.V. vermittelt werden.

Kutschfahrten

Kutschfahrten plant und vermittelt der Verkehrsverein Wildeshausen.

Bootsmodellbau

Auf dem Annasee in Altona lassen Hobbymodellbauer ihre Schiffe fahren. Information: V. Volle, Tel.: 04431/88-329.

Go-Kart

Ein Fahrvergnügen für jung und alt bietet die „Go-Kart- und Honda-Bahn" in Aumühle. Adresse: Go-Kart- und Honda-Bahn, Aumühle, Wildeshausen, Tel.: 04431/930592.

Golf

Wer Interesse am Golfspielen hat, kann sich an folgende Adresse wenden: Golf Club Wildeshausen e.V., Glaner Straße (Kleine Wiekau), Wildeshausen, Tel.: 04431/1232. Unter dieser Adresse wird jeden Sonntag um 14.30 Uhr ein Schnupperkurs für Anfänger angeboten.

Reiten

Pferdeliebhaber und Reiter oder solche, die es werden wollen, können sich an den Reit- und Fahrverein Leichttrab e.V., Fillerberg, Wildeshausen, Tel.: 04431/3620 wenden.

Kanutouren

Eine Kanutour bietet die Gelegenheit, die Landschaft einmal aus einer anderen Perspektive kennenzulernen. Information: Yeti-Sport, Donnerschweer Straße 48, Oldenburg, Tel.: 0441/85685.

Feste und Veranstaltungen

Das traditionelle Gildefest mit Feuerwerk, Zapfenstreich und Königsschießen ist ebenso ein Highlight im Veranstaltungskalender der Stadt wie das alljährliche Stadtfest. Drei Tage lang sorgen Bands und Showeinlagen auf Freiluftbühnen für gute Laune bis spät in die Nacht. Außerdem findet regelmäßig am Stadtfestsonntag ein Flohmarkt rund um das Rathaus statt.
Ein beliebter Treffpunkt für Wildeshauser Nachtschwärmer ist die Großraum-Discothek „Fun Factory". Hier wird von Mittwoch bis Samstag gefeiert und getanzt. Adresse: Fun Factory, Westring, Wildeshausen. An jedem zweiten Samstag im Monat bieten zwanzig Bauern auf dem historischen Marktplatz ihre Ware direkt vom Hof an.

Kulturelles

Goethes „Faust" und Kleists „Zerbrochener Krug", Mozarts „Kleine Nachtmusik" und die Symphonien von Beethoven – in der Wildeshauser Widukindhalle sind Musicals ebenso zu Gast wie klassisches Theater und erlesene Konzerte. Bekannte Künstler treffen in der Kreisstadt auf ein interessiertes und begeistertes Publikum. Schauspiel und Show, Pop-Konzerte und Parteitage, Modenschauen und Messen machen die Widukindhalle zu dem Kulturzentrum von Wildeshausen. Mit Orgel- und Gospelkonzerten ist auch die Alexanderkirche in den letzten Jahren mehr und mehr zum musikalischen Forum der Wittekindstadt geworden. Des weiteren werden von Anfang Juni bis September an jedem Sonntag um 11.15 Uhr Konzerte in der Konzertmuschel auf den Burgwiesen (Stadtpark) angeboten.

Worpswede
(Landkreis Osterholz)

Worpswede liegt am Fuße des Weyerberges, eingebettet in den ehemals größten zusammenhängenden Moorkomplex Norddeutschlands, das Teufelsmoor. Das Moor ist eine über Jahrtausende aus dem Meeresboden gehobene Landschaft. Aus dem sandigen Grund, den das zurückweichende Meer hinterließ, entstand eine dicht bewachsene, undurchdringliche Wildnis. Seine Existenz verdankt das Hochmoor dem unermüdlichen Wachstum einer unscheinbaren Pflanze, dem Torfmoos. Diese eigentümliche Landschaft hat schon die erste Malergeneration von Worpswede durch ihre Weite und den Zauber ihrer Farben begeistert. Seit einem Jahrhundert ist Worpswede Künstlerdorf. Maler haben nicht nur den Ort berühmt gemacht, sondern auch den Reiz der Landschaft des Teufelsmoores entdeckt.

Worpswede hat sich gewandelt, aus dem alten Moordorf ist ein „Weltdorf der Kunst" und ein beliebter Erholungsort geworden. Unverändert geblieben sind die herbe Schönheit und das geheimnisvolle Dunkel der Moorlandschaft, der Wechsel des hohen Himmels und die Stille der weiten Ebenen. Information: Gästeinformation Worpswede, Bergstraße 13, Tel.:04792/9501, Fax: 04792/9501-23.

Ortsführungen

Jeden Donnerstag um 15.00 Uhr (von März bis Ende Oktober) und jeden Samstag um 11.00 Uhr (ganzjährig) wird zu einem Spaziergang durch Worpswede mit anschliessendem Besuch einer Kunstausstellung eingeladen. Treffpunkt: Gästeinformation, Bergstraße 13. Jeden Freitag um 15.00 Uhr (vom 12. März bis Ende Oktober) findet eine geführte Moorwanderung statt. Treffpunkt: Gästeinformation.Wer sich für bestimmte Aspekte interessiert, kann an einer thematischen Führung teilnehmen. Diese Führungen werden sonntags um 11.00 Uhr angeboten (Bsp.: Paula Modersohn-Becker, Jugendstil in Worpswede, literarischer Spaziergang, Fachwerk-, Backstein-, Wellblech-Architektur).

Barkenhoff: Wohnsitz Heinrich Voegelers

Sehenswertes

Plastiken

Der „Bonze des Humors": Der „Bonze des Humors" ist eine Plastik des Worpsweder

„Bonze des Humors" (von Bernhard Hoetger)

Architekten, Malers und Bildhauers Bernhard Hoetger. Die Plastik befindet sich auf dem Weg vom Zentralen Parkplatz zur Großen Kunstschau. In unmittelbarer Nähe befinden sich zwei weitere Plastiken Bernhard Hoetgers: „Die Wut" und „Darmstädter Torso".

Barkenhoff

Der Barkenhoff war zur Jahrhundertwende der Wohnsitz Heinrich Vogelers und kultureller Mittelpunkt des Dorfes. Heute befindet sich hier der Sitz der Barkenhoff-Stiftung. Im Hauptgebäude finden ständig Ausstellungen zu Heinrich Vogeler sowie zur Worpsweder Kunstgeschichte statt. In den Ateliers der Nebengebäude erhalten qualifizierte Künstler jeweils für maximal ein Jahr die Möglichkeit, ungestört zu arbeiten. Information: Barkenhoff-Stiftung, Ostendorfer Straße 10, Tel.: 04792/3968 oder 04791/930205; geöffnet ist täglich von 10.00-18.00 Uhr.

Große Kunstschau

In einer Parkanlage im Zentrum Worpswedes befindet sich eines der bedeutendsten Kulturzentren des Ortes. Die „Große Kunstschau", erbaut von Bernhard Hoetger, präsentiert bekannte Werke der Worpsweder Künstler der ersten, zweiten und dritten Generation. 1971 durch den Anbau des Roselius-Museums ergänzt, bildet es mit Hoetgers Kaffee Worpswede, dem ehemaligen Logierhaus sowie dem Hoetgerschen Skulpturenpark ein kunsthistorisch bedeutendes Ensemble. Adresse: Lindenallee 3, Tel.: 04792/1302 oder 04791/930205; geöffnet ist täglich von 10.00-18.00 Uhr.

Blick in die Hammeniederung bei Worpswede

Modersohn-Haus und Haus im Schluh

Die Häuser, die mit dem Leben von Paula Modersohn-Becker, Otto Modersohn und Martha Vogeler verbunden sind, beherbergen heute Ausstellungen. In dem ehemaligen Wohnhaus des Künstlerpaares Otto Modersohn und Paula Modersohn-Becker, findet man neben persönlichen Gegenständen des Künstlerehepaares eine Sammlung Worpsweder Kunst der ersten, zweiten und dritten Generation. Die Bezeichnung „Schluh" ist niederdeutsch und bedeutet Sumpf. Im „Haus im Schluh" lebte Martha Vogeler nach der Trennung von ihrem Ehemann Heinrich Vogeler (1920). Martha Vogeler richtete im „Haus im Schluh" ein Museum, eine Handweberei und eine Pension ein. Adresse: Im Schluh 35-37, Tel.: 04792/522 und 950061; geöffnet ist täglich von 14.00-18.00 Uhr, im Winter ist montags Ruhetag.

Museum am Modersohn-Haus

Hinter dem Modersohn-Haus verbirgt sich ein eigenwilliger Museumsanbau. Spürt der Gast bei einem Besuch im ehemaligen Wohnhaus noch den Geist des Künstlerpaares und seiner Arbeiten, so erlebt er im neuen Museumstrakt bedeutende Werke der Freunde und Mitbegründer als Beispiele unvergänglicher Worpsweder Malkultur. Öffnungszeiten: täglich 10.00-18.00 Uhr.

Kunstcentrum Alte Molkerei

In der Alten Molkerei wird heute in verschiedenen Kunsthandwerksbetrieben, Ateliers und Galerien „Kunst statt Käse" produziert, ausgestellt und verkauft. Adresse:

Detailaufnahme „Haus im Schluh“

Osterwedestraße 21, Tel.: 04792/3636; geöffnet ist Di-So 11.00-18.00 Uhr.

Galerie „Altes Rathaus“

In der kommunalen Galerie „Altes Rathaus“ stellen Künstler ihre Werke aus. Hier findet man ständig wechselnde Ausstellungen, bei denen die Möglichkeit zum Gespräch und zur Diskussionen mit Künstlerinnen und Künstlern geboten wird. Adresse: Bergstraße 1, Tel.: 04792/3568; geöffnet ist Di-So 14.00-18.00 Uhr.

Kunsthalle Worpswede

Als private Galerie im Jahre 1919 gegründet, ist sie die älteste Kunstinstitution des Ortes. Neben der eigenen, umfangreichen Sammlung Worpsweder Kunst aller Generationen wird in Sonderausstellungen auch internationale Kunst gezeigt. Als „Kunststiftung Friedrich Netzel“ soll der Bestand der Werke langfristig gesichert sein und das bewährte Konzept der Galerie weiterhin erhalten bleiben. Adresse: Bergstraße 17, Tel.: 04792/1277; geöffnet ist täglich 10.00-18.00 Uhr.

Galerie Cohrs-Zirus

Die Galerie Cohrs-Zirus, die in der klassizistischen Villa im Ortskern Worpswedes residiert, blickt auf eine über 25jährige Firmengeschichte zurück. Im Mittelpunkt der Ausstellungstätigkeit stehen die alten Worpsweder Meister, doch wird stets auch den zeitgenössischen Künstlern des Ortes

Raum gegeben. Erweitert wird das Angebot der Galerie durch die ständige Präsentation von Künstlern der klassischen Moderne. Adresse: Bergstraße 33, Tel.: 04792/1748 und 2320; geöffnet ist Sa-So 11.00-18.00 Uhr und Di-Do 15.00-18.00 Uhr.

Anschriften weiterer Galerien

Galerie Kreutziger, Hembergstraße 2A, Tel.: 04792/2078; Die Galerie, Bergstraße 5, Tel.: 04972/7173; Galerie Arwed Balcke, Hembergstraße 3, Tel.: 0421/603541; Galerie im Blauen Haus, Findorffstraße 9, Tel.: 04792/2482; Galerie Hubert, Hembergstraße 11, Tel.: 04792/1030; Atelier Eva Hoppach, Neu Bergedorfer Damm 38F, Tel.: 04792/1564.

Worpsweder Zionskirche

Auf den Resten einer Schloßanlage auf dem Weyerberg, wo nach Ende des 30jährigen Krieges der Landgraf von Hessen-Eschwege einen Stammsitz zu errichten versucht hatte, ließ Findorff die Worpsweder Zionskirche erbauen. Sie wurde im Jahre 1759 eingeweiht und ist mit ihrem roten Ziegelbau und der weißen Turmspitze noch heute ein weithin sichtbares Zeichen in der Landschaft. Auf dem Friedhof der Zionskirche sind viele Künstlerinnen und Künstler beerdigt, unter ihnen Paula Modersohn-Becker. An der wetterabgelegenen Seite der Kirche befinden sich noch die Haken, an denen einst Fritz Mackensen, Gründervater der Worpswede Künstlerkolonie, mangels Atelier seine Leinwand befestigte und malte. In der Kirche leuchten bescheiden kleine Blumenfresken, von der jungen Paula Becker gemalt, aus denen Putten schauen, die von Clara Westhoff stammen. Besichtigung: Das Gotteshaus ist meist von 10.00-17.00 Uhr geöffnet.

Ludwig-Roselius-Museum für Frühgeschichte

Eine Reise in die Vergangenheit bietet das Roselius-Museum, neben der Großen Kunstschau, mit einer dauer- und themenbezogenen Sonderausstellung. Hier wird dem Besucher die Kultur von den Anfängen bis zum Mittelalter nahegebracht. Adresse: Lindenallee 3, Tel.: 04792/1302 oder 04791/930205; geöffnet ist täglich von 10.00-18.00 Uhr.

Worpsweder Mühle

Im Jahre 1838 als Erdholländer erbaut, gilt die Worpsweder Mühle damals wie heute als Wahrzeichen des Ortes. Nach aufwendiger Restaurierung ist sie wieder voll funktionstüchtig und bei günstigem Wind drehen sich die Flügel wie in alter Zeit. Information: Verein „Freunde Worpswede e.V.“, Bergstraße 17, Tel.: 04792/1277.

Torfschiffswerft-Museum

In einer kleinen Werft im Teufelsmoor liegt der letzte Entenjäger auf dem Helgen. Nach dem Tod von Hinrich Grotheer hat der Heimatverein Schlußdorf die Werft übernommen und richtete darin ein Museum ein, um der Nachwelt zu zeigen, mit welchen einfachen Mitteln die einstigen Torfkähne gebaut wurden. Ein Torfschiff ist noch im Original vorhanden. Adresse: Schlußdorfer Straße 22, Tel.: 04792/2750; Öffnungszeiten: Mi 12.00-15.00 Uhr, Fr und Sa 15.00-18.00 Uhr, So 10.00-12.00 Uhr und 15.00-18.00 Uhr.

Ortskern

Im Ortskern gab es einst acht stattliche Hofstellen. Viele der Bauten blieben erhalten, weil sie für durchaus zeitgemäße Zwecke genutzt werden. Die schmalen Kopfsteinpflasterstraßen und die mächtigen alten Laubbäume über den reetgedeckten Niedersachsenhäusern vermitteln noch heute etwas von der Atmosphäre des alten Bauerndorfes Worpswede.

Bahnhof

Worpswede besitzt mit dem von Heinrich Vogeler im Jugendstil gestalteten und möblierten Bahnhof sicher eines der berühmtesten Bahnhofsgebäude Norddeutschlands. Von hier aus kann man ab und zu mit dem Moorexpress durch das Teufelsmoor fahren (siehe „Freizeitangebote“).

„Käseglocke“

Wenn man sich auf den Weg durch die Marcus-Heide zum Barkenhoff begibt, stößt man im Wald auf ein seltsames Wohnhaus, das der Worpsweder Schriftsteller und Fremdenführer Edwin Koenemann in den 20er Jahren baute. „Käseglocke“ nennt der Volksmund den Rundbau, der auf Entwürfe von Bruno Taut zurückgeht.

Spuren der Moorkolonisation

Die Kolonisation der Moore hat an vielen Stellen interessante Spuren hinterlassen: Die Kirche in St. Jürgen, an deren Mauern noch heute die Eisenringe zu sehen sind, an denen die Bauern ihre Kähne festbanden, die Deiche der Wümme mit alten Siel- und Schleusenanlagen, die Moorgräben mit Klappstauen, die Naturschutzgebiete und die kleinen Museen, die sich der Geschichte der Moorkolonisation und dem Leben der Menschen in diesem einst nassen Land widmen, zeugen von der bewegten Vergangenheit dieser Region.

Freizeitangebote

Exkursion „Wege ins Teufelsmoor“

Im Rahmen einer einwöchigen Veranstaltung „Wege ins Teufelsmoor“, die sich an Interessierte mit und ohne Vorkenntnisse richtet, lernen die Teilnehmer die unterschiedlichen Lebensräume des Teufelsmoores zu Fuß, mit dem Fahrrad oder vom Boot aus kennen. Im Mittelpunkt der Führung stehen naturkundliche Informationen zu Flora und Fauna, zur Landschaftsgeschichte und zu aktuellen Problemen des Naturschutzes. Information: Gästeinformation Worpswede, Berstraße 13, Tel.: 04792/950121.

Fahrten mit dem Moorexpress

Ausgangspunkt für diese Fahrten ist der Worpsweder Bahnhof. Doch seit im Jahre 1978 der sogenannte Moorexpress seinen fahrplanmäßigen Personenverkehr einstellen mußte, hat die eigentlich höchst empfehlenswerte Bahnreise durch das Teufelsmoor und die Ankunft im Bahnhof Seltenheitswert. Aber dann und wann lassen die Gästeinformation oder andere Organisationen den Moorexpress wieder durchs Teufelsmoor fahren. Info-Tel.: 04792/950121.

Kutschenfahrten

Angeboten werden Kutschenfahrten um den Weyerberg, durch Wiesen, zum Breiten Wasser und ins Teufelsmoor. Adressen: Bahnhofstraße 18, Tel.: 04792/1293; Am Bergedorfer Schiffgraben 37, Tel.: 04792/3205.

Schiffs- und Bootsfahrten

Auf der Hamme bewegte man sich traditionell mit einem Torfkahn. Wer sich für eine Torfkahnfahrt und die Geschichten der Torfschiffer interessiert, kann sich an folgende Anschrift wenden: Familie Heißenbüttel, Tel.: 04792/1336. Die Strecke Vegesack – Worpswede kann man mit der „M.S. Hanseat“ auf den Flüssen Hamme, Lesum und Weser zurücklegen. Das Schiff befördert auch Fahrräder. Info-Tel.: 04404/3514 (Theodor-Storm-Straße 5, Elsfleth). Wer lieber individuell unterwegs ist, kann die Landschaft per Paddel- oder Segelboot erkunden. Information: Campingplatz des deutschen Kanuverbandes, Waakhanger Straße 20, Tel.: 04792/2106.

Rundflug

Flugplätze für Motorsportflugzeuge und Segelflieger befinden sich in Hüttenbusch und in Osterholz-Scharmbeck. Info-Tel.: 04794/441.

Wandern/Radfahren

Für das Kultur- und Landschaftserlebnis ist das Fahrrad das ideale Verkehrsmittel. Stille Wege auf Deichen oder birkengesäumten Dämmen, an Kanälen entlang und vorbei an alten Höfen auf ihren Warften laden geradezu ein, mit dem Fahrrad entdeckt zu werden. Fünf Touren rund um Worpswede mit Streckenlängen zwischen 12 und knapp 50 Kilometern sind durchgängig beschildert. Die Worpsweder Radwanderschilder weisen nicht nur den Weg, sondern tragen auch Hinweise auf Sehenswürdigkeiten und Gasthöfe. Ein neuer Radwanderweg trägt den Namen „Weites Land“. Der ca. 120 Kilometer lange Weg verbindet viele Gemeinden miteinander. Nähere Informationen sind bei der Gästeinformation erhältlich.

Fahrradverleih

Ein Fahrradverleih befindet sich im Fahrradladen in der Findorffstraße 28, Tel.: 04792/2323.

Schwimmen

Die Möglichkeit zum Schwimmen bietet sich unter folgender Adresse: Hallenbad Worpswede, In den Wischen 11, Tel.: 04791/1014; Öffnungszeiten: Mo, Di, Mi, Fr 6.30-8.00 Uhr, Do 6.30-12.00 Uhr, Di, Mi, Do, Fr 15.00-21.00 Uhr, Sa 10.00-17.00 Uhr, So 8.00-15.00 Uhr.

Kreativkurse

Kursangebote von freischaffenden und erfahrenen Künstlern werden regelmäßig angeboten. Die Palette reicht von Ölmalerei über Aquarell, Pastell bis hin zu vielen anderen Techniken der Malerei. Wenn das Wetter mitspielt, findet auch Landschaftsmalerei statt.
Wer nicht gern malt, der nimmt vielleicht an der Töpferscheibe Platz, bearbeitet

Speckstein oder setzt sich an Webstühle, an denen schon Martha Vogeler arbeitete. Anschriften: Atelier Alte Dorfschule, Schlußdorfer Straße 60, Tel.: 04792/4244; Worpsweder Malschule, Hembergstraße 7a, Tel.: 04792/2692, weitere Informationen erteilt die Gästeinformation.

Feste und Veranstaltungen

Die Termine der zahlreichen Feste und Veranstaltungen, wie z.B. der Karneval, das Schützenfest usw., sind dem Veranstaltungskalender zu entnehmen bzw. bei der Gästeinformation zu erfragen.

Registerübersicht

Ortsverzeichnis mit Ortsteilen 176
Stichwortverzeichnis 179

Sehenswertes
Burgen und Schlösser 179
Denkmäler/Plastiken 179
Häfen 179
Herrenhäuser 179
Kirchen und Klöster 179
Mühlen 179
Siele, Sperr- und Schöpfwerke 180

Museen
Altes Handwerk 180
Historische Museen/Heimatstuben 180
Naturkundl./völkerkundl. Museen 180
Schulmuseen 181
Technische Museen 181

Ausstellungen
Galerien 181
Kunsthallen/Kunstmuseen 181
Sonstige Ausstellungen 181

Freizeitangebote/-sport
Angeln 182
Ballonfahrten 182
Boot- und Kanufahrten
Boßeln 182
Fähren 182
Fahrradfahren (siehe einzelne Orte)
Fahrradverleih 182
Freizeitseen/-strände 182
Golfplätze 182
Kutsch- und Planwagenfahrten 182
Reiten 183
Rundwanderwege 183
Schiffsfahrten/Hafenrundfahrten 183
Schwimmbäder 183
Segel- und Motorfliegen/Rundflüge 184
Segeln/Surfen 184

Natur und Landschaft
Lehrpfade 184
Naturdenkmäler 184
Parks und Gärten 184
Tierparks 185
Wandern (siehe einzelne Orte)

Kultur
Freilichtbühnen 185
Handwerkliche Kurse 185
Kultur- und Baudenkmäler/technische Denkmäler 185
Theater und Konzerte 185

Verschiedenes
Freizeitparks/-zentren 185
Historische Eisenbahnen/Modellbau 186
Tradition/Sammlungen 186

Veranstaltungskalender
(nach Monaten geordnet) 186

Feste und Veranstaltungen 187

Übersichtskarten der Landkreise
Ammerland 188
Oldenburg 189
Osterholz 190
Wesermarsch 191

Fotonachweis 192

Ortsverzeichnis

Abbehausen 114
Ahlhorn 85
Altenesch 100
Apen 6
Aperberg 7
Apsen 152
Aschenbeck 62
Aschhauserfeld 10
Aschwarden 140
Atens 114
Augustfehn 7
Bad Zwischenahn 7
Bardenfleth 74
Bardewisch 100
Barghorn 133
Barßel 159
Beckedorf 145
Benthulen-Harbern 155
Berne 13
Blexen 113
Blumenthal 16
Bokelermoor 7
Braake 99
Brake 17
Bremen 20
Bremerhaven 45
Brettorf 63
Brundorf 148
Brunsdorf 145
Brunswarden 151
Burhave 115
Burhave 53
Bürstel 79
Burg 45
Butjadingen 53
Dänikhorst 12
Dannenberg 81
Dedesdorf 153
Delmenhorst 56
Dehlthun 78
Diekmannshausen 98
Dingstede 92
Dötlingen 62
Dreibergen 11
Dreisielen 15
Dünsen 91
Eckwarden 54
Eckwarderhörne 55
Edewecht 65
Eggestedt 146
Eickedorf 80
Einswarden 115
Ekern 9
Elmeloh 78
Elsfleth 73
Esenshamm 114
Farge 16
Fedderwardersiel 53, 155
Fikensolt 157
Fischerhude 111
Friedrichsfehn 123
Frieschenmoor 133
Ganderkesee 77
Garlstedt 132
Geveshausen 64
Glane 165
Glüsing 14
Golzwarden 18
Grasberg 80
Großenkneten 82
Großenmeer 133
Habbrügge 78
Hahn-Lehmden 138
Hambergen 85
Harpstedt 88
Harriersand 17, 146
Hatten 92
Hatterwüsting 93
Helgoland 46
Hengsteforde 7
Hengstlage 84
Hespenbusch 83

Hexenberg 111
Hinebeck 149
Hohehorst 147
Hohenböken 79
Holste 87
Holtgast 7
Höven 155
Hude 95
Huntlosen 84
Hüttenbusch 173
Jade 96
Jaderberg 97
Juliusplate 15
Kayhausen 12
Kirchhammelwarden 18
Kirchhatten 92
Kirchseelte 91
Klauhörn 7
Kleinensiel 153
Langwarden 54
Lemwerder 99
Lesumstotel 140
Leuchtenburg 146
Lilienthal 102
Lindern 157
Linenbrok 133
Linswege 158
Löhnhorst 146
Lübberstedt 87
Meyenburg 147
Mooriem 74
Moorsee 113
Motzen 16
Neerstedt 64
Neuenhuntorf 14
Neuenkirchen 147
Norderschweiburg 98
Nordenham 112
Nordloh 7
Oberhammelwarden 77
Oberlethe 155
Ocholt 157
Ofen 10
Oldenburg 117
Osterholz-Scharmbeck 127
Osterscheps 68
Ostrittrum 64
Ovelgönne 132
Peterfeld 158
Rade 146
Rastede 135
Rautendorf 82
Ritterhude 139
Rodenkirchen 150
Rodenkircherwurp 153
Roggenmoor 7
Rönnelmoor 99
Rostrup 11
Rüdershausen 134
Sage 83
Sandhatten 92
Sandhausen-Myle 130
Sandkrug 92
Schierbrok 78
Schierenbuchen 94
Schmalenbeck 82
Schönemoor 78
Schwanewede 140
Schwei 152
Schweiburg 99
Seefeld 150
Seemoor 87
Sehestedt 97
Sillens 54
Specken 10
St. Jürgen 104
Stadland 149
Steden 87
Stenum 78
Steinkimmen 78
Ströhe-Spreddig 87
Stollhamm 54
Strohausen 152
Strohauser Plate 152

Strückhausen 133
Tange 7
Tossens 54
Trupe 104
Vegesack 27
Verenmoor 109
Volkers 114
Vollersode 88
Waddens 54
Wapel 98
Wardenburg 153
Warfleth 14
Werschenrege 140
Westerholt 155
Westerloy 158
Westerscheps 66
Westerstede 156
Wiefelstede 160
Wildeshausen 161
Wittenberge 68
Wörpedorf 81
Worpshausen 109
Worpswede 167
Wüsting 95

Stichwortverzeichnis

Sehenswertes

Burgen und Schlösser

Harpstedt (Amtshof) 89
Oldenburg (Pulverturm) 119
Oldenburg (Schloß) 120
Rastede (Schloß) 137
Schwanewede-Meyenburg 147
Westerstede (Schloß) 157

Denkmäler/Plastiken

Bremen (Bremer Roland) 23
Bremen (Bremer Stadtmusikanten) 24
Dötlingen („Hasen-Ahlers“-Denkmal) 63
Edewecht („Käpt‘n Kuper“-Skulptur) 66
Elsfleth (Denkmal „Herzog Braunschweig Oels“) 74
Lemwerder-Altenesch (St. Veit-Denkmal) 100
Osterholz-Scharmbeck 130
Stadland-Rodenkirchen (Friesendenkmal) 151
Westerstede (Friesendenkmal) 157
Worpswede 167

Häfen

Brake (Stadtkaje) 17
Bremen (Hafen Vegesack) 27
Butjadingen-Fedderwardersiel 53
Elsfleth (Sportboothafen) 75
Oldenburg (Stadthafen/Wendehafen) 121
Westerstede-Barßel 159

Herrenhäuser

Bremen (histor. Landgut Haus Riensberg) 29
Delmenhorst (Gräfliches Gartenhaus) 58
Schwanewede-Hohehorst 147

Kirchen und Klöster

Apen 6
Bad Zwischenahn 8
Berne 13
Brake 18
Bremen 27
Butjadingen 53
Delmenhorst 60
Dötlingen 62
Edewecht 66
Elsfleth 74
Ganderkesee 77
Grasberg 81
Großenkneten 84
Hambergen 86
Harpstedt 90
Hatten 92
Hude 95
Jade 97
Lemwerder 100
Lilienthal 103
Nordenham 114
Oldenburg 120
Osterholz-Scharmbeck 128
Ovelgönne 130
Rastede 137
Schwanewede 140, 147
Stadland 151
Westerstede 156
Wiefelstede 160
Wildeshausen 162
Worpswede 171

Mühlen

Apen (Windmühle) 7
Bad Zwischenahn-Ekern (Windmühle) 9
Bremen (Windmühle) 30
Delmenhorst (Wassermühle) 60
Edewecht-Westerscheps und Osterscheps (Windmühlen) 66, 68

Ganderkesee-Habbrügge und
Schierbrok (Windmühlen) 78
Ganderkesee-Elmeloh (Wassermühle) 78
Großenkneten-Hengstlage
(Windmühle) 84
Hambergen (Windmühle) 87
Harpstedt (Windmühle) 89
Hude (Wassermühle) 95
Nordenham (Windmühle) 113
Osterholz-Scharmbeck
(Windmühlen, Wassermühle) 129
Schwanewede-Aschwarden
(Windmühle) 140
Schwanewede-Meyenburg
(Wassermühle) 147
Stadland-Seefeld und
Rodenkircherwurp (Windmühle) 150, 153
Westerstede-Ocholt (Wassermühle) 157
Westerstede-Lindern (Windmühle) 157
Worpswede (Windmühle) 171

Siele, Sperr- und Schöpfwerke
Elsfleth (Huntesperrwerk) 74
Jade (Schöpfwerk und Siel) 98
Lemwerder (Ochtum-Sperrwerk) 100
Lilienthal (Siel) 111
Schwanewede-Aschwarden (Siel) 145
Stadland-Strohausen (Schöpfwerk) 152
Jade-Wapel (Schöpfwerk) 98
Worpswede (Siel- und
Schleusenanlagen) 172

Museen
Altes Handwerk
Apen (Aal- und Schinkenräucherei) 6
Bad Zwischenahn-Ofen (Drechslerei) 10
Bremen (Tischlerei-Museum) 32
Hatten (Schmiede- und
Druckereimuseum) 93
Jade (Blaudruckerei) 97
Lilienthal (Hofanlage) 109
Nordenham
(Museum Moorseer Mühle) 113
Ovelgönne (Handwerkermuseum) 133
Rastede (Traditionelles Handwerk) 138
Schwanewede (Schmiedemuseum) 145
Wardenburg (Museum
„Alte Ziegelei", Schmiedemuseum) 155
Westerstede (Drechslerei) 158
Wildeshausen (Druckereimuseum) 163

Historische Museen/Heimatstuben
Bad Zwischenahn (Ammerländer
Heimatmuseum, Museum Specken,
Ostdeutsche Heimatstube) 9
Bremen (Heimatmuseum Schloß
Schönebeck, Bremer Landesmuseum,
Dom-Museum und Bleikeller,
Spielzeugmuseum) 27, 29, 31, 32
Delmenhorst (Stadtmuseum) 57
Dötlingen (Heimatmuseum) 64
Edewecht-Westerscheps
(Heimatmuseum) 68
Hambergen (Moorkate und
Heimatmuseum) 87
Hude („Sammlung zur Kloster-
geschichte", Heimatmusuem) 95
Lilienthal (Heimatmuseum) 104
Nordenham (Museum Nordenham) 113
Oldenburg (Stadtmuseum) 121
Osterholz-Scharmbeck
(Heimatmuseum) 131
Rastede (Bauernmuseum) 138
Stadland (Heimatmuseum
Amanda Jürgens) 152
Wardenburg (Moor- und
Heimatmuseum) 155
Wiefelstede (Heimatmuseum) 160

Natur-/Völkerkundliche Museen
Bremen (Übersee-Museum) 29
Butjadingen (Nationalparkhaus) 55

Oldenburg (staatl. Museum
für Naturkunde und Vorgeschichte) 121
Osterholz-Scharmbeck
(Norddeutsches Vogelmuseum) 131
Worpswede (Ludwig Roselius-
Museum für Frühgeschichte) 171

Schulmuseen
Bremen 32
Lilienthal 109

Technische Museen
Brake (Telegraph und
Schiffahrtsmuseum) 17
Bremen (Bremer Rundfunkmuseum,
Schulschiff Deutschland) 32, 37
Delmenhorst (Fabrikmuseum
Nordwolle) 58
Jade (Infohaus „Kaskade“) 98
Lilienthal (Kutschenmuseum) 104
Oldenburg (Geschichte der Tele-
kommunikation, Museumshafen) 121
Osterholz-Scharmbeck (Museum
für Schiffahrt und Torfabbau) 131
Wildeshausen (Dampfkornbrannt-
weinbrennereimuseum, 163
Wasserkraftmuseum)
Worpswede
(Torfschiffswerft-Museum) 171

Ausstellungen
Galerien
Bad Zwischenahn (Galerie Moderne) 10
Butjadingen (Galerie am Wehlhamm) 55
Delmenhorst (Städtische Galerie Haus Co-
burg) 58
Dötlingen (Püttenhus, Rathaus
Neerstedt) 64
Hatten 93
Hude (Galerie Klostermühle) 95
Jade 99
Oldenburg 121
Wildeshausen 164
Worpswede („Altes Rathaus“,
Galerie Cohrs-Zirus) 170

Kunsthallen/Kunstmuseen
Bremen (Kunsthalle, Gerhard
Marcks-Haus, Paula Modersohn-
Becker-Museum, Neues Museum
Weserburg, Wilhelm Wagenfeld,
Haus, Stiftung Overbeck) 30, 32, 37
Oldenburg (Landesmuseum
für Kunst- und Kulturgeschichte,
Augusteum, Kunstverein) 120
Worpswede (Barkenhoff,
Modersohn-Haus und Haus im
Schluh, Kunsthalle) 168

Sonstige Ausstellungen
Berne (Zinnfigurenausstellung) 14
Bremen („Korn und Brot im alten
Bremen“, Besucherzentrum) 30, 40, 45
Brauerei Beck & Co, Olbers-
Planetarium Hambergen (Kunstpark) 87
Hude (Skulpturenweg) 95
Nordenham (Planetarium mit
Volkssternwarte) 114
Westerstede-Lindern (Mühle) 157

Freizeitangebote/-sport

Angeln
Bad Zwischenahn 12
Dötlingen 63
Edewecht 68
Harpstedt 90
Hatten (Freizeitzentrum) 93
Hude 95
Oldenburg 122
Wardenburg 156
Wiefelstede 160
Wildeshausen 164

Ballonfahrten
Bremen 48
Dötlingen 64
Ganderkesee 79
Hatten (Freizeitzentrum) 93
Oldenburg 122
Wildeshausen 165

Boot- und Kanufahrten
Apen-Hengsteforde 7
Bad Zwischenahn 11
Delmenhorst 61
Dötlingen 63
Großenkneten 84
Hatten 94
Lilienthal 112
Nordenham 116
Oldenburg 122
Osterholz-Scharmbeck 132
Ritterhude 139
Wardenburg 156
Wildeshausen 165
Worpswede 173

Boßeln
Apen 7
Oldenburg 122

Fähren
Bad Zwischenahn 11
Berne 16
Brake 19
Lemwerder 101
Nordenham 116
Schwanewede 149
Stadland 153

Fahrradverleih
Bad Zwischenahn 12
Delmenhorst 61
Dötlingen 63
Großenkneten 84
Hambergen 88
Harpstedt 90
Hatten (Freizeitzentrum) 93
Nordenham 115
Oldenburg 123
Wildeshausen 165
Worpswede 173

Freizeitseen/-strände
Apen-Nordloh (See) 7
Bad Zwischenahn (Zwischenahner Meer) 11
Berne (Weserstrand) 15
Brake (Weserstrand) 19
Butjadingen (Strandbäder) 55
Elsfleth (Weserstrand) 76, 77
Ganderkesee-Hohenböken (Badesee) 79
Hambergen-Holste (Badesee) 88
Hude (Tweelbäker und Sandersfelder See) 95
Jade (Standbad) 98
Nordenham (Weserstrand) 116
Oldenburg (Bornhorster See, Tweelbäker See) 123
Schwanewede-Brundorf (Badesee) 148
Wardenburg-Westerholt (Badesee) 155
Wiefelstede (Badeseen) 160

Golfplätze
Bad Zwischenahn 12
Hambergen 88
Hude 96
Oldenburg 124
Osterholz-Scharmbeck 132
Wiefelstede 160
Wildeshausen 166

Kutsch- und Planwagenfahrten
Bad Zwischenahn 12
Bremen 46
Dötlingen 64
Edewecht 68

Harpstedt 91
Lilienthal 111
Schwanewede 149
Wildeshausen 165
Worpswede 173

Reiten
Bad Zwischenahn 12
Dötlingen 63
Elsfleth 76
Ganderkesee 79
Grasberg 82
Großenkneten 84
Hambergen 88
Harpstedt 90
Hatten (Freizeitzentrum) 93
Hude 96
Lilienthal 112
Nordenham 115
Oldenburg 123
Osterholz-Scharmbeck 131
Schwanewede 149
Wardenburg 155
Wiefelstede 160
Wildeshausen 166

Rundwanderwege
Apen (Deutsche Fehnroute, Ammerlandroute) 7
Berne (Weser- und Hunteradweg, Deutsche Sielroute, Berner 15
Zehn-Routen-Rad- und Wanderwege
Brake (Deutsche Sielroute) 19
Butjadingen (Deutsche Sielroute) 55
Dötlingen (Jade-Wanderweg, Meerweg, Hunteweg, Aueweg, Geestweg) 63
Edewecht (ehemalige Kleinbahntrasse, Deutsche Fehnroute) 68
Elsfleth (Hunte-, Weserradweg, Deutsche Sielroute) 76
Jade (Deutsche Sielroute) 99
Lemwerder (Weserradweg, Deutsche Sielroute) 101
Lilienthal (Nutztier-Fahrradroute) 111
Ovelgönne (Deutsche Sielroute) 135
Rastede (Ammerlandroute) 138
Schwanewede („Thüringer Weg") 148
Stadland (Weserradweg, Friesische Mühlenstraße, Deutsche Sielroute) 153
Wildeshausen (Geestweg, Jadeweg, „Pickerweg", Huntewanderweg) 165
Worpswede („weites Land") 173

Schiffsfahrten/Hafenrundfahrten
Brake 19
Bremen 45
Butjadingen 55
Worpswede 173

Schwimmbäder
Apen-Hengstforde 7
Bad Zwischenahn 11
Brake 19
Bremen 48
Butjadingen 55
Delmenhorst 61
Dötlingen 63
Edewecht 68
Elsfleth 77
Ganderkesee 79
Hambergen 88
Harpstedt 90
Hatten (Freizeitzentrum) 93
Hude 96
Jade-Rönnelmoor 99
Lilienthal 112
Nordenham 115
Oldenburg 124
Osterholz-Scharmbeck 131
Rastede 138
Ritterhude 139
Schwanewede 148
Stadland 153

Wardenburg 155
Westerstede 159
Wiefelstede 160
Wildeshausen 165
Worpswede 173

Segel- und Motorfliegen/Rundflüge

Bad Zwischenahn 12
Bremen 48
Dötlingen 64
Ganderkesee 79
Großenkneten 84
Hambergen 88
Hatten (Freizeitzentrum) 93
Hude 96
Nordenham 116
Oldenburg 123
Osterholz-Scharmbeck 131
Stadland 153
Westerstede 159
Wiefelstede 160
Worpswede 173

Segeln/Surfen

Bad Zwischenahn 11
Berne 15
Elsfleth 75
Hude 96
Lemwerder 101
Nordenham 116
Oldenburg 123
Osterholz-Scharmbeck 132

Natur und Landschaft

Lehrpfade

Bad Zwischenahn (naturkundlicher Lehrpfad) 11
Bremen (Naturerlebnispfad) 39
Elsfleth (Naturlehrpfad) 75
Ganderkesee (forstlicher Wander- und Lehrpfad) 79
Hambergen (Vorgeschichtspfad) 87
Hatten (Walderlebnispfad) 93
Hude (Planeten-Lehrpfad) 95
Lilienthal (Exkursion „Wege ins Moor“) 111
Osterholz-Scharmbeck (Waldlehrpfad) 131
Wardenburg (Naturlehrpfad) 155
Wildeshausen („Geschichtsband“, Waldlehrpfad) 162, 165

Naturdenkmäler

Berne (Bohlenwege) 14
Butjadingen (Wurtendorf Sillens) 54
Dötlingen (Grabkammern) 63
Ganderkesee (Hügelgrab, Hünengräber, Großsteingräber, Naturwald- „Urwald Hasbruch“) 78
Großenkneten (Großsteingräber) 83
Hambergen-Holste (Grabstätten) 88
Harpstedt (Sonnensteine) 89
Hatten-Sandhatten (Hünengrab) 92
Jade-Sehestedt („Schwimmendes Moor“) 97
Nordenham (Jedutenhügel) 115
Osterholz-Scharmbeck (Hünengrab) 130
Schwanewede (Hügelgräber, Urnenfriedhof) 146, 147
Wildeshausen (Großsteingräber, Gräberfelder) 164

Parks und Gärten

Bad Zwischenahn 10
Bremen 38
Lilienthal 104
Nordenham 115
Oldenburg 120
Osterholz-Scharmbeck 129
Rastede 137
Schwanewede 147
Westerstede-Linswege/Peterfeld 158
Wildeshausen 165

Tierparks
Berne-Glüsing (Storchenpflegestation) 14
Dötlingen-Ostrittrum (Tier- und Freizeitpark) 64
Jade-Jaderberg (Tier- und Freizeitpark) 97
Osterholz-Scharmbeck (Tiergarten Ludwigslust) 131
Westerstede (Vogelpark) 158

Kultur

Freilichtbühnen
Bad Zwischenahn 11
Bremen 45
Lilienthal 112
Nordenham 116
Rastede 138
Wardenburg 156
Westerstede 159

Handwerkliche Kurse
Dötlingen-Geveshausen (Weber-Handwerk) 64
Großenkneten (Kreativkurse) 85
Worpswede (Kreativkurse) 173

Kultur- und Baudenkmäler/ technische Denkmäler
Apen (Staaßen-Brücke) 6
Berne (Schwarzer Leuchtturm) 15
Brake (Wasserturm, Fischerhaus) 18
Delmenhorst (Fabrikmuseum Nordwolle) 57
Edewecht (Bergfried des Heinje-Hofes) 66
Grasberg (Schlobohmhof, Schiffschauer) 81, 82
Hude (Klosterruine) 95
Oldenburg (Peter-Friedrich-Ludwig-Hospital) 120
Stadland (Deichschaart Apsen, Mühle in Rodenkircherwurp) 153
Wardenburg (Glockenturm) 154
Westerstede (Alter Bahnhof) 158
Wildeshausen (Villa Knagge, Landhaus Hoffmannshöhe) 164

Theater und Konzerte
Bad Zwischenahn 12
Berne 16
Brake 19
Bremen 40
Dötlingen 64
Großenkneten 85
Hatten 94
Lilienthal 112
Oldenburg 124
Rastede 138
Wildeshausen 166

Kulturzentren
Bremen (KITO) 37
Butjadingen (Gut Tossens) 56
Grasberg (Findorffhof) 81
Lilienthal („Murkens Hof") 109
Nordenham (Stadthalle, Jahnhalle) 116
Oldenburg (Peter-Friedrich-Ludwigs-Hospital, Weser-Ems-Halle) 120, 124
Osterholz-Scharmbeck (Gut Sandbeck, Kulturzentrum Kleinbahnhof) 128, 130
Rastede (Erbprinzenpalais) 138
Stadland (Seefelder Mühle) 150
Wildeshausen (Widukindhalle) 166
Worpswede (Große Kunstschau) 168

Verschiedenes

Freizeitparks/-zentren
Bad Zwischenahn („Neumann's Ponyhof") 12

Butjadingen („Spielscheune“) 55
Dötlingen-Ostrittrum (Tier- und Freizeitpark) 64
Hatten-Kirchhatten (Freizeitzentrum) 93
Jade-Jaderberg (Tier- und Freizeitpark) 97
Schwanewede-Brundorf 148

Historische Eisenbahnen/Modellbau
Dötlingen-Neerstedt (Modellflug) 64
Harpstedt (Museumseisenbahn) 91
Ovelgönne (Modelleisenbahn) 134
Westerstede (Museumseisenbahn) 159
Wiefelstede (Modellflug) 160
Wildeshausen (Bootsmodellbau) 166
Worpswede (Moorexpress) 172

Tradition/Sammlungen
Elsfleth (Segelinternatsschiff „Großherzogin Elisabeth“) 75
Großenkneten (Traktorensammlung) 84
Stadland (Motorensammlung, histor. Bootsmotoren und Handwerkszeug) 152

Veranstaltungskalender

Januar
Bremen (Eiswette, Internationales Bremer Sechs-Tage-Rennen) 48, 50

Februar
Bremen (Schaffermahlzeit) 49

April
Großenkneten (Kneter Frühlingsmarkt) 85
Oldenburg (Ostermarkt) 125

Mai
Berne-Huntebrück (Schützenfest) 17
Dötlingen (Maibaumsetzen) 64
Harpstedt (Maimarkt) 92
Jade-Jaderberg (Schützenfest) 99
Jade (Feuerwehrfest) 99
Schwanewede (Maimarkt „Rund ums Auto“) 149
Schwanewede-Neuenkirchen (Schützenfest) 149

Ende Mai/Anfang Juni
Oldenburg (Hafenfest) 125

Juni
Bremen („Breminale“, Vegesacker Hafenfest) 51
Jade-Schweiburg (Feuerwehrfest) 99
Ovelgönne-Strückhausen (Norddeutsches Kaltblüterrennen) 135
Rastede (Mittelalterliches Spectaculum, Theatertage, Pferderenntage) 139
Ritterhude (Schützenfest) 139
Schwanewede (Sommermarkt) 149
Schwanewede-Meyenburg (Schützenfest) 149

Juli
Rastede (Internationale Rasteder Musiktage, Oldenburger 139
Landesreitturnier)
Schwanewede (Schützenfest) 144

Ende Juli/Anfang August
Oldenburg (Kultursommer) 125

August
Berne-Weserdeich (Schützenfest) 17
Bremen (Internationaler Bremer Sommer) 52
Lemwerder (Drachenfest) 101
Oldenburg (Töpfermarkt, Altstadtfest) 125
Rastede (Internationales Grasbahnrennen) 139
Ritterhude (Erntefest) 140

September
Berne (Berner Markt) 17

Ganderkesee (Herbstmarkt) 80
Harpstedt (Herbstmarkt) 92
Jade-Rönnelmoor (Schützenfest) 99
Oldenburg (Weinfest) 125
Ovelgönne (Pferdemarkt) 135
Rastede (Pferderenntage) 139
Ritterhude (Hammefest) 140
Stadland („Roonkarker Markt“) 153

Oktober
Bremen (Bremer Freimarkt) 52
Delmenhorst (Kartoffelfest) 62
Großenkneten (Kneter Herbstmarkt) 85
Oldenburg (Kramermarkt) 125
Schwanewede (Erntefest, Neuenkirchener Herbstmarkt) 149

November
Oldenburg (Kinderbuchmesse) 125
Stadland (Kunst & Hobby) 153

Dezember
Apen-Augustfehn (Weihnachstmarkt) 7
Bremen (Weihnachtsmarkt) 52
Delmenhorst (Weihnachtsmarkt) 62
Großenkneten (Nikolausmeile) 85
Lemwerder (Nikolausmarkt) 101
Lilienthal (Weihnachtsmarkt) 112
Oldenburg (Lambertimarkt) 126
Ritterhude (Weihnachtsmarkt) 140
Schwanewede (Nikolausmarkt, Weihnachtsmarkt) 149

Weitere Feste und Veranstaltungen

Apen (Fest der 1000 Laternen, Frühlingsfest, Kornmähen) 7
Brake (Kajenfest, Riverboatparty) 19
Bremen (Musical „Jekyll & Hyde“, Märchenspiel, Galopprennen, Osterwiese, Kajenmarkt) 48, 50
Butjadingen-Burhave (Drachenfest) 56
Delmenhorst (Kramermarkt, Hökermarkt, Stadtfeste, Lichterfest) 62
Dötlingen (Schnitterfest, Osterfeuer, Maifest, Schützenfeste) 64
Edewecht (Ammerländisches Erntefest) 68
Elsfleth (Hafen-, Stadtfest, Laternenumzug, Schützenfest) 77
Ganderkesee („Fasching um den Ring“) 80
Harpstedt (Bürgerschützenfest) 92
Hatten (Papierboot-Regatta) 94
Hude (Frühlingsfest, Bürgerfest, Scheunenfete, Country-Nacht, Friesenfete...) 96
Lemwerder (Fisch- und Trödelmärkte) 101
Lilienthal (Lilienfest, Schützenfest, Country Festival am See, Erntefest, Reitturniere) 112
Nordenham (Nordenhamer Woche, Stadtfest) 116
Oldenburg (Wochenmärkte, Flohmärkte, Schützenfeste) 126
Osterholz-Scharmbeck (Herbstmarkt) 132
Rastede (Schützen- und Volksfeste) 139
Westerstede (RHODO) 159
Wildeshausen (Gildefest, Stadtfest) 166

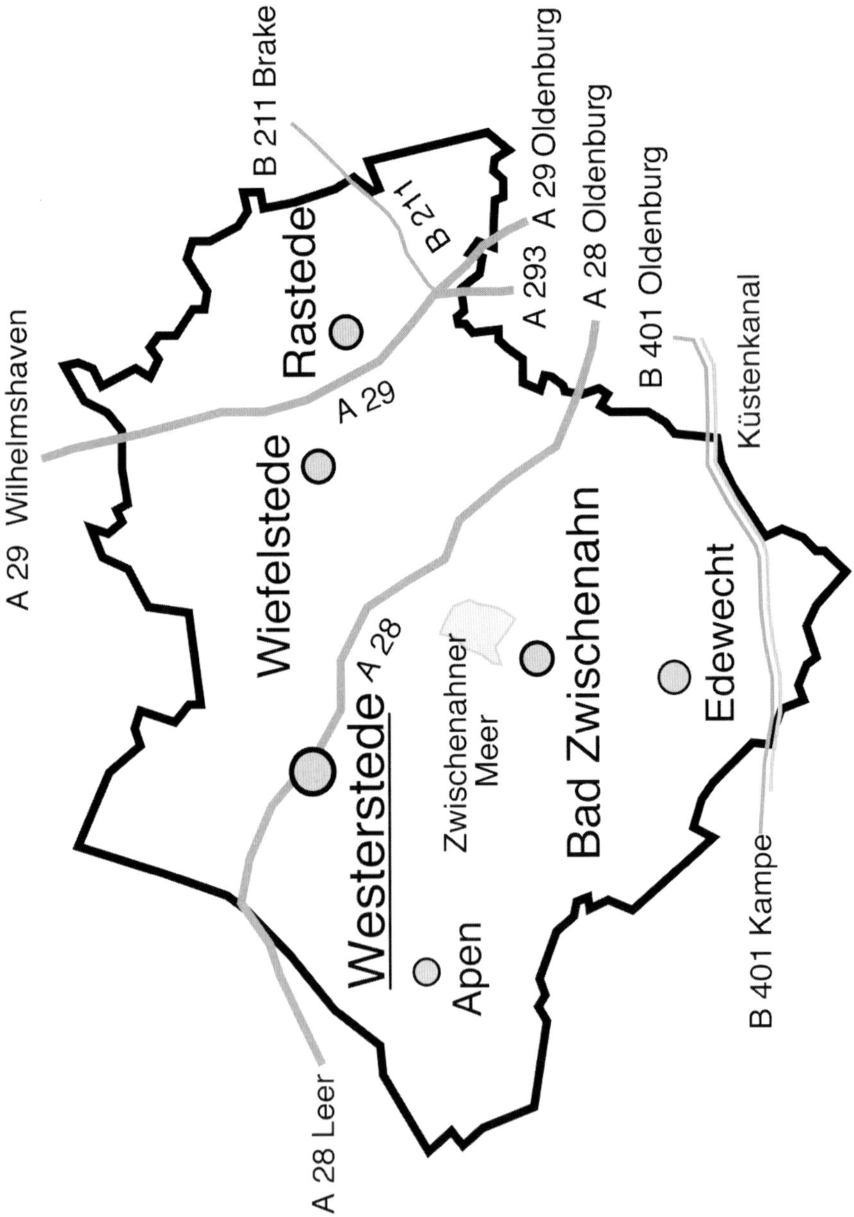

Übersichtskarte Landkreis Ammerland

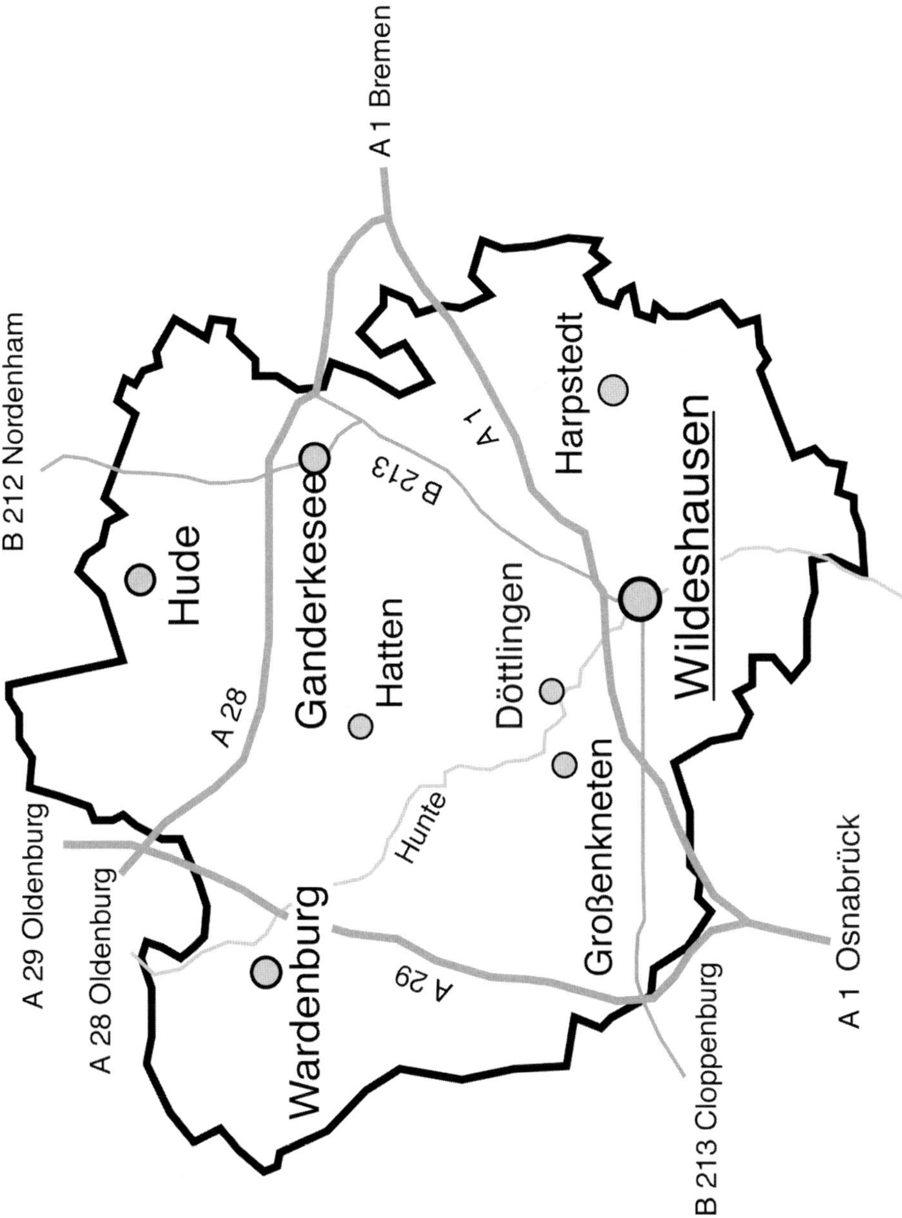

Übersichtskarte Landkreis Oldenburg

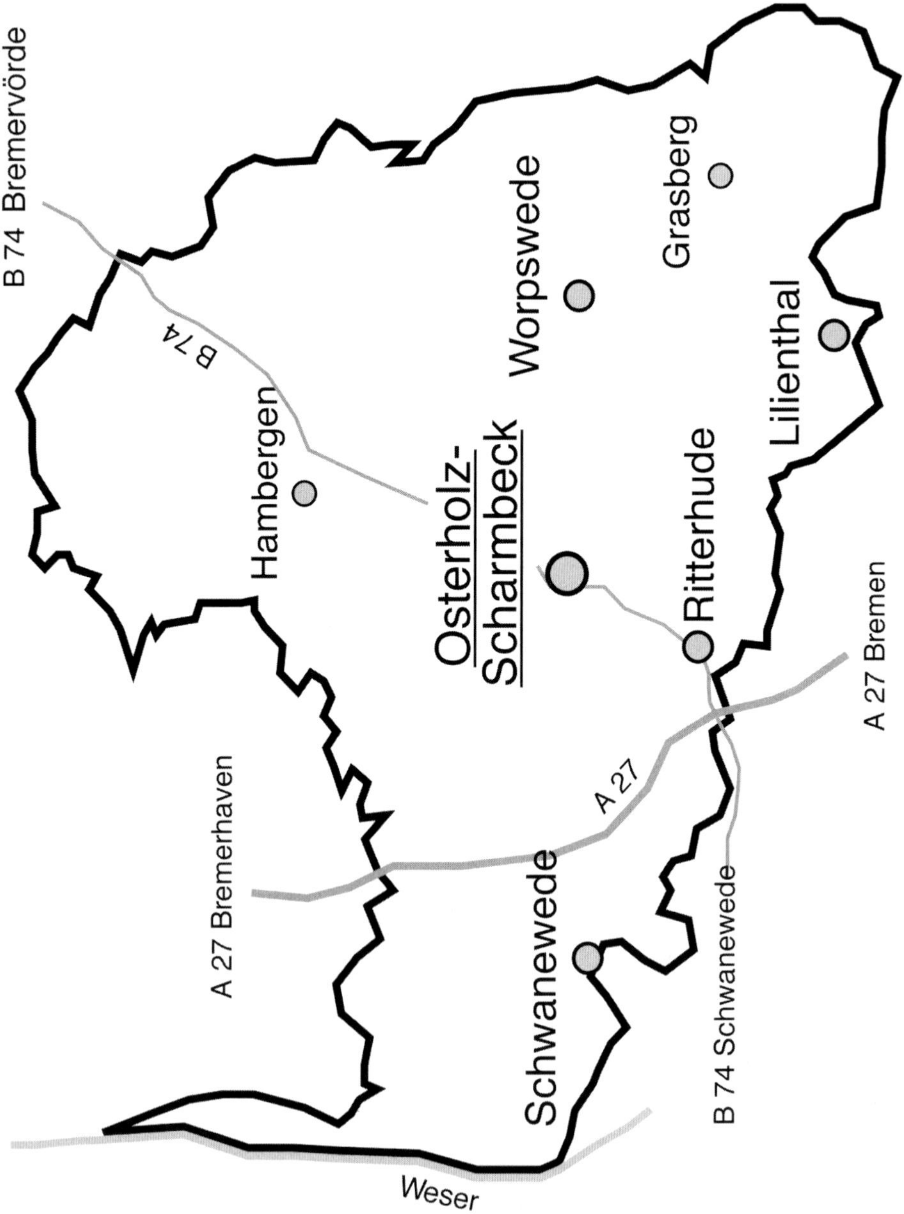

Übersichtskarte Landkreis Osterholz

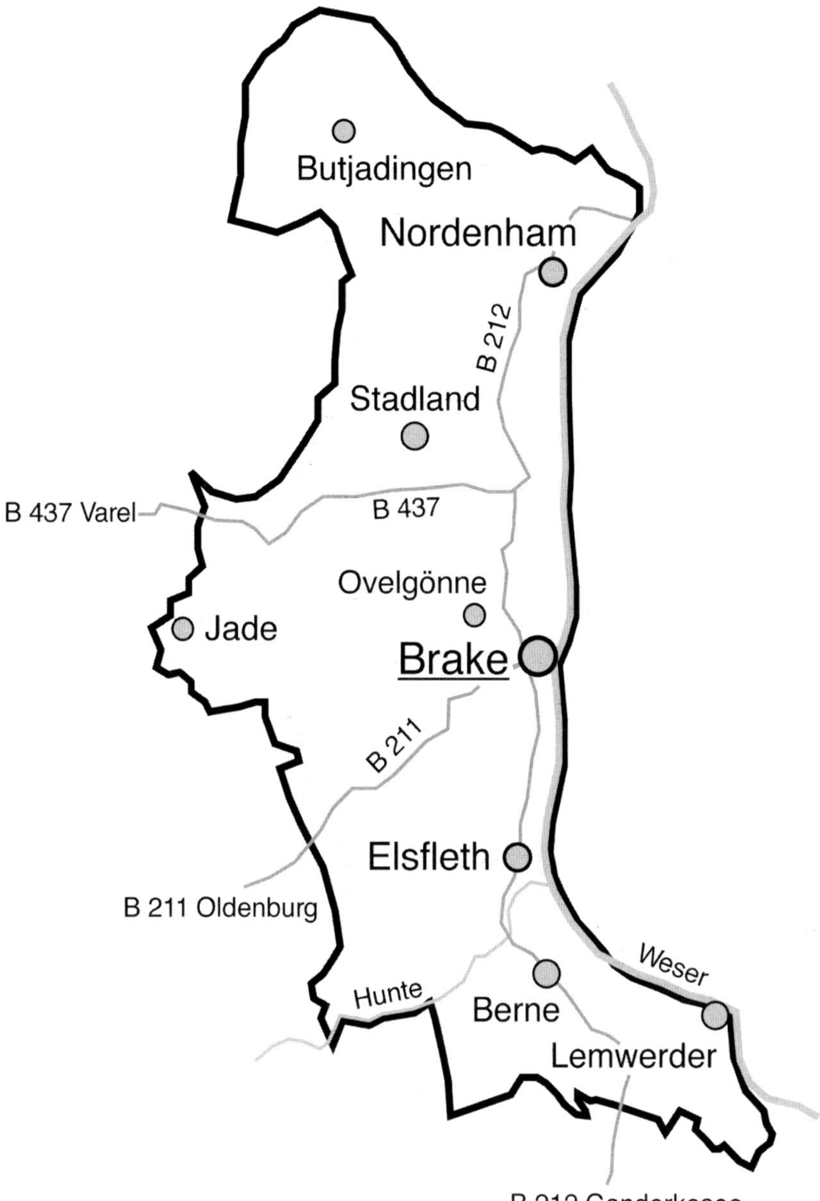

Übersichtskarte Landkreis Wesermarsch

Fotonachweis

Alfred Panschar, Verkehrsverein Wildeshausen 144, 161, 163
Bad Zwischenahner Fremdenverkehrsgesellschaft mbH 9
Bremer Touristik Zentrale GmbH 21, 22, 24-29, 31, 33-41, 43, 44, 46, 47, 49-52
Fremdenverkehrsverein Ovelgönne und Umgebung e.V. 132-135
Fremdenverkehrsverein Samtgemeinde Hambergen 86, 87
Gemeinde Berne 14, 16
Gemeinde Edewecht 65-67, 72
Gemeinde Großenkneten 70, 83
Gemeinde Hatten 72, 94
Gemeinde Jade 98
Gemeinde Lilienthal 102, 105-107, 110
Gemeinde Schwanewede 142, 145, 146, 148
Gemeinde Stadland 150, 151
Gemeinde Wardenburg 143, 154
Hardy Merchel, Gemeinde Ganderkesee 78, 79
Stadt Elsfleth 70, 73, 75, 76
Stadt Osterholz-Scharmbeck 108, 128-130
Tourist-Information Brake 18
Tourist-Information Rastede 136, 141, 142
Tourist-Information Samtgemeinde Harpstedt 71, 88, 89, 91
Verkehrsverein Delmenhorst e.V. 57-59, 61, 69
Verkehrsverein Oldenburg e.V. 117, 118, 120, 122
Verkehrsverein Westerstede e.V. 157
Worpsweder Touristik GmbH 167-170